rowohlt
HUNDERT AUGEN

HEINZ STRUNK

Jürgen

ROMAN

Rowohlt Hundert Augen

1. Auflage April 2017

Satz aus der Hollander bei
Pinkuin Satz und Datentechnik, Berlin
Druck und Bindung
CPI books GmbH, Leck, Germany
ISBN 978 3 498 03574 7

FÜR CIRI

STADTKÄFER

WENN AM MONTAG in aller Herrgottsfrühe der Wecker klingelt, bin ich meist schon hellwach und grüble darüber nach, was die neue Woche wohl bringen wird. Ob alles halbwegs glattgeht, damit man am Freitag durchschnaufen und sich «Puh, das wäre wieder mal geschafft» sagen kann. Ich weiß ganz genau, irgendwann, vielleicht viele Jahre in der Zukunft, wird ein Tag kommen, an dem man das nicht mehr so unbeschwert sagen kann und spürt, dass das der Anfang vom Ende ist und man bald den Regenschirm zuklappen muss. Aber bis es so weit ist, verstreicht hoffentlich noch ein erkleckliches Weilchen.

Wie ich so daliege, lasse ich die Woche geistig schon mal sozusagen im Voraus Revue passieren: Was liegt an? Was ist wichtig, was weniger? Ich denke das so lange durch, bis sich diese *Notizen an mich selbst* förmlich in meinem Kopf eingebrannt haben. Um halb sieben springe ich dann, guten Gewissens und ohne eine Sekunde zu zögern, aus dem Bett.

Es gab einmal eine Zeit, in der mir eine innere Stimme zuzuflüstern schien: «Nur noch ein kleines Weilchen, Jürgen. Bleib doch ruhig ein Minütchen länger liegen.» Doch aus einer Minute wurden schnell fünf, aus fünf zehn und so weiter, und am Ende war ich so kraft- und saftlos, dass ich am liebsten für immer liegen geblieben wäre. Ich könnte mir gut vorstellen, dass es Menschen gibt, die irgendwann einfach nicht mehr hochkommen und von denen man dann auch nie wieder etwas hört. In der Sprache der Immobilienwirtschaft nennt sich so etwas *zufällige Verschlechterung und zufälliger Untergang.*

Es war dies zum Glück nur eine kurze Phase, die wie ein Spuk aus dem Nichts auftauchte und auch wieder dorthin verschwand. Was einen jedoch nicht in Sicherheit wiegen sollte. Denn das Motto lautet: «Der Fuchs schläft nicht, er schlummert nur.»

Morgens liegt der Tag vor einem wie eine endlose, gleichförmige Steppe. Damit man ihn sich untertan macht und es nicht umgekehrt ausgeht, gilt es, den Riesenklumpen Zeit in mundgerechte Häppchen zu unterteilen, denn in kleine Portionen und kleinste Portiönchen zerschnitten, verliert selbst die größte Schwierigkeit ihren Schrecken. Zauberwort *Zäsuren,* zu Deutsch Unterteilungen. Beispiel: Ich habe irgendwann die morgendliche Kaffeegabe durch Tee ersetzt. Denn auch der Wirkstoff in Tee ist anregend, aber keine so gewaltige Keule wie Koffein. Es gibt ja nicht wenige Zeitgenossen, die sich sozusagen am laufenden Meter eine Tasse nach der anderen in den Hals schütten und dann staunen, wenn ihr Nervenkostüm zerrüttet ist und sie vor lauter Aufregung nicht mehr schlafen können. Das für mich Entscheidende ist jedoch: Durch die Verlegung der Kaffeestunde auf den Nachmittag habe ich eine Zäsur gesetzt. Zu den *morgendlichen* Zäsuren zählt, nach dem Aufstehen für ein paar Minuten das Radio einzuschalten und so Anteil an der Welt zu nehmen, als ein Zeitgenosse, der sich wie alle anderen auch für Nachrichten, Wetter und aktuelle Verkehrsmeldungen interessiert.

Diese genannten und noch viele andere Vorkehrungen mehr nenne ich zusammengefasst *lebensoptimierende Maßnahmen.* Einmal, so stelle ich es mir vor, kommt der Punkt, an dem alles, aber wirklich alles verbessert und geregelt ist und das Leben nahezu geräuschlos vor sich hin schnurrt. Dann ist alle Wäsche gewaschen, sind alle Einkäufe erledigt, alle Telefonate geführt und sämtliche Arzt- und Behördengänge absolviert. Und endlich eine Frau an meiner Seite. Zukunftsmusik.

Kaum habe ich das Radio ausgedreht, ruft meine Mutter nach mir, die trotz ihres Alters noch sehr gut hören kann. Die Nacht schläft sie friedlich durch wie ein Murmeltier, aber sobald in der Frühe die ersten Radioklänge ertönen, ist sie von einer Sekunde zur nächsten blitzwach. Sie wartet aber wie gesagt ab, bis das Radio wieder aus ist. Eine stillschweigende Verabredung zwischen uns, oder wie der Engländer sagt: ein *Gentlemen's Agreement.* Solange das Radio läuft, weiß Mutter, dass ich noch für mich herumklamüsere, danach bin ich für sie und die Allgemeinheit da.

Mutter hatte vor Jahren einen schweren Unfall und ist seither bettlägerig. Um ihr einen Pflegeheimaufenthalt zu ersparen, habe ich sie zunächst bei mir aufgenommen. Was als Zwischenlösung geplant war, ist mittlerweile allerdings Dauerzustand geworden. Tja.

Begrüßen tun wir uns jeden Morgen per Handschlag. Das mag zwischen Mutter und Sohn etwas ungebräuchlich erscheinen, aber die üblichen Küsschen auf Wange oder Stirn waren uns irgendwann regelrecht zuwider. Außerdem muss ein Händedruck nicht zwangsläufig weniger herzlich oder wert sein. Ganz im Gegenteil. Denn der Kuss, den wir uns zu besonderen Anlässen geben, behält so seinen ganz einmaligen, unverwechselbaren Charakter. Merke: Ein fröhlicher Handschlag ist mehr wert als ein trauriges Küsschen!

Mutter fragt als Erstes, was es Neues gibt. Eine merkwürdige Angewohnheit, denn es gibt praktisch nie Neuigkeiten, gerade wenn man sich so oft sieht wie wir. Danach schüttele ich ihre Decke auf, für sie ein außerordentlich erfrischender Moment, da ihr Bett heißer als gewöhnliche Betten ist. Es handelt sich nämlich um ein vollelektrisches, sog. *bewegtes Bett*, das durch ständige Gewichts- und Schwerpunktverlagerung etwaigem Wundliegen vorbeugt, um es einmal einfach und für den Laien verständlich auszudrücken. Für Mutter kommt aufgrund ihrer Maleschen nämlich nur noch Rückenlage in Frage. Die einzige Abwechslung ist die Position ihrer Arme: mal starr und schnurgerade neben dem Körper, mal über der Brust gefaltet, mal hinter dem Kopf verschränkt.

Mutter wurde in Pflegestufe 2 eingeordnet und hat deshalb dauerhaft Anspruch auf dreimal am Tag medizinische Versorgung, die sich die diensthabenden Schwestern Petra (Brohm) und Angela (Raubal) vom mobilen Pflegedienst *Stadtkäfer* aufteilen. Was dessen Chef, Herrn Engel, geritten hat, seinem Pflegedienst einen so albernen Kindergartennamen zu verleihen, würde ich nur zu gerne wissen. Die Arbeit wird jedoch stets pünktlich und zuverlässig verrichtet.

Herrn Engel selbst habe ich nur ein einziges Mal gesehen, am Tage der Vertragsunterzeichnung im winzigen Büro der *Stadtkäfer*, das sich in einem schäbigen Gewerbegebiet im Stadtteil Tonndorf befindet. In Erinnerung geblieben ist mir vor allem sein verschwitzter, kalter Händedruck. Heiß und schweißig ist ja schon unangenehm, aber eisekalt und feucht, da zuckt man unwillkürlich zusammen. Insgesamt machte Herr Engel einen schmuddeligen Eindruck, besonders die Haare wirkten wie zwischen Tür und Angel geschnitten. Auffallend waren zwei Büschel, die wie Hörner aus dem Rest der «Frisur» herausstachen. So wird aus einem Engel ganz schnell ein Teufel!

Angela, die zweite Schwester im Bunde, bekomme ich so gut wie nie zu Gesicht, weil sie den Spätdienst verrichtet, da bin ich meist noch auf der Arbeit. Petra hingegen sehe ich so gut wie jeden Tag. Sie ist eine flache, platte Erscheinung, alles an ihr scheint an jeder Stelle ebenmäßig gleich zu sein und seltsam in die Länge gezogen, ganz schwer zu beschreiben ist das. Dabei ist sie nicht sonderlich groß, sie misst sicher nicht mehr als 1 Meter 65. Ich könnte aus den genannten Gründen auch überhaupt nicht abschätzen, wie viel sie wiegt und ob sie eher als dünn zu gelten hat oder als dick.

Privat weiß ich praktisch nichts von Schwester Petra, auch nicht, ob sie verliebt, verlobt oder verheiratet ist. Ich glaube aber nicht, reines Bauchgefühl. Wenn sich eine Gelegenheit ergibt, nutze ich diese, um unauffällig mit ihr zu flirten, also so, dass sie es am besten gar nicht merkt. Dahinter stehen keine ernst gemeinten Absichten, sondern ausschließlich Trainingszwecke. Wenn einem die Frau nämlich egal ist und man insofern auch nichts zu verlieren hat, geht einem die Flirterei kinderleicht von der Hand, weil die Angst vor einem Korb entfällt. Körbe sind zwar unsichtbar, aber sehr schmerzhaft! Diese Angst führt nämlich zu einer Erstarrung, und man macht dann bei weiteren Gelegenheiten traumwandlerisch alles falsch, was man nur falsch machen kann. Dieses dumpfe Gefühl in der Magengrube, die Kraftlosigkeit der Glieder, die nassen Hände, der umso trockenere Mund – schrecklich alles.

Es ist eben wie bei allem anderen auch: Übung macht den Flirter. Meine derzeitige Situation einmal ganz nüchtern und sachlich in Zahlen ausgedrückt: Ich kenne aktuell weniger als fünf Frauen und habe weniger als zwei *Dates* im Monat. Lernt man aber weniger als zehn Frauen pro Jahr kennen und spricht man weniger als vier Frauen pro Monat an, fehlt es eindeutig an Übung, und man sollte sich dann dringend um die Erweiterung seines Bekanntenkreises kümmern. Kleines Rechenbeispiel: Jeder Bekannte hat im Schnitt zwanzig bis fünfzig andere Bekannte, die wiederum im Schnitt auch mindestens fünfundzwanzig andere Bekannte haben, die man nicht kennt. Mit anderen Worten: Wenn ich selbst fünfundzwanzig Bekannte habe, dann gibt es in meinem weiteren Umfeld etwa fünfzehntausend Menschen, die ich kennenlernen könnte. Und Frauen sind in der Bevölkerung in der Überzahl, da kommt also ganz schön was zusammen!

Eine Möglichkeit, seine neuen Bekannten besser kennenzulernen, ist, ihnen Hilfe anzubieten. Zum Beispiel beim Umzug oder bei der Vorbereitung auf eine Geburtstagsparty. Wenn man eine gute Kamera hat, kann man dem Gastgeber auch anbieten, Fotos von der Party zu machen. Immer daran denken: Wer *attraktiv* sein will, muss *aktiv* werden. Man kann eine Kochgruppe gründen, eine Leichtathletikgruppe, einen Spanischkurs, einen Aktivkreis.

Weiter: Wichtige Fragen, die man im eigenen Interesse ehrlich beantworten sollte.

1) Wie viele Frauen kenne ich aktuell?
2) Seit wie vielen Jahren interessiere ich mich für Frauen? (Wenn ich zum Beispiel neununddreißig Jahre alt bin und mich seit meinem siebzehnten Lebensjahr für Frauen interessiere, sind das zweiundzwanzig Jahre.)
3) Mit wie vielen Frauen pro Quartal komme ich in Kontakt, und wie viele davon lerne ich näher kennen?
4) Wie viele Frauen spreche ich in einem durchschnittlichen Monat aktiv an?
5) Von wie vielen davon etwa erhalte ich eine positive Reaktion, von wie vielen eine negative? Wie lautet die Begründung?
6) Gibt es Frauen, die sich zurzeit für mich interessieren?

Zurück nun aber zu Schwester Petra. Für mich bedeutet es, wie gesagt, einen Glücksfall, dass ich mit einer Frau flirten kann, die mir nichts bedeutet. Eine vergleichbare Situation im Alltag: Auf einer Parkbank sitzt eine Frau, die entweder nicht mein Typ ist oder schon etwas älter/sehr alt. (Frauen, die deutlich älter sind als man selbst, sind oft dankbar für positive Aufmerksamkeit.) Sie scheint betrübt. Nun kritzle ich «Hallo! Kopf hoch!» oder so etwas auf einen Zettel und reiche ihr den mit den Worten «Das Leben ist zu kurz für ein langes Gesicht» oder etwas Ähnlichem, Aufmunterndem, vor allem aber Unaufdringlichem. Dann gehe ich weiter, als ob nichts gewesen wäre. Entscheidend ist, dass ich etwas getan habe, ohne etwas dafür zu wollen. Andere Trainingsmethoden: Einfach das Wort *Hallo* (oder je nach

Region *Moin, Servus, Grüß Gott*) auf einen Zettel schreiben und es der Frau gegenüber (zum Beispiel in einem Café oder in der Bahn) zuschieben. Dann gehen. Oder abends in der Kneipe auf eine Frauengruppe zugehen mit den Worten: «Hallo» – alle schauen mich verdutzt an – «Keine Angst, ich will euch nicht anbaggern, sondern nur mal ein Kompliment loswerden: Ihr seid die mit Abstand attraktivsten Mädels in dem Schuppen hier. Ich wünsche euch noch einen tollen Abend.» Direkt nach diesem Satz umdrehen und weggehen. Alle Frauen sind total baff und würden diesen netten, mutigen Typen gerne kennenlernen. Nur schade, dass er einfach wieder gegangen ist!

Wer Frauen auf sich aufmerksam machen will, macht am besten den Polnischen und hinterlässt somit Fragezeichen. In einer nächsten, etwas frecheren Stufe nähert man sich einer fremden Frau, die gerade auf ihrem Handy rumtippt, und sagt: «Hallo. Du brauchst doch keine SMS mehr zu schicken, ich bin doch schon da.» Big LOL. Aber auch dann weitergehen. Und so weiter und so fort.

Schlag sieben Uhr ein Schlüssel, der energisch im Schlüsselloch stochert, und einen Augenblick später schon fliegt die Wohnungstür in hohem Bogen auf. Schwester Petra stürmt mit dem Schlachtruf «GRÜSS, GRÜSS!» mehr die Wohnung, als dass sie sie betritt. Zeit ist eben Geld. Das spiegelt sich auch in dieser bis dato nie vernommenen Grußformel wider. «GRÜSS, GRÜSS!» scheint so viel zu bedeuten wie «LASS MICH DURCH, ICH HABE KEINE ZEIT». Es ist sozusagen der Kern des Grüßens, der absolute Gruß, wenn es so was denn gibt.

Petras Programmpunkt Nummer eins ist die Morgentoilette, während deren sie die Tür zu Mutters Zimmer fest hinter sich verschließt und ich mich diskret in die Küche zurückziehe. Es ist keineswegs so, dass ich mich vor Mutter ekele, aber ich bin doch recht froh, nicht für Belange der Körperpflege eingespannt zu werden. Außerdem kann ich mir beim besten Willen nicht vorstellen, dass es ihr recht wäre, wenn ihr eigener Sohn sie der Länge nach abseift, kämmt oder ihr die paar verbliebenen Zähne putzt. Leider weigert sie sich, ein Gebiss zu tragen, mit der gebetsmühlenhaften Begründung: «Gebiss macht alt.» Ich antworte dann zum Scherz immer: «Schlechte Haut macht jung», weil ich selbst als erwachsener Mann gelegentlich noch mit Pickeln und diversen anderen Hautunreinheiten zu kämpfen habe.

Während der Morgentoilette kommt es oft zu erbittert ausgetragenen Wortgefechten zwischen Schwester und Pflegling, die im Wesentlichen nach ein und demselben Schema ablaufen: Mutter piesackt Petra so lange, bis der die Hutschnur platzt. Petra erträgt Mutters Tiraden zunächst mit stoischer Geduld. Was dann aber jedes Mal folgt, ist ein Drama in drei Aufzügen. Akt Numero uno: Mutter beschwert sich, dass sie ihrer Meinung nach viel zu viel essen muss. Es könne ja wohl nicht Sinn des Lebens sein, den ganzen Tag in einem laut brummenden Bett zu liegen und sich den Bauch vollzuschlagen.

Außerdem werden ihr angeblich nachts, während sie schläft, regelmäßig innere Organe entnommen. So zetert sie in einem fort, während die Schwester stumm und ergeben die Tiraden über sich ergehen lässt.

Dann zieht Mutter das nächste Register. Akt Numero zwei: Sie behauptet, die Pflegekraft würde *extra brutal* mit ihr umspringen. Was nicht stimmt, vielmehr ist Mutter seit ihrem Unfall empfindlich wie ein Neugeborenes. Jede Bewegung und Berührung schmerzt, und sie hat starke Blaufleckenneigung. Mutter ruft mit schriller Stimme, Petra soll nicht so doll machen, dies nicht tun und jenes nicht. Noch weiß sich die Pflegekraft zu beherrschen und ihrer Arbeit sachlich und fachlich nachzugehen. Bis sich Akt Numero drei anbahnt, und der heißt: persönliche Beleidigungen. Sie unterstellt der Schwester beispielsweise, dass sie kein Mensch sei, sondern ein Teufel. Oder gleich *der* Teufel höchstpersönlich.

«SCHWESTER PETRA, WAS HABEN SIE LETZTE NACHT WIEDER GEMACHT?! ICH GLAUBE, SIE HABEN MIR DIE MILZ ENTNOMMEN. DAS FÜHLT SICH NÄMLICH GANZ KOMISCH AN. WAS MACHEN SIE EIGENTLICH MIT DEN ORGANEN? ICH HOFFE, DASS SIE WENIGSTENS ORDENTLICH GELD DAFÜR BEKOMMEN!»

Absurde Unterstellungen dieser Art sind regelmäßig der Punkt, an dem mit Schwester Petra die Gäule durchgehen und sie zurückbrüllt, welche *Unverfrorenheit* Mutter besitze, ihr solche Dinge an den Kopp zu schmeißen. Das Gekeife, das nun folgt, steigt bei sich überschlagenden Stimmen bis hinauf in höchste Höhen. Unwahrscheinlich, was aus so einem papierdünnen Persönchen wie Mutter alles herauskommt. Sie kann viel lauter schreien als Petra. Aber verwunderlich ist das nicht, denn Neugeborene und Kleinkinder brüllen ja auch ohrenbetäubend laut. Das hat die Natur so eingerichtet, weil die Stimmbänder die einzigen Waffen von hilflosen Personen sind. Mit ihren dünnen Ärmchen und Beinchen können sie sich ja wohl schlecht gegen Erwachsenenkraft durchsetzen. Ganz am

Ende droht Petra regelmäßig damit, den Pflegevertrag zu kündigen, was aber wohl in den Bereich «leere Drohung» fallen dürfte. Zum einen kann nur Herr Engel den Vertrag kündigen, und zum anderen lebt Petra auch und gerade von so schwierigen Zeitgenossen wie Mutter. Man kann sich eben nicht immer alles aussuchen.

Während Mutter weiterzetert, kommt Petra mit hochrotem Kopf in die Küche gestürmt, um Frühstück zu bereiten. Das mittägliche Essen auf Rädern wird gegen 14 Uhr vom Bringdienst *Appetito Spezial* angeliefert.

Von sich aus redet Schwester Petra eigentlich nur über das Thema *Besorgungen.* Wenn ich mal wieder etwas vergessen habe, ist regelmäßig High Life in Tüten angesagt, sie nutzt dann die Gelegenheit, um ihre durch Mutters Breitseiten angestaute Wut an mir auszulassen. Ich wiederum knöpfe mir meine alten Stofftiere aus der Kinderzeit vor. Die Tiere habe ich in meinem Zimmer so drapiert, dass sie Spalier stehen und mich mit ihren lieben Gesichtern freundlich und aufmunternd anschauen. Sobald ich den Raum betrete, wird die Parade abgenommen, und eigentlich freue ich mich jedes Mal von neuem auf sie und ihre unkomplizierte Art. Nach einer von Petras Attacken teile ich allerdings selber aus. Es ist wie ein Wutkreislauf, der nie unterbrochen wird. Zum Glück sind es nur Stofftiere, aber leid tun sie einem doch, vor allem das allerälteste Tier, Bautzi, ein hoffnungslos zerrupfter Dackel. Dann gibt es noch einen Elch ohne Namen, eine Giraffe und einen Tiger, ebenfalls beide namenlos. Seltsam, ich hatte nun wahrlich genug Zeit, *alle* Tiere zu taufen, aber irgendwann war es zu spät, und nun habe ich keine Lust mehr.

Wenn Schwester Petra nach einer Dreiviertelstunde schließlich mit hängenden Schultern und glasigem Blick von dannen zieht, vermag man sich kaum noch vorzustellen, wie sie vorhin heftig schnaubend und «GRÜSS, GRÜSS» schmetternd hereingestürmt gekommen ist wie die Kavallerie. Erstaunlich, wie Mutter es immer wieder schafft, die robuste Pflegekraft in die Knie zu zwingen. Sie könnte, denke ich, auch einen ausgewachsenen Mann spielend erledigen. Ich stelle mir manchmal vor, wie Schwester Petra von Patient zu Patient eilt und jeweils noch und noch einen Kopf kleiner gemacht wird. Am Abend ist sie dann auf Däumlingsgröße geschrumpft und muss in der Nacht wieder auf Normalmaß wachsen.

Wo Mutter, so klein und mickrig sie auch ist, trotz körperlicher und seelischer Defekte diese Energie herzaubert, ist und bleibt ein Riesenrätsel. Sie scheint jederzeit zu Dingen fähig, die ihr niemand zugetraut hätte.

Erst wenn die Schwester gegangen ist, nehme ich eine erste Kleinigkeit zu mir. Aber nur Nahrungsmittel, die Magen und Verdauungssystem nicht über Gebühr belasten. Eine Schüssel Obstsalat spendet schnelle Energie, die auch vom Körper rasch umgewandelt werden kann. Außerdem gehöre ich zu den Menschen, die der Meinung sind, dass Mahlzeiten nicht vom Himmel fallen, sondern erst verdient werden müssen. Nichts geleistet haben, aber sich die Wampe bis obenhin vollstopfen, das ist ja wohl nicht Sinn der Sache! Ich verabschiede mich per Handschlag von Mutter und hänge, bevor ich zur Arbeit gehe, noch den Besteckkasten an den Ventilator, damit sie nicht so alleine ist. Das fröhliche Klappern ist für sie wie Besuch, hat sie mal gesagt.

DAS ÄFFCHE

NACHDEM ICH aufgrund des Zusammentreffens verschiedener unglücklicher Umstände meine Ausbildung nicht abschließen konnte, gehe ich seit vielen Jahren einer ungelernten Arbeit nach, die einerseits ein Traumberuf ist, mir andererseits aber auch alles Mögliche und vor allem Unmögliche abverlangt: Ich betreue als einer von insgesamt dreizehn Berufspförtnern eine Tiefgarage mit nahezu 1400 Stellplätzen. Durch Vernetzung mit anderen Tiefgaragen sind es sogar 2100 Stellplätze. Sie zählt somit zu den Top Zehn in ganz Europa. Um sich in dem hochkomplizierten System von Gängen, Buchten, Schächten, Aufzügen, Zu-, Ausgängen und Parkebenen zurechtzufinden, müsste man wohl einen Großteil seiner Zeit opfern. Ich schätze, dass ein einzelner Mensch die Garage in allen Einzelheiten gar nicht kennen kann, noch nicht mal der ausführende Architekt, der unter Garantie längst andere, noch gigantischere Garagenkomplexe am Wickel hat und unsere, in seinen Augen mittlerweile kleine oder mittlere, sicher schon vergessen hat, ganz nach dem Motto: «Aus den Augen, aus dem Sinn.»

Neunzig Prozent meiner Arbeitszeit verbringe ich damit, in meinem Pförtnerkabuff sitzend die insgesamt vierzehn Monitore im Blick zu halten. Direkt vor mir ist eine Batterie mit acht Monitoren, und links von mir befinden sich noch mal sechs. Selbst damit kann ich einen im Grunde genommen nur kleinen Ausschnitt der Gesamtanlage überblicken. Ich muss dauernd auf der Hut sein, denn irgendwas ist immer: Bei Pforten und Schranken ist der Schließmechanismus ausgefallen, der Kassenautomat klemmt, Fremdparker blockieren die Stellplätze der Dauermieter oder hochspezialisierte Diebesbanden entwenden Wertgegenstände aus den geschlossenen Fahrzeugen. Obdachlose, die im Winter nach einer günstigen Übernachtungsmöglichkeit suchen, sind auch ein Problem. Und so weiter und so fort. Darüber ließe sich ein ganzer Roman schreiben, hätte ich die Zeit dazu!

Wenn ich in meiner Konzentration nur einen Moment nachlasse, laufe ich Gefahr, einen Anschiss von meinem Chef, Herrn Schmidt, zu bekommen. Im Pförtnerkabuff ist nämlich eine kleine Kamera installiert, die wiederum *mich* beobachtet. Der Psychoterror besteht darin, dass man nie genau weiß, wann der Chef zuschaut und wann nicht! Also tut man besser daran, sich nicht bei irgendwelchen dummen Faxen erwischen zu lassen. Der eigentliche Clou: Ich kenne meinen Chef gar nicht, jedenfalls nicht persönlich, sondern nur seine Stimme. Das Einstellungsgespräch hat seinerzeit der Personalleiter geführt, ein gemütlicher Endvierziger namens Hummel. Schon seltsam, wie manche Menschen ihrem Namen bis aufs Haar gleichen! Mein Chef heißt ja, wie gesagt, Schmidt, was den anonymen Eindruck noch verstärkt. Ein Allerweltsname, hinter dem sich alles und nichts verbergen könnte.

Auch wir Pförtner untereinander kennen uns praktisch nicht. Beim Schichtwechsel ein paar verlegene Worte, lascher Händedruck, fahriger Blick, das Übliche eben. Es gab mal den halbherzigen Versuch, im jugoslawischen Spezialitätenrestaurant *Bogdans Taverne* einen Pförtnerstammtisch einzurichten, aber das erwies sich als ausgesprochener Schuss in den Ofen. Kamen anfänglich noch ein gutes Dutzend Pförtner, wurden es rasch weniger, und in den letzten Wochen saß Herr Sowieso, genannt Qualle, seinen richtigen Vornamen kenne ich nicht, mehr oder minder alleine dort. Bogdan hat sich wohl ab und an dazugesetzt, aber das erwies sich als zähe Angelegenheit, da der serbische Wirt zwar nett sein soll, aber praktisch kein Deutsch spricht und versteht, außer natürlich die Karte.

Weibliche Pförtner, also Pförtnerinnen, gibt es keine, was natürlich sehr schade ist, denn wie man herausgefunden hat, nehmen zwei Drittel aller Liebesbeziehungen auf der Arbeit ihren Anfang. Man wird selten eine Frau so intensiv beobachten und gut kennenlernen wie im Job. Wenn man nicht gerade auf einer Ölbohrinsel arbeitet, begegnet man auf der Arbeit jeden Tag zig Frauen. Und viele von ihnen sieht man immer wieder. So gesehen ähnelt die Tiefgarage leider einer Bohrinsel.

Nach zwei Stunden lege ich meine erste Pause ein. Bis dahin – ich bin zu dem Zeitpunkt immerhin gut fünf Stunden auf den Beinen – war schon die eine oder andere Heißhungerattacke zu überstehen. Dafür schmeckt es jetzt doppelt so gut. Nur wer vorher etwas einsetzt, kann sich später eine Belohnung abholen, nicht von ungefähr lautet mein Motto: «Qualität kommt von Qual.» Klingt einfach, ist aber kompliziert. Oder woran liegt es sonst, dass sich so wenig Menschen daran halten? Jedenfalls nicht auf Dauer. Ein kleines Strohfeuer, welches aber bald schon abgebrannt ist, und das war's dann, bis zum nächsten missglückten Versuch.

Ich habe mittlerweile richtigen Kaffeedurst, aber den spare ich mir für die nächste Pause auf. Die Kaffeemaschine ist ein schon etwas älteres Baujahr der Marke *Wessel* oder *Wesste* oder *Wessme* (der Schriftzug ist abgeschrappt und gleichzeitig verblichen), sie verrichtet jedoch treu und brav ihre Dienste. Wenn nach den ersten Schlucken das Koffein in die Blutbahn einschießt, durchläuft meinen Körper vom Scheitel bis zur Sohle ein wohliger Schauer. Jetzt bin ich Mensch, jetzt darf ich sein! Mutter hat früher auch immer gesagt, dass sie erst nach einer Tasse anständigen Bohnenkaffees ganz da ist und dass sich ein Leben ohne Kaffee nicht zu leben lohnt. Und jetzt der ewige Tee. Ich habe sie nie gefragt, warum sie keinen Kaffee mehr trinkt. Aber auch dafür gibt es sicher eine Erklärung, wie es bekanntlich für alles eine Erklärung gibt.

Mein Lohn ist zwar nicht gerade üppig, aber am Monatsende habe ich doch immer eine recht schöne Stange Geld gespart. Die Ausgabenseite ist überschaubar, da alle laufenden Kosten wie Miete, Essen, Kost und Logis durch Mutters Rente abgedeckt sind: brutto für netto, sozusagen.

Der Schub des Koffeins klingt nach einer halben Stunde ab, und die restliche Zeit bis zum Feierabend gestaltet sich in der Folge meistens etwas zäh. Mehr als diese Portion Kaffee darf ich mir aber nicht gönnen, weil sie sonst zum einen nicht mehr die erwünschte Wirkung hätte, und zum anderen das Nervenkostüm Schaden nähme. Ich könnte mir natürlich auch eine Tasse *bleifrei* (Scherzausdruck für *ohne Koffein*) genehmigen, aber für mich ist das ein ausgesprochenes Quatschgetränk, wie Wodka Zero. Also weiter geduldig auf das Verstreichen der Zeit warten. Oberste Regel: Nicht dauernd auf die Uhr gucken! Telefon und Internet funktionieren hier unten nur sehr eingeschränkt, was einerseits gut ist, andererseits die Zahl möglicher Zerstreuungen weiter reduziert. Ab und an in einem Buch blättern ist erlaubt, wenn es nicht gleich zu einer Lesestunde ausartet. Selbst Herr Schmidt hat ein Einsehen, dass kein Mensch, auch nicht der Robusteste, stundenlang in höchster Konzentration auf Monitore starren kann. Die Augen würde man sich ruinieren damit. Außerdem sind meine Sinne mittlerweile so geschärft, dass ich die leiseste Bewegung schon aus den Augenwinkeln registriere.

Manchmal stelle ich mir vor, ich wäre Herrscher über dieses riesige Areal, und alles würde eben nicht wie von Geisterhand geschehen, sondern nach *meiner* Pfeife tanzen. Oder ich würde einer schönen Frau begegnen, die sich in mein Kabuff verirrt, weil sie ihre Stellplatznummer vergessen hat und schon stundenlang durch die Gänge geirrt ist, halb verdurstet und drei Viertel wahnsinnig, und ich bin dann so etwas wie ihre letzte Rettung. Ruhig und sachlich nehme ich die Angelegenheit in die Hand, und gemeinsam suchen wir über die Monitore nach dem verloren geglaubten PKW. Ich biete der Dame wahlweise heiße oder kalte Getränke an, fordere sie fürsorglich auf, eine Kleinigkeit zu essen, sich aufzuwärmen usw. Langsam trete ich aufs Gas und lenke das bis dahin rein praktische Gespräch unmerklich auf die Flirtebene. Damit dies gelingt, sollte man einer Frau zunächst signalisieren, dass man ungefährlich und somit harmlos ist. Wenn Frauen nämlich irgendetwas fürchten, dann, dass sich ihr Gegenüber als tickende Zeitbombe entpuppt, die bei nächster Gelegenheit zum aufdringlichen Grapscher, Tatscher und Fummelkönig wird!

Damit der Flirt nicht im Frust endet, sollte man aufmerksam die Körpersprache der Frau registrieren. Denn Körpersprache (wozu auch die Gesichtsmimik zählt) hat gegenüber der gesprochenen Sprache einen Vorsprung von Hunderten Millionen Jahren (Evolution). Der Mensch ist zunächst einmal ein nonverbales Wesen, wobei das Gesicht viel wichtiger ist als der Körper (Face-Body-Advantage). Es macht zwar nur fünf Prozent unserer gesamten Körperoberfläche aus, ist aber in Sachen nonverbale Ausstrahlung Klassenprimus. Während Worte ausdrücken, was wir denken, zeigen Gesicht und Körper an, was wir fühlen. Häufig stimmen Worte und Körpersprache nicht überein, dann spricht man von *Inkongruenzen.* Gerade Frauen senden oft widersprüchliche Signale, gesprochene Sprache und Körpersprache laufen auseinander. Sie sagen auch häufig Dinge, die sie nicht meinen. Das hängt unter anderem mit ihrer ständig schwankenden Stimmungskurve zusammen, denn das ganze *System Frau* funktioniert nach dem Prinzip Hü/Hott.

Wenn eine Frau beispielsweise erzählt, dass sie gerne mal mit einem ins Kino möchte, dazu aber leicht den Kopf schüttelt, verneint ihr Körper unbewusst das, was sie sagt. Will man also Täuschungsmanöver der Frau durchschauen, muss man ständig auf diese Nichtübereinstimmungen achten. Auch sollte man im Blick haben, welche

Distanz die Frau zu einem wählt. Man unterscheidet zwischen öffentlicher Distanz, die 3,60 m beträgt, sozialer Distanz (1,22 m bis 3,60 m), persönlicher Distanz (0,46 m bis 1,22 m), intimer Distanz (15 bis 45 cm) und sehr intimer Distanz (15 cm und weniger). Angenommen, die Frau (in diesem Fall diejenige, die ihr Auto sucht) wählt in meinem sowieso nur etwa sechs Quadratmeter großen Kabuff die persönliche Distanz, dann ist das zunächst einmal ein gutes Zeichen.

Ein weiterer Indikator für Interesse: Sie zieht Augenbrauen und obere Augenlider hoch, öffnet dabei leicht den Mund und schürzt die Lippen. Auch der Anstieg der Blinzelrate ist ein gutes Zeichen. Wenn eine Frau flirtet, blinzelt sie meist drei- bis fünfmal schnell hintereinander. Schlägt sie ihre Beine über und wippt ihr Fuß dabei in Richtung des jeweiligen Mannes, verrät ihr Körper unbewusst, wo sie hinwill. Ebenfalls ein günstiges Zeichen ist, wenn sie den Mann von unten durch ihre Wimpern ansieht. Wenn sie ihre Achselhöhlen präsentiert, möchte sie den Mann an ihren hochwirksamen Pheromonen, also den weiblichen Lockstoffen, teilhaben lassen. Und wenn sie sog. *Putzverhalten* zeigt oder längliche Gegenstände streichelt, ist das für den Eingeweihten ebenfalls sehr aussagekräftig. Dann spielt sie mit dem Mann und möchte ihm gefallen. Noch besser: Sie sieht ihm immer wieder abwechselnd in die Augen und auf den Mund, denn das bedeutet, dass sie ihn gerne küssen möchte. (Anderes Zeichen: Sie haucht die Worte mit immer schwächer werdender Stimme, sodass der Mann immer näher rücken muss, um sie zu verstehen, bis es quasi automatisch zu einem Kuss kommt.)

Negativ hingegen: Sie schaut permanent auf ihr Handy.

Das drückt ungewollt Desinteresse und Langeweile aus. Andere Warnzeichen: asymmetrisches Lächeln. Ein nur höfliches, sog. *schiefes* Lächeln ist ungleichmäßiger als der Ausdruck wahrer Freude. Auch falsches Timing ist ein zuverlässiger Indikator: Gespielte Mienen setzen meist etwas zu plötzlich ein und werden zu lange gezeigt. Wenn die Frau außerdem einen Mundwinkel einpresst, gleichzeitig den Blickkontakt unterbricht und fast vom Stuhl zu rutschten droht, sollte man sich besser anderweitig umschauen. Ebenfalls wichtig: *Mikroexpressionen.* Diese winzigen Bewegungen huschen für ganz kurze Zeiträume von vierzig bis fünfhundert Millisekunden übers Gesicht, sie bleiben dem untrainierten Auge deshalb meist verborgen. Na ja, und so weiter.

Zurück zur Frau, die sich in mein Kabuff verirrt hat. Ich stelle mir vor, dass irgendwann auch der Wagen wieder auftaucht. Ich begleite sie dann noch zum Fahrzeug, Service muss sein, und zum Abschied gibt sie mir ihre Telefonnummer, verbunden mit der Bitte, sie doch bei nächster Gelegenheit anzurufen. Ich verabschiede mich ausgesucht höflich, aber mit Pokerface und lasse mir nicht das Geringste anmerken. Doch innerlich zerspringe ich vor Freude!

So in etwa würde die Geschichte schließlich ihren Lauf nehmen. Träumen erlaubt.

Um 17 Uhr ist es endlich geschafft, und Ablösung naht in Gestalt von Herrn Schleicher. Schon wieder so ein Name, der Programm ist, denn Herr Schleicher bewegt sich nicht nur zeitlupenhaft, er ist auch irgendwie ganz krumm und verbogen, in sich. Man möchte ihm auf die Schulter oder den Rücken klopfen oder hauen und ihn richtig anherrschen: «MENSCH, MACH DICH DOCH MAL GERADE!», oder so etwas. Menschen mit schlechter Körperhaltung haben von vornherein verloren. Ich frage mich, weshalb manche Zeitgenossen bei jeder sich bietenden Gelegenheit sofort in sich zusammensacken. Wie das schon aussieht! Herr Schleicher macht mich mit seiner ganzen Art fuchsteufelswild, obwohl ich wirklich nicht der Rumpelstilzchentyp bin. Wenn er mich mit seinem piepsigen Lispelstimmchen nach besonderen Vorkommnissen der vergangenen Stunden fragt, bin ich regelmäßig kurz davor, aus der Haut zu fahren. Mit letzter Kraft beherrsche ich mich, greife nach meiner Jacke und wünsche dem krummen Häuflein Elend einen *erfolgreichen Dienst.* Gleichzeitig tut er mir leid. Was es doch für arme Willis gibt auf Gottes weitem Erdenrund.

Die Heimfahrt ist, gerade im Winter, wenn es früh dunkel wird, beschwerlich und wird im Laufe der Zeit immer beschwerlicher. Was da nach 18 Uhr für Gesocks aus den Löchern gekrochen kommt, das anscheinend nichts anderes im Sinn hat, als ohne Sinn und Verstand durch die Gegend zu kutschieren! Es gibt Menschen, denen man förmlich ansieht, dass sie kein Ziel haben. Weder ein bestimmtes noch ein allgemeines, wohin zum Beispiel die Reise im Leben gehen soll. Sicherlich einmal im Monat werde ich belästigt, es wurden mir sogar schon Schläge angedroht. Aber ich kann ja wohl schlecht mit dem Taxi zur Arbeit fahren, und mit dem Fahrrad ist es viel zu weit. Zudem habe ich mein Fahrrad bereits vor Jahren abgeschafft. Fahrräder sind etwas für Jugendliche und junge Erwachsene; ab etwa dem dreißigsten Lebensjahr sollte man sich und anderen diese Art der Fortbewegung ersparen. Meine Privatmeinung.

Ich könnte noch viele andere unangenehme Episoden erzählen, die mit dem Nachhauseweg zusammenhängen, aber das meiste wird man sich ohnehin denken.

Daheim das gleiche Spielchen wie am Morgen. Wenn die Wohnungstür hinter mir ins Schloss gefallen ist, tut Mutter zunächst keinen Mucks, denn auch abends, so das *Agreement,* habe ich ein kleines Weilchen Ruhe verdient, um mich zu akklimatisieren. Als erste Amtshandlung setze ich Wasser auf, für ein heißes Fußbad. Während ich dieses nehme, bedecke ich mein Gesicht vollständig mit lauwarmen Tüchern, die mit einer speziellen Heilerde für bessere Durchblutung behandelt sind. Ich sehe aus wie eine Mumie, aber kriegt ja keiner mit! Wieder und wieder durchlaufen mich dabei wohlige Schauer, und ich fühle mich wie in Abrahams Schoß. Urlaub vom Ich.

Sobald das Wasser abgekühlt ist, schütte ich die Plörre schweren Herzens ins Klo, was wiederum das Signal für Mutter ist!

«JÜRGEN, JÜRGEN, KOMM DOCH MAL!»

Ich hänge den Besteckkasten ab, denn es ist so ohrenbetäubend laut, dass man kaum sein eigenes Wort verstehen kann – ich habe mich oft schon gefragt, wie Mutter das den ganzen Tag aushält. Es folgen Handschlag, Austausch der wenigen Neuigkeiten, und danach muss ich mir die übliche Litanei über vermeintliche und tatsächliche Versäumnisse der Schwestern anhören. Mit stoischer Miene ertrage ich das und schalte innerlich auf Durchzug.

Nach dem kleinen Nachtimbiss nehme ich auf Mutters Besucherstuhl Platz. Manchmal schweigen wir einfach nur gemeinsam, aber heute fragt sie sich und uns, wie es meinem älteren Bruder Peter wohl gerade geht und ob er, wie angekündigt, im nächsten Jahr zurückkommen wird. Er ist vor Jahren ins Fichtelgebirge gegangen und dort aufgequollen. Wie gern hätten wir ihn um uns. Ich liebe meinen Bruder wie ein dickes Gnu. Im Fichtelgebirge gibt es fast nur Buchen und Tannen, obwohl es doch Fichtelgebirge heißt. Oft lachen wir über diesen seltsamen Umstand und freuen uns dann, zusammen lachen zu können.

Im Anschluss an diese Gedankenspiele kramt sie eine leider dunkle Episode hervor (seltsam, wie lange zurückliegende, verschüttete Episoden in alten Leuten arbeiten und ihnen scheinbar keine Ruhe lassen, dass sie immer wieder davon anfangen), aus meiner Vergangenheit, an die *ich* nur ungern zurückdenke: Ich litt in der Pubertät an Seborrhö, im Volksmund auch Talg genannt. Grob gesagt, äußert sich dieser *ölige Schmerfluss* in ölig-glänzender Beschaffenheit der Haut und fettig-strähnigen Haaren. Auch häufige Pflege vermag hier nicht viel auszurichten. Der Talg wird von der entzündlich aufgelockerten Hornschicht der Haut aufgesaugt, was dazu führt, dass die Hornhaut aufquillt und kleieförmig schuppt. Keine besonders appetitliche Angelegenheit, und ich bin heilfroh, dass das nun alles lange hinter mir liegt. Manchmal stelle ich mir vor, was wäre, wenn diese Beschwerden einfach so aus dem Nichts zurückkehren würden. Ich glaube kaum, dass ich das ein zweites Mal aushalten könnte, weil ich über keine entsprechenden Reserven verfüge. Was genau passieren würde, weiß ich nicht, nur dass es etwas Schlimmes wäre. Vielleicht krieche ich, falls es wieder so kommt, in eine dunkle, abgelegene Ecke und gehe ohne großes Gewese ein wie die sprichwörtliche Primel.

Na ja, ich sah damals wirklich furchtbar aus. Hinzu kam, dass ich nicht wie alle anderen irgendwann in die Höhe geschossen bin, sondern klein blieb wie ein Pygmäe. Jungen wie ich wurden normalerweise nach allen Regeln der Kunst auseinandergenommen. Am meisten kriegte Thorsten Block ab, der wegen irgendwelcher Schiefstände zweimal die Woche zum orthopädischen Turnen musste und wie ich unter einer Hautkrankheit litt, in seinem Fall war es Schuppenflechte. In einem fort rieselten Schuppen, Placken und Grieben von seinem dünnen, krummen Körper, mit anderen Worten: ein Folteropfer wie aus dem Lehrbuch. Gehänselt, gehauen, Arm umgedreht, schwere Pferde- und Kopfnüsse, das ganze Programm eben. Aber das Schlimmste war, dass sie ihn regelmäßig mit Schnüren und Bändern, manchmal sogar Eisenketten oder Schlössern am Fahrradständer fesselten und mutterseelenallein zurückließen. Er blökte dann stundenlang mit seiner kehligen Stimmbruchstimme, wie ein verlorenes Schaf in der Wüste Gobi, bis sie ihn am frühen Abend wieder losmachten oder er vom Hausmeister Ebert befreit wurde.

Ich wollte einem ähnlichen Schicksal unbedingt entrinnen und verfiel deshalb auf einen Trick: Ich kasperte und schnatterte mit meinem Pygmäenkörper herum wie ein lustiges kleines Äffchen, das man wie wild aufgezogen hat. Mein Kalkül war, dass ich als eine Art Hofnarr vor Folter und Verfolgung sicher sein würde, da meine Mitschüler es sich dreimal überlegen würden, den Narren zu foltern, der sie doch in erster Linie zu unterhalten hatte. Die Rechnung sollte aufgehen!

Um mich endgültig aus der Schusslinie zu begeben, legte ich mir ein Halsband um, übergab die Leine meinen Mitschülern und rief: «FÜHRT 'S ÄFFCHE SPAZIERE, FÜHRT 'S ÄFFCHE SPAZIERE!» Das taten sie auch. An der Leine wurde ich in der großen Pause durch das Schulgelände geführt, und zum Abschluss des Rundgangs spendierten sie mir einen schönen heißen Becher Kakao aus dem Getränkeautomaten. «Fürs Äffche nur das Beste», hieß es, und alle schmunzelten fröhlich.

Ich hatte mich schon darauf eingestellt, dass es so bis zum Ende der Schulzeit weitergehen würde, als ich eines Nachts von heftigem Zucken, Ziehen, Kneifen und Knirschen am ganzen Körper aufwachte. Automatisch wusste ich, was das heißt: Mein Wachstum hatte eingesetzt! Vor Aufregung konnte ich bis zum Morgen kein Auge zutun und war, als es hell wurde, so durch den Wind, dass ich versehentlich eine Stunde zu früh in die Schule ging.

Es war bitterkalt, als ich am Montagmorgen als Erster das Schulgelände betrat und den sterbenden Thorsten Block entdeckte. Sie hatten ihn wie jeden Freitag am Fahrradständer gefesselt, dann aber wohl vergessen, ihn wieder loszumachen, und so hatte er das ganze Wochenende im Freien zugebracht. Nachts war das Thermometer unter null gefallen. Steif gefroren und ganz krumm und schief lag er in einem Nest aus Schuppen und zäher Paste. Ich kniete mich zu ihm. Obwohl Ausfluss seine Augen ganz verklebt hatte, erkannte er mich und flüsterte tonlos: «Das Äffche, das Äffche.» Vorsichtig säuberte ich sein Gesicht und deckte ihn mit meinem Lodenmantel zu. Ich spürte, dass jede Hilfe zu spät kam, und so blieb mir nichts weiter übrig, als bei ihm hocken zu bleiben, bis er gestorben war. Kurz vor Unterrichtsbeginn informierte ich Hausmeister Ebert und ging langsam Richtung Klassenzimmer.

Die Schuldigen waren schnell gefasst und wurden von der Schule verwiesen.

Dann habe ich auch endlich Mutter von den Geschehnissen berichtet. Ich hatte mich das bislang nicht getraut, da zu befürchten stand, sie würde das Gespräch mit dem Lehrer suchen, und da es im Lehrerzimmer immer irgendwo eine undichte Stelle gibt, durch die es gesickert wäre, hätte man mich dann aber so richtig zum Affen gemacht!

Obwohl diese Episode mehr als dreißig Jahre zurückliegt, wird Mutter auch heute noch schrecklich traurig, weil ihr damals nichts aufgefallen ist und sie sich die Schuld dafür gibt, dass ihr Sohn so leiden musste. Der Rest ist erst mal Schweigen, aber ehe man sich versieht, schläft sie tief und fest. Ich spanne noch eine Schnur mit Nüssen und Rosinen über ihrem Bett auf. Sie muss nachts, falls sie mal wach wird, nur noch ihr kleines Köpfchen ein wenig nach oben bewegen und hat so immer etwas zu knabbern.

Dann habe auch ich endgültig Feierabend und kann tun und lassen, was ich will. Großartig zu etwas aufraffen mag ich mich meist nicht mehr, und so sitze ich einfach nur im Warmen oder, eine dumme, aber hartnäckige Marotte, lasse die Milch überkochen, also immer genau bis zu dem Punkt, wo sie über den Topfrand quillt, dann schalte ich blitzartig auf null. Das geht eine Weile so hin und her, bis meistens ich es bin, der das ungleiche Duell verliert. Manchmal lese ich auch Fachliteratur über wichtige geschichtliche Ereignisse, oder ich isoliere die Vielzahl von Drähten, die in der ganzen Wohnung frei herumhängen. Wie wohl das Date mit Manuela wird? Manuela habe ich vor über zwei Monaten über ein Datingportal kennengelernt. Für den kommenden Freitag ist nun endlich ein erstes Treffen angesetzt. Viel weiß ich nicht über sie, nur das sie ReNo-Gehilfin ist und in der Nähe ihrer Eltern wohnt. Das Foto, das sie mir hat zukommen lassen, ist ziemlich unscharf und nicht allzu aussagekräftig. Ein weiteres Foto anzufordern, wäre mir unangenehm, denn ich will weder den Eindruck vermitteln, es nur aufs Äußere abgesehen zu haben, noch sie sonst wie kritisieren oder unter Druck setzen.

Manuela, kurz Manu, ist jedenfalls Anfang vierzig, und wir schreiben uns alle paar Tage kurze, unverbindliche SMS, Stichwort «Nicht aus der Deckung wagen». Manche Männer machen den Fehler, die Frau mit Liebes-SMS zu bombardieren, ohne sie überhaupt zu kennen. Da geht bei Frauen die Jalousie runter. Ich bin jedenfalls froh, dass es bald zum Treffen kommt, dann hört das ewige Spekulieren auf.

In der Nacht werde ich von «*Das Äffche, das Äffche*»-Rufen wach. Gottlob nur ein Traum. Ich stelle mir vor, dass mein gesichtsloser Chef, Herr Schmidt, einer der damaligen Foltermeister war und nur auf eine Gelegenheit wartet, sein Zerstörungswerk zu vollenden. Schöne Aussichten.

BERND

ZWEI-, EHER DREIMAL die Woche bekomme ich Besuch von meinem Uralt-Bekannten Bernd Würmer, Spitzname «Bernie». Obwohl Bernd ganz alleine in seiner unweit gelegenen Zwei-Zimmer-Bude haust und niemanden zu versorgen hat, weder einen nahen Verwandten noch Hund oder Katze, nicht mal einen Sittich oder Fisch oder sonst etwas Kleines, treffen wir uns eigentlich immer bei mir. Die viel zitierte Macht der Gewohnheit spielt da wohl ihre gewichtige Rolle. *Vor* Mutters Einzug gab es ja gute Gründe, sich bei mir zu treffen, da meine Wohnung mit ca. 72 Quadratmeter Wohnfläche größer ist als seine, die nur eine Gesamtwohnfläche von ca. 45 Quadratmetern hat. Aber jetzt ist die Wohnung durch den ca. 19 Quadratmeter großen Raum, den Mutter bewohnt, ja faktisch um ebendiesen Anteil kleiner, und außerdem wuseln die Schwestern nach eigenem Gutdünken herum, dass mir als privates Refugium eigentlich nur mein eigenes, mit ca. 17 Quadratmetern nicht gerade großzügig bemessenes Zimmer bleibt. Aber, wie gesagt, die Macht der Gewohnheit ist schwer zu durchbrechen, außerdem dient meine Wohnung oft nur als Ausgangspunkt für weiterführende Unternehmungen, wozu in erster Linie Besuche im *Kamin 21* zählen, einem inhabergeführten (Inh. Peter Scholz), fußläufig erreichbaren kleinen Speiserestaurant, in dem man allerdings auch «nur» etwas trinken gehen kann.

Ich frage mich manchmal, ob ich mit Bernd unter heutigen Umständen noch einmal Freundschaft schließen würde, denn bei Lichte besehen trennt uns mehr als uns verbindet. Aber die gemeinsam verbrachten Jahre schweißen dann doch zusammen. Außenstehende würden wahrscheinlich nicht darauf kommen, dass es sich bei uns um Freunde handelt, weil wir entweder gar nicht miteinander reden oder uns in einer Tour zanken oder sonst wie in der Wolle haben.

Bernd hat laut eigener Aussage noch einen weiteren Freund, von dem ich allerdings nur den Vornamen kenne, Horst. Zu Gesicht habe ich diesen Horst aber nie bekommen, und langsam frage ich mich schon, ob es den «blonden Groß- und Einzelhandelskaufmann» überhaupt gibt oder ob es sich nicht vielmehr um einen eingebildeten Pappkameraden handelt. Aber wenn Bernie mich, noch dazu völlig grundlos, belügen will, dann ist es sein Gewissen, das er belastet, nicht meins.

Wir sind jedenfalls ein klassisches Hü-und-hott-Paar, das sich über viele Jahre zusammengerauft hat, Stichwort «Hart, aber herzlich». Kennengelernt haben wir uns anno dunnemals im Alter von beide zehneinhalb anlässlich einer Verschickung auf die Insel Norderney, das älteste Nordseebad Deutschlands aus dem Jahre 1797. Es verschlug uns mit unterschiedlichen Beschwerden ins evangelische Erholungs- und Schullandheim «Haus Waldeck». Ich litt bekanntlich an Seborrhö, Bernd an Infektionskrankheiten.

Ein chronischer Keuchhusten führte ihn nach mehreren erfolglos abgebrochenen Therapieversuchen schließlich an die frische Nordseeluft. Zudem hatte er mit Farbenschwachsinnigkeit (nicht etwa zu verwechseln mit Farbenblindheit!) zu kämpfen, die sich in einer ausgeprägten Grünschwäche (Deuteranomalie) äußerte und immer noch äußert.

Haus Waldeck war berühmt-berüchtigt, weil dort noch weit bis in die achtziger Jahre des letzten Jahrhunderts ein unerbittliches Regiment herrschte. Es gab zum Beispiel feststehende Toilettenzeiten, zu denen wir armen, kleinen Steppkes uns in einer endlosen Reihe anstellen und so lange warten mussten, bis wir dran waren, egal, ob wir konnten oder nicht. Leiter des Heims war Herr Pastor Pütz, der, obwohl das damals schon lange verboten war, uns Knaben, wenn aus seiner Sicht nötig, auch körperlich zur Räson brachte. Viele Jahre später kam heraus, dass eine bestimmte Sorte von Jungen, nämlich kleine pummelige, mit Sommersprossen und roten Haaren, sich sogar zu ihm ins Bett legen mussten. Den Rest kann man sich ja denken. Ungeahndet blieb dies nicht: Zur Strafe wurde Herr Pastor Pütz in ein evangelisches Jugendheim auf dem Festland versetzt.

Ich kann mich eigentlich nur an einen einzigen schönen Moment während der gesamten vier Wochen im Haus Waldeck erinnern, als wir uns nämlich sonntagnachmittags grundlos an Berlinern satt essen durften.

Sonst war es nicht sehr angenehm. Bernd und ich nutzten jede Gelegenheit, um heimlich auszubüxen, und so lernten wir weitere Teile der Insel kennen und lieben, wie die *Walter-Großmann-Düne*, mit 24,4 m über Normalnull gleichzeitig der höchstgelegene Punkt Ostfrieslands. Schon damals fanden sich da, nüchtern betrachtet, zwei Leidensgenossen zu einer Schicksalsgemeinschaft zusammen. Wie wir mit sehr viel Ach und noch mehr Krach diese schlimme Zeit hinter uns gebracht haben, ist mir bis heute ein Rätsel. Zum Glück musste keiner von uns beiden zu Pastor Pütz ins Bett, und Schläge hat es auch nur einmal gegeben, als Bernd dabei erwischt wurde, wie er heimlich aß. Wieder glücklich zu Hause angekommen, fiel uns auf, dass wir nicht allzu weit voneinander entfernt wohnten. Nur vier Busstationen lagen zwischen unseren Elternhäusern, sonst hätten wir uns sicher aus den Augen verloren. Ich durfte in der Folge häufiger bei Würmers übernachten und freundete mich auch mit seinen jüngeren Zwillingsgeschwistern Jochen und Gert an. Doch das war nur die sprichwörtliche Ruhe vor dem Sturm, denn bald schon sollte eine Reihe von entsetzlichen Schicksalsschlägen die Familie Würmer treffen.

Die erste Katastrophe ereignete sich in der Nacht vom 23. auf den 24. August 1985, als sich der Erstgeborene der Zwillingsbrüder wie von Geisterhand im Schlaf entzündete. Am nächsten Morgen fand Frau Würmer den kleinen Jochen scheinbar seelenruhig in seinem Bettchen liegend, aber bis auf die Knochen verkohlt vor. Diese von bis heute nicht geklärten biochemischen Ursachen verursachte *spontane Selbstentzündung* kommt in etwa einer Million Fällen nur einmal vor. Am wahrscheinlichsten ist, dass es Menschen mit besonders hoher elektrostatischer Entladung (mehr als 30 000 Volt) trifft, während uns Durchschnittsbürgern mit durchschnittlich 20000 Volt kaum etwas passieren kann. Das Unheimliche: Sämtliche Gegenstände in Jochens direkter Nähe blieben verschont, selbst sein Kinderbett mitsamt Bettwäsche wies nur einige wenige Brandflecke auf. Wie bei der Neutronenbombe, die im Unterschied zur *Atom*bombe nur Menschen tötet, die Dinge jedoch unangetastet lässt.

Aber der Tod von Jochen sollte nur das erste Glied einer Kette mysteriöser Heimsuchungen sein, denn kaum einen Monat später folgte ihm Zwilling Nummer zwei, Gert, auf dieselbe schreckliche Art und Weise nach, was, nebenbei gesagt, die Theorie der elektrostatischen Aufladung unterstützt, da beide als eineiige Zwillinge über identische Erbanlagen verfügten. Bernd wurde daraufhin gründlich durchgecheckt, aber das Ergebnis lautete Gott sei Dank: Kein Befund!

Die sowieso schon zur Kränklichkeit neigende Frau Würmer erholte sich vom Tod der beiden Jungen nie mehr. Im Jahre darauf brach die Rumpffamilie, oder das, was von ihr übrig war, zur Sommerfrische in die bayrischen Voralpen auf. In diesem Rahmen sollte an einem sonnigen Freitagnachmittag auch der 1569 Meter hohe Jochberg bezwungen werden. Endlich am Gipfel angekommen, entfernte sich Frau Würmer nach der Jause vom Rest der Truppe mit der Begründung, sie wolle «dahinten» in aller Ruhe den herrlichen Fernblick genießen. Es sollte, was niemand wissen konnte, ein Abschied auf Nimmerwiedersehen sein. Denn die paar Minuten Abwesenheit hat Mutter Würmer offenbar dazu genutzt, in die Wand zu gehen. Eine Leiche wurde allerdings nie gefunden. Vielleicht lebt sie auch unter falschem Namen, in einem Dorf unweit des Jochbergs.

Herr Würmer war bald nur noch ein Schatten seiner selbst. Der einst 135 Kilo schwere stattliche Mann magerte bei 1,80 Meter Körpergröße auf unter 75 Kilo ab. Ein halbes Jahr später folgte der nächste Schicksalsschlag: Bernds Vater wurde mit Bernd auf dem Beifahrersitz an einem unbeschrankten Bahnübergang von einem Güterzug erfasst und über mehrere hundert Meter mitgeschleift, weil der Lokführer ein Signal übersehen hatte. Die Fahrgastzelle war auf nur wenige Zentimeter zusammengestaucht. Vater Würmer starb, Bernd überlebte wie durch ein Wunder und musste sich fortan mit erst siebzehn Jahren alleine durchs Leben schlagen. Doch das war beileibe noch nicht alles: Eine schwere Infektion mit Ende zwanzig lähmte wichtige Nervenbahnen. Da die Ärzte mit ihrem Latein bald am Ende waren, ist Bernd seither an den Rollstuhl gefesselt.

Wahrscheinlich ist er nur deshalb oft so unfreundlich und grob, weil er verbergen will, wie es wirklich in ihm aussieht. Über die entsetzlichen Vorkommnisse schweigt er sich jedenfalls seit Jahren aus.

Wenigstens hat er bei der Firma WESTSAAT einen guten, und vor allem sicheren Job gefunden. Dieses Pflanzen- und Saatzuchtunternehmen hat den Spargelanbau in Deutschland maßgeblich mitgeprägt, so zählen die Züchtung der Spargelhybride «Liebstedter Rundbogen» im Jahre 1961 und zehn Jahre später die für ihren feinherben Geschmack berühmte Sorte «Ernstheimer Flaschenzug» zu den von Kennern allseits geschätzten Leistungen des Familienunternehmens. Stolz trägt Bernd Eiersweatshirts mit dem Firmenlogo und dem Slogan «WESTSAAT – WIR BEWEGEN SAMEN».

Er ist Sachbearbeiter mit Schwerpunkt *Kaltakquise.* Diese spezielle Art des Verkaufs betreibt er fast ausschließlich telefonisch. Glaubt man Bernd, so ist er am Telefon ein Genie, ähnlich wie der ehemalige Altbundeskanzler Helmut Kohl, dem nachgesagt wird, er habe seinen gesamten Machtapparat allein übers Telefon gesteuert.

An manchen Tagen redet Bernd ausschließlich darüber, welche Aufträge er schon wieder an Land gezogen hat. Er ist, sagt er, «heiß auf Kaltakquise» und sowieso das beste Pferd im Stall von WESTSAAT nach dem Motto: «Ich könnte selbst dem Papst ein Doppelbett verkaufen.» Damit trifft er es meiner Meinung nach ganz gut, denn Kaltakquise heißt im Klartext, nichts ahnende Neukunden zu übertölpeln. Dieses leicht durchschaubare Überrumpelungsprinzip tarnt er allerdings durch schwer verständliches Kauderwelsch wie *Trigger-Events, Top-down-Prozess* oder *Kommunikationsquadrat.* Wenn er mit dem Fabulieren einmal angefangen hat, kann ihn kaum mehr etwas stoppen: «In den Augen erfolgreicher Menschen brennt ein Feuer. Werde auch DU zum Bunsenbrenner. Erfolg heißt nichts anderes als: Wie hoch ist die Ansteckungsgefahr, die genau heute von dir ausgeht? Denk daran: Es ist einfacher, alles zehnmal besser als nur zu zehn Prozent besser zu machen. Geld ist wie Wasser: Es findet seinen Weg. Regel Nummer 1: Man muss die Menschen nehmen, wie sie sind, denn es sind keine anderen da. Und für jeden einzelnen dieser Menschen, auch für dich und für mich, geht es, aufs Wesentliche runtergebrochen, *ausschließlich* um zwei Dinge: Lustgewinn und Schmerzvermeidung. Wer das einmal begriffen hat, ist den entscheidenden Schritt weiter. Also, zähl deine Geschenke, nicht deine Probleme.

Denn wenn das Leben dir eine Zitrone gibt, mach Limonade draus.»

Zwischendurch ein Schlückchen Quasselwasser, und weiter geht's.

Natürlich lernt man am Telefon keine Frau kennen, und deshalb hat auch Bernie ein bis zum heutigen Tage gebrochenes Verhältnis zum weiblichen Geschlecht. Wie es aussieht, fallen wir durch jedes Raster. In grauer Vorzeit passte bekanntlich auf jeden Topf der berüchtigte Deckel, aber die Zeiten sind wohl endgültig passé. Es ist nicht einmal so, dass wir mit den Krümeln vorliebnehmen müssten, die andere achtlos liegen lassen, nein, für uns bleibt schlichtweg gar nichts übrig! Ein Teufelskreis, denn wenn man den Umgang mit dem schwachen Geschlecht nicht gewohnt ist, wird es mit der Zeit immer komplizierter und noch komplizierter, und man wird schnell als das entlarvt, was man leider Gottes auch ist: ein ganz armer Willi. Aus dem Mund von so einem klingt jedes Wort falsch und kehlig, da ist jede Bewegung hölzern, die Blicke wandern unstet und fahrig. Frauen haben dafür ganz feine Antennen; wenn die eines haben, dann das. Und ich denke mir, wenn nicht langsam was passiert, dann können wir die ganze Angelegenheit wohl endgültig an den Nagel hängen. Ich habe ja Freitag das Treffen mit Manuela, aber als nächsten *gemeinsamen* Versuch wollen wir am Montag darauf Speed-Dating ausprobieren. Das ist eine Veranstaltung, bei der sich sieben Frauen und sieben Männer jeweils sieben Minuten lang gegenübersitzen und sich blitzschnell (Speed = Geschwindigkeit) entscheiden müssen. Beziehungsweise oft auch leider gerade nicht.

Das Ergebnis bekommt man am nächsten Tag anonym per SMS direkt aufs Handy.

Warum es mit der Frauenwelt bisher noch nicht geklappt hat, können wir uns teilweise erklären (Bernd im Stuhle, ich mit der ewigen Mutter), teilweise aber auch nicht. Denn vielerorts herrscht doch geradezu Männermangel: In Chören wird meist händeringend nach männlichen Sängern gesucht. Viele Laientheatervereine müssen männliche Rollen mit Frauen besetzen. In Tanzkursen liegt der Frauenanteil oft bei 100 Prozent, und auch an Volkshochschulen gibt es eine große Zahl rein weiblicher Klassen. Dort teilzunehmen ist eine gute, weil unverbindliche Art, Frauen kennenzulernen oder wenigstens ihr Verhalten zu studieren. Auch Märkte aller Art sind Anziehungspunkte für Frauen: Wochenmärkte, Flohmärkte, Mittelaltermärkte und ganz besonders Kunsthandwerkmärkte wirken magnetisch auf sie. Ebenso sind politische Veranstaltungen eine ideale Möglichkeit, Frauen näherzukommen, denn die gemeinsame Überzeugung oder der Kampf gegen denselben politischen Gegner kann Menschen intensiv zusammenschweißen.

Trotz seines Handicaps unternimmt Bernd an den Wochenenden ausgedehnte Spazierfahrten mit seinem behindertengerecht ausgebauten Diesel, auch in der kalten Jahreszeit. Wenn es einzurichten ist, begleite ich ihn. Während der langen Fahrten nimmt Bernie die Sache mit den Frauen oft mit Galgenhumor und bringt in einer Tour Sprüche wie «Lieber Nürburgring als Ehering». Von dieser Sorte hat er bestimmt über hundert auf Lager. Seine zweite Leidenschaft neben den Ausflügen gilt seltenen Insekten. Er hat zu Hause ein riesiges Terrarium, das gefühlt mehr als die Hälfte seiner Wohnung einnimmt. Bernie hat sich mit den Jahren ein unwahrscheinliches Fachwissen über alle möglichen und vor allem unmöglichen Arten von Käfern, Würmern, Läusen, Schaben, Wanzen, Heuschrecken oder Flüglern (Groß-, Netz-, Haut- und Fächerflügler) erarbeitet. Ich selbst finde die Kurzlebigkeit dieser winzigen Tierchen deprimierend, aber das behalte ich besser für mich.

Bernd möchte unbedingt einmal eine Reise zur griechischen Sonneninsel Samos antreten, wo angeblich einige der seltensten Arten weltweit leben. Und ich soll natürlich mit, wozu ich allerdings keinerlei Lust verspüre. Aber um nicht immer wieder Streit vom Zaun zu brechen, äußere ich mich in dieser Angelegenheit so neutral wie möglich. «Vielleicht nächstes Jahr, wenn alles gut geht», raune ich geheimnisvoll, setze ein Pokerface auf und lasse mir nicht weiter großartig in die Karten schauen. Erstaunlich, wie er sich jetzt schon eine ganze Zeit mit dieser Hinhaltetaktik begnügt, der Herr Kaltakquisiteur.

KAMIN 21

BERND GEHÖRT zu den Menschen, für die exakte Minutenpünktlichkeit ein absolutes Muss ist. Er erwartet, dass man sofort nach dem Klingeln öffnet, denn nichts ist ihm mehr zuwider, als auf das erlösende Geräusch des Summers zu warten, während er, vielleicht gar noch bei regnerischem Wetter, draußen im Stuhle sitzt wie ein begossener Pudel. Wenn er also Schlag neunzehn Uhr schellt, stehe ich schon ein, zwei Minuten vorher mit der Hand am Summer und kann blitzschnell reagieren.

Heute scheint er einen besonders schlechten Tag erwischt zu haben. Anstatt stante pede über die Schwelle zu rollern, hält er den Kopf schief und vollführt mit Mund- und Kieferregion karpfenartige Bewegungen. Auf meine Frage, was denn jetzt schon wieder ist, antwortet er, er habe Wasser im Ohr.

«Wie hast du das denn gemacht?»

«Gemacht, gemacht! Wie kriegt man wohl Wasser ins Ohr? Aber wenn man eine solche Pferdenatur ist wie du, kann man sich leicht über das Leid anderer Leute lustig machen.»

Ich eine Pferdenatur, da lachen ja die Hühner, und noch

nicht mal die! Im Grunde genommen ist der Abend jetzt schon gelaufen.

«Was ist denn los mit dir? Willst du nicht langsam mal reinkommen?»

«Dazu musst du mich schon auffordern. Sonst ist das nämlich Hausfriedensbruch!»

Das meint er sogar ernst. Na, von mir aus. Zunächst einmal geht es in Mutters Zimmer, wo er in einer, wie ich finde, schleimigen Art sein immer gleiches Sprüchlein aufsagt:

«Ei-nen wun-der-schön-en gu-ten Ab-end, Frau Dose, wie geht es Ihn-en?» Er setzt jede Silbe künstlich von der vorigen ab, als würde Mutter selbst so eine einfache Frage nicht verstehen, dabei ist sie weder schwerhörig noch dumm, sondern einfach nur bettlägerig.

Die Retourkutsche folgt dann auch auf dem Fuße:

«Wie soll es einem schon gehen, wenn man den ganzen Tag im Bett liegen und fressen muss. Außerdem werden mir nachts regelmäßig innere Organe entnommen.»

«Ach, Frau Dose, das glaube ich nicht.»

«Was gibt es denn da nicht zu glauben?»

«Ja.»

«Sagen Sie mal, sind Sie dicker geworden?»

«Nein. Wie kommen Sie darauf?»

«Sie sehen voller im Gesicht aus. Natürlich sind Sie dicker geworden»

«Bin ich nicht. Ich geh dann mal wieder zu Jürgen rüber.»

Und schwups, weg ist er. Mit vor Wut puterrotem Kopf rollert er an seinen Stammplatz am Ende des Vier-Personen-Tisches. Mutter hat seinen wunden Punkt getroffen, denn für Bernd gibt es nichts Schlimmeres, als dicker und immer dicker zu werden. Von mir will er dann immer hören, dass er normalgewichtig ist, für sein Handicap sogar recht schlank. Seine Taktik ist dabei, dass er mich provoziert.

«Hast du gehört, was deine Mutter gesagt hat? Ich bin ein richtig fettes Schwein.»

«Zum einen hat sie das nicht gesagt, und zum anderen stimmt es nicht.»

Doch Bernd lässt nicht nach, sondern knetet demonstrativ an seinen Speckringen und Rollen herum.

«Guck dir das mal an. Im Sitzen sieht alles noch viel schlimmer aus.»

«Ach, hör doch mal auf. Du siehst ganz normal aus.»

«Normal, normal, ja, für'n fettes Schwein seh ich ganz normal aus.»

Jetzt reicht es zur Abwechslung mal mir:

«Von null auf hundert in einer Sekunde?»

«Welches Auto soll das denn bitte schaffen.»

«Von wegen Auto! Steig mal auf die Waage.»

Nicht selten haut Bernd nach solch erbittert ausgetragenen Wortgefechten einfach ab und meldet sich dann oft tagelang nicht. Heute allerdings treibt ihn der Hunger in den *Kamin 21*. Also Schwamm drüber und los.

Einer der Gründe, weshalb Bernd in letzter Zeit aufgegangen ist wie Hefeteig, ist meiner Meinung nach der viele Alkohol. Es vergeht wohl kein Tag, an dem er nicht Bier, Wein oder Schnaps einnimmt, zusätzlich zu den Kalorienmengen, die bei den schweren Hauptmahlzeiten dazukommen. So schaufelt er zum Beispiel an einem ganz normalen Dienstag, an dem es weder besondere Vorkommnisse noch etwas zu feiern gibt, allein beim Abendessen gut und gern zweitausend leere Kalorien in sich hinein. Dazu die fehlende Bewegung, da kann man sich nur wundern, dass er nicht *noch* dicker ist. Und leichter wird's so auch nicht, eine Frau kennenzulernen, noch dazu eine nach Bernds unrealistischen Vorstellungen. Dabei tut er immer ganz bescheiden:

«Ob blond, brünett oder rothaarig, spielt keine Rolle. Sie kann kurvig sein oder schmal. Das Alter ist auch nicht entscheidend. Nur übermäßig dick sollte sie nicht sein, und nicht zu groß. In so eine große, dünne Frau, die aussieht wie ein Lulatsch, kann sich doch kein Mann verlieben, und bei einer korpulenten Großen bekommt man es mit der Angst zu tun.»

Träum weiter, Junge, möchte man ihm zurufen, und ich kontere im Scherz:

«Ich hab auch keine großen Ansprüche: Meine Zukünftige sollte Insekten wegmachen können, keine Amalgamzähne haben und gerne kniffeln.» Und Bernd? Der nimmt das für bare Münze. Einmal hat er sogar gemeint: «Mehr zu wollen wäre bei dir auch übertrieben.» Das sagt ER zu MIR!

Für mich ist es jedenfalls kein Wunder, dass es bei Bernd in Sachen Liebe trotz Gardemaß von 1,92 Meter noch nicht gezündet hat. Aber das sieht man im Stuhle ja auch nicht. Und nebenbei gesagt, investiert er nur einen sehr geringen Betrag in seinen Kleiderschrank, seine Klamotten sehen oft aus wie aus der Sammlung. Auch als Behinderter kann man sich mit dem Äußeren ein wenig Mühe geben, finde ich. Das darf man natürlich wieder nicht laut sagen, geschweige denn Bernd gegenüber persönlich äußern.

In letzter Zeit behauptet er, ein sogenannter *Grower* zu sein. Wieder so eine fixe Idee. Wo er dieses Wort aufgeschnappt hat, würde ich nur zu gerne wissen. Ein Grower ist nach seiner Definition jedenfalls einer, der immer attraktiver wird, je länger man ihn anschaut. Von Natur aus unauffällig, zieht er einen mit der Zeit in seinen Bann, seine Schönheit erschließt sich erst bei längerer Betrachtung. Das Gegenteil also von Männern wie George Clooney oder Kai Pflaume, die nur auf den ersten Blick attraktiv wirken. Je länger man sie jedoch in Augenschein nimmt, desto langweiliger werden sie. Laut Bernd.

Ich halte mich für normal bis neutral aussehend. Also weder gut noch schlecht. Es könnte mit den Jahren sowohl in die eine als auch in die andere Richtung gehen, wobei man allerdings berücksichtigen muss, dass ich in meinem leider auch nicht mehr ganz taufrischen Alter keineswegs alle Zeit der Welt habe. Mein größtes Problem ist, dass mir in bestimmten Situationen andauernd das Nervenkostüm einen Strich durch die Rechnung macht. Wo andere ihre Angelegenheiten ohne großes Gewese und Trara mit links erledigen, bin ich ständig fahrig und angespannt und muss immer gleich die Nerven einsetzen. So fehlt es mir auch im Umgang mit dem anderen Geschlecht an Gelassenheit, wo Gelassenheit doch gerade hier besonders wichtig wäre! Und das wirkt sich auf meine sogenannte *Passivausstrahlung* aus. Die Passivausstrahlung bezeichnet die Ausstrahlung im Ruhezustand, also wenn man einfach nur ruhig dasitzt oder steht. Es gibt einige wenige Männer, deren Passivausstrahlung so elektrisierend ist, dass man sich von ihnen magisch angezogen fühlt, ob man will oder nicht. Das ist nur bei etwa einem von hundert der Fall. Ich zähle leider zu der anderen, großen Gruppe. Bernd hat meiner Meinung nach noch weniger Ausstrahlung, mit seiner ewigen schlechten Laune und Mürrischkeit. Er wirkt, als ob er ein Schild um den Hals hängen hätte, mit der Aufschrift «BITTE NICHT ANSPRECHEN. BISSIG!»

So rätseln Bernd und ich, während wir im Kamin 21 hocken, einmal wieder, wie man es in Gottes Namen anstellen könnte mit der Liebe.

Bernd wird über diesen Gesprächen oft richtig wütend. «Dreißig Jahre fremde Hand sind langsam mal genug.» Bei *fremder Hand* setzt man sich nach Bernds Beschreibung so lange auf die eigene Flosse, bis diese taub ist und vom Gefühl her nicht mehr zu einem zugehörig. Wenn man dann Hand anlegt, hat man das Gefühl, jemand anderes wäre zugange. So ungefähr erklärt es Bernd, ich habe das noch nicht ausprobiert und auch nicht vor.

Der Kamin 21 heißt wegen der Hausnummer so, Adresse Krönenbarg 21. Im Zentrum des Gastraums befindet sich ein riesiger Kamin, der meines Wissens noch nie in Betrieb war. Wenn wir Wirt und Inhaber Peter Scholz ansprechen, warum er den Kawenzmann selbst im bitterkalten Winter nicht befeuert, murmelt der etwas von «feuerpolizeilichen Verordnungen» und schaltet auf Durchzug, im wahrsten Sinne des Wortes! Irgendwas stimmt nicht mit dem Kamin 21, wir fragen uns allerdings, was, denn so eine gemütlich brennende Feuerstelle im Gastraum würde doch ein ausgesprochenes Highlight darstellen. Und einmal den Schornsteinfeger durchzujagen, damit der die Anlage freigibt, kann ja wohl nicht so schwer sein. Na, dann eben nicht, des Menschen Wille ist sein Himmelreich.

Im Kamin 21 kann man neben Klassikern aus Deutschland wie Saftgulasch, Strammem Max oder hausgemachtem Eintopf auch eine kulinarische Weltreise unternehmen. Ob italienische, griechische, französische oder spanische Küche, nichts ist Koch Gautam zu exotisch, als das er es nicht wenigstens ausprobieren würde. Man kann mit nahezu jedem Sonderwunsch *außerhalb der Karte* kommen. Gautam ist Inder, ein Hindu. Seit der indische Familienbetrieb, mit dem er einst nach Deutschland kam, pleiteging, kocht er im Kamin 21. Besonders verschwenderisch setzt er die fernöstliche Gewürzspezialität *Neun-Augen-Gewürz* ein.

Als Bernds und mein Leibgericht hat sich frische Pferdebratwurst mit Pommes frites und Salatgarnitur herauskristallisiert. Ich weiß, dass jetzt einige aufschreien, von wegen, Pferde kann man doch nicht essen, diese ach so edlen Geschöpfe, aber dazu habe ich eine ganz eigene Meinung: Pferde zählen, wie heimisches Wild, nicht zu den mit Gentechnik und Antibiotika aufgepäppelten Zuchttieren, die nur dazu da sind, um vom Menschen verspiesen zu werden. Wenn ein Pferd geschlachtet wird, dann immer aus gutem Grunde, und es hat bis dahin meist ein langes, glückliches Pferdeleben in Mutter Natur auf dem Buckel. Außerdem sind Pferde entgegen sich hartnäckig haltenden Gerüchten keineswegs etwas Besonderes. Außer vielleicht besonders dumm. Ratten, Schweine, selbst Hunde sind zum Beispiel viel intelligenter als die vermeintlichen Herrenmenschen-Geschöpfe.

Schwamm drüber. Nicht nur die Wurst selber, auch die Pommes frites sind im Kamin 21 eine Spezialität, weil sie in einer ganz unvergleichlichen Art geriffelt sind und deshalb besonders gut schmecken. Da schmunzelt man vor lauter Appetit mit der Zunge. Bernd und ich sitzen uns dabei nach dem Motto «Schaufel, schaufel» gegenüber, und während der Mahlzeit wird praktisch nicht geredet, außer «Kann ich mal bitte das Salz haben».

Statt Dessert geht's dann weiter mit dem schier unerschöpflichen Thema *Frauen.* Wie wir da allerdings mit randvollen Mägen und stechender Bierfahne schwer auf unseren Stühlen eingesunken sitzen, geben wir sicher kein besonders erfolgversprechendes Bild ab. In letzter Zeit hat auch Wirt Peter Scholz Wind von unseren Problemen gekriegt und versorgt uns ungefragt mit allen möglichen Kennenlern-, Flirt- und Aufreiß-Tipps. Er hält dann endlose Monologe, die etwa wie folgt gehen:

«Vom Naturell her sind Frauen zwiespältig, schwankend und leicht zu beeinflussen. Ihre Identität ist auf einer Lüge aufgebaut. Die Basislüge: Ich weiß, wer ich bin. Sie sind reine Fassadenmenschen, Täuschung ist ihr Daseinszweck. Wenn sie sich fürs Ausgehen fertig machen, kreisen ihre Gedanken permanent um die Frage, ob sie Spaß haben werden, wie viele interessante Leute, insbesondere Männer, sie wohl kennenlernen, und sie hoffen, dass ihnen bloß kein anderes Mädel im gleichen Outfit über den Weg läuft. Der Erfolg einer Party bemisst sich ausschließlich danach, wie oft eine angesprochen wird.

Sie stehen erst mal rum und warten darauf, dass etwas passiert oder sie klammheimlich einen interessanten Mann erspähen, worin sie besondere Fähigkeiten haben. Denn Frauen sind von der Evolution so ausgestattet, dass sie einen viel größeren Radius registrieren. Sie haben ein sehr weites Blickfeld und können an einem Mann scheinbar vorbeisehen und ihn dennoch unglaublich schnell mustern. Der ganze Raum ist für sie ein Schachbrett, auf dem sie möglichst nicht einen der Bauern, sondern den König angeln wollen. Sie suchen immer wieder nach Gelegenheiten, den Mann, der ihnen gefällt, zu begutachten, wenn er gerade nicht zu ihnen hinsieht. Daraus lässt sich ein witziges Spiel namens «Frauen erwischen» machen. Wenn man registriert, dass die Frau einen heimlich mustert, denkt man sich ‹Haha, erwischt› und setzt dazu den entsprechenden Gesichtsausdruck auf. Die Frau fühlt sich ertappt, und schon ist der schönste Flirt am Laufen. So wird aus einem Teufelskreis ein Gotteskreis. Immer dranbleiben, immer bohren, immer sägen, bis die Kiste fliegt. Aber man darf nicht zu lange zögern, sondern muss einfach *machen.* Selbstbewusste Kerle, die sich nehmen, was sie wollen, sind die Sehnsucht fast aller Frauen. Frauen werden misstrauisch, wenn ein Mann *nicht* offensiv vorgeht. Als Schluck Wasser in der Kurve kann man leider keine Punkte machen, und lange, tief schürfende Gespräche schaffen niemals Begehren bei einer Frau. Wenn du als *Gesprächspartner* für sie wertvoll bist, wird das nichts mehr, dann bist du für sie nicht mehr als ein Lakai, ein Schuhputzjunge. Frauen lieben wilde Geilheit, wodurch sich auch leicht der Erfolg von Vampir- und Werwolf-Romanen erklären lässt. Dominantes, aggressives Verhalten erregt die Frau, solange es der Mann nicht übertreibt. Beispiel: Wenn man eine Frau anlangt *und* gleichzeitig anschaut, ist das für die Frau beängstigend. Wenn man sie aber anlangt, dabei in normaler Stimmlage weiterredet und noch dazu in eine andere Richtung schaut, wirkt es unverfänglich, und die meisten Frauen lassen sich das gefallen. Hat man dann eine Frau erst mal an der Angel, muss man sie möglichst schnell an

Berührungen gewöhnen. Am Anfang sollte man sie eher mit der Handaußenfläche anfassen. Man langt sie also am Anfang eines Gespräches mit dem Handrücken an. Wenn man wie zufällig einer Frau ganz leicht über die Haut fährt, löst man damit in ihr geradezu Wonneschauer aus. Im Verlaufe einer Begegnung muss man es schaffen, dass sich die Verhältnisse umkehren, dass also der Mann sich nicht mehr um die Frau bemüht, sondern die Frau dem Mann gefallen will. Er gibt ihr die Aufgabe, sich für ihn wie auf dem Präsentierteller von ihrer schönsten Seite zu präsentieren, wie ein Tier, das im Zirkus durch einen Reifen springt. Und du bist der Dompteur, der ihr nach dem Kunststück ein Zuckerl spendiert!»

An dieser Stelle wird Peters Dialog immer ein bisschen ordinär.

«Wenn ihr das nach dem Heiß-kalt-Prinzip durchzieht, Jungs, bekommt sie bald schon Bock auf einen Fleischtanz mit euch. Und grinst nicht dauernd. Männer mit viel Testosteron lächeln wenig. Ihr Reptiliengehirn aus der Steinzeit sagt der Frau dann, dass sie es mit einem Alphatier zu tun hat. Frauen suchen unbewusst immer nach dem Alphatier, dem König. Sieh also zu, dass du ein Alphatier wirst. Das Alphatier steht im Mittelpunkt, während die Kumpel einen Kreis um es herum bilden und aufmerksam zuhören. Das Alphatier darf Männer mit niedrigem Rang anfassen, die ihrerseits stillhalten müssen. Auch raumeinnehmende Bewegungen wie sich strecken oder Arm über die Lehne erhöhen die Erfolgschancen gegenüber Frauen. Souveräne Ausstrahlung ist so etwas wie das Motoröl im Getriebe der Anziehungskraft. Arme in die Hüfte stemmen, Beine weit auseinander und selbstbewusst gerecktes Kinn bezeichnet man als *High-Power-Posen.* Wer dagegen in *Low-Power-Posen* erstarrt, also krumm wie ein Flitzebogen in der Landschaft rumsteht, darf sich über gar nichts mehr wundern. Das kann man üben, indem man bewusst High-Power-Posen einnimmt und die möglichst lange hält. Man wird dann tatsächlich kraftvoller, das Testosteron steigt um 15 Prozent, während Hormone, die für Ängste verantwortlich sind, um bis zu 25 Prozent fallen.»

Und so weiter und so fort. Peter scheint es ausschließlich darauf anzulegen, so viele Frauen wie möglich ins Bett zu kriegen. Ich kann mir aber kaum vorstellen, dass er mit seinen Milchmädchentricks beim anderen Geschlecht tatsächlich punktet. Noch dazu, weil er das ganze Gegenteil eines schlanken, ranken Adonis ist: Peter wiegt bei etwa 1,70 Meter bestimmt 100 Kilo und ist, soweit ich das beurteilen kann, am ganzen Körper behaart. Außerdem hat er schlechte Zähne und einen seltsamen Zeitlupengang. Ich stelle mir vor, wie er in einer Diskothek pinguinhaft auf seine Angebetete zuwatschelt, und wenn er endlich angekommen ist, ist die schon längst über alle Berge. Achtung, Peter kommt! Hackengas, und tschüs! Während Bernie Peters angebliche Sexabenteuer gutgläubig in sich einsaugt, glaube ich dem windigen Wirt keine Silbe.

Wie sich der Kamin 21 über Wasser hält, ist mir übrigens ein ewiges Rätsel, denn kaum jemand außer uns paar Stammgästen verirrt sich hierher. Wir nennen Peter deswegen hinter vorgehaltener Hand zum Spaß *Money Pete*, das ist ja der Spitzname für einen, der ein gutlaufendes Restaurant betreibt, eine richtige Goldgrube, aus der er jeden Abend das Geld säckeweise nach Hause schleppt. Schwarz natürlich. In Wahrheit hat Peter mit einem vermuteten Money Pete weniger als gar nichts am Hut.

Manchmal setzt sich auch Manfred zu uns, einer der wenigen anderen Stammgäste, der sonst immer nur am Tresen einsam sein Stammessen in sich hineinschlingt und nebenbei seine letzten paar Moneten im Spielautomaten versenkt. Seine Wohnung liegt direkt über dem Kamin 21, er muss also nur *die Treppe runterfallen*. Manfred arbeitet als Teilezurichter in der Kältebranche, was auch immer das sein mag. Er hat einen angeborenen Sprachfehler, genannt *Tubalippe* (das haben nicht etwa wir uns ausgedacht, das kommt von ihm). Er lispelt und sprötzelt derart, dass man sich über die Maßen konzentrieren muss, um mitzukommen, wenn er was erzählt.

Wenn er gar nicht weiterweiß, steuert er seine beiden Standardgeschichten bei. Story Numero uno handelt von seinem ehemaligen Arbeitskollegen, Herrn Sowieso, schwerer Raucher, fünfzig Zigaretten aufwärts, dem deshalb das linke Bein amputiert werden musste. Schlimm genug, aber der ausführende Chirurg arbeitete wie am Fließband und hatte zusätzlich ein Promille Restalkohol im Blut. Zu allem Überfluss war die Tinte auf der OP-Anweisung zerlaufen. Als Herr Sowieso, von der Betäubung noch ganz benebelt, aufwachte und ihn der Oberarzt bei der Visite per Handschlag begrüßen wollte, musste er mit Entsetzen feststellen, dass ihm statt des linken Beins der rechte Arm abgenommen wurde.

Sehr glaubwürdig, schätze ich mal. Die andere Geschichte ist noch verrückter: Manfred möchte nämlich ins Guinnessbuch der Rekorde Einlass erhalten. An sich schon ungewöhnlich, aber jetzt kommt's: Er will nach seinem

Tod mindestens fünfzehn Jahre unentdeckt in seiner Wohnung liegen, das wäre dann angeblich neuer Weltrekord. Schöner Rekord. Er rechnet haarklein vor, dass er 200 000 Euro zusammensparen muss, damit alle laufenden Kosten per Dauerauftrag abgedeckt sind und die Versorgung über die gesamten fünfzehn Jahre gesichert ist. Auch will er sich kurz vor seinem Ableben mit einer bestimmten Paste einschmieren, damit der Körper nicht verwest, sondern direkt in die Mumifizierung übergeht und die Wohnung nicht etwa aufgrund von Geruchsbelästigung aufgebrochen wird. *Das* nenne ich verrückt, aber im negativen Sinne.

Diese beiden Storys hat er in allen möglichen und vor allem unmöglichen Varianten bestimmt schon ein Dutzend Mal gebracht. Aber im Kamin 21 kommt es gerade zu fortgeschrittener Stunde nicht mehr drauf an, da kann man die hanebüchensten Sachen erzählen. Wir sind schon ein trauriger Verein: der haarige Wirt, Bernd im Stuhle, der ewig vor sich hin sprötzelnde Manfred und meine Winzigkeit. Echte Ladykiller, würde ich mal sagen!

Weil heute noch weniger los ist als sonst, ziehen wir bereits gegen zehn von dannen. Leer gewichst und vollgefressen, wie Bernd zu sagen pflegt. Diese unflätigen Ausdrücke will er sich partout nicht austreiben lassen, da kann ich mich auf den Kopf stellen.

Ich begleite Bernie meist noch nach Hause, was keinen großen Umweg bedeutet. Einmal lang hingeschlagen, und schon ist man da. Dann warte ich so lange, bis er in rasender Geschwindigkeit drei oder auch vier Zigaretten hintereinander gebarzt hat; in seiner Wohnung hat er sich das Rauchen nämlich untersagt, und einen Balkon nennt er auch nicht sein eigen. Er überraucht sich regelrecht, um die Nacht ohne weitere Nikotinzufuhr überstehen zu können. Selbst im Stockfinsteren sieht man, wie er spätestens bei der dritten Zigarette vor Übelkeit weiß wird wie eine Wand. Und nachts kriegt er dann Schmachter. So geht es hin und her, eine einzige Quälerei. Soll er doch besser aufhören. Aber dann geht er wahrscheinlich ganz aus dem Leim, und davor hat er mächtig Angst. Wenn er nämlich wieder anfängt mit dem Schmöken, wird er die zusätzlichen Kilos nicht mehr los, und spätestens dann heißt es: WILLKOMMEN IM KLUB DER DICKEN RAUCHER!

Mit den Worten «So, ich geh mal nach oben. Einen wunderschönen guten Abend wünsche ich dir noch» verabschiedet er sich. Ich erwidere diesen Gruß, obwohl der eigentlich Quatsch ist, denn wir gehen ja beide stante pede zu Bett, heißt, der Abend ist an dieser Stelle also zu Ende; wenn überhaupt, dann müssten wir uns eine «wunderschöne gute *Nacht*» wünschen. Aber für einen Streit ist es nun wahrlich zu spät, also schweige ich still. Mit mir hat Bernd umgekehrt aber bestimmt auch so seine Probleme, die er aus guten Gründen ebenfalls für sich behält.

Wahrscheinlich handelt es sich bei uns um eine *Lebensendpartnerschaft*, also eine Verbindung, die sich erst mit dem Tode löst. Außerdem haben wir jetzt schon so viel gemeinsam auf der Uhr, da lohnt eine Trennung kaum, und es wäre ja auch eine Trennung im Bösen, die sicher keiner von uns beiden will. Also wird es weitergehen wie bisher, getreu dem Motto «Freundschaft geht nie kaputt».

DAS DIABETIKERTIER

ICH BIN ca. sechs Jahre alt und allein zu Hause. Mutter ist mit unbekanntem Ziel ausgeflogen, was sie noch nie vorher getan hat. Vor Angst und Langeweile esse ich aufgewärmtes Hühnchen vom Vortag. Ich muss höllisch aufpassen, mit dem Nahrungsmittel nicht in Kontakt zu einem der zahlreichen Giftschälchen und Insektenköder zu kommen, die im ganzen Haus verstreut herumliegen. Auch läuft man ständig Gefahr, in eine der Ratten- oder Mausefallen zu tappen, die Mutter an allen möglichen, aber vor allem auch unmöglichen Orten aufgestellt hat. Insekten bis hin zum Kleinnager sind in ihren Augen Schädlinge, die es mit allen Mitteln auszurotten gilt, koste es, was es wolle. Ob Gemeiner Holzwurm, Blattlaus, Kiefernspanner, Mehlmotte, Getreideplattkäfer, Hausmaus oder Ratte: Vor Mutter ist *kein* Ungeziefer sicher.

Da mich nach Verzehr des Speisehuhns immer noch Leichtappetit plagt, begebe ich mich auf der Suche nach Nachschlag in den Keller, der gleichzeitig als Vorrats- und Speisekammer dient. Man gelangt über eine schmale, zwölfstufige Holztreppe hinunter, die unter einer Luke im Heizungsraum verborgen ist. Neben einem Bottich mit Ameisengift werde ich fündig: sechs randvolle Gläser frisch eingekochtes Pflaumenkompott! Und wie das riecht! Ich verkrieche mich gemütlich in eine Ecke und kann es kaum abwarten, die Leckerei auszulöffeln. Wie ich so selig von der süßen Pampe nasche, fällt die Luke mit einem lauten Knall zu.

Ich höre im Stockdusteren nichts als mein Herz, das rasend laut bis zum Kopf pocht. Doch nach ein paar Minuten ist ein leises, seltsames Sirren, Rasseln und Schaben zu vernehmen. Als sich meine Augen an die Dunkelheit gewöhnt haben, sehe ich, dass sämtliche Treppenstufen voller Insekten sind! Borkenkäfer, Eichenwickler, Schaben, Asseln und all die anderen Viecher, denen Mutter so erbarmungslos nachstellt.

Abertausende winzige Facettenaugen fixieren mich, an ein Durchkommen ist nicht zu denken. Jetzt nehmen die Tiere blutige Rache für Mutters Vernichtungswahn, schießt es mir durch den Kopf. Dabei trifft mich nach eigener Einschätzung keine Schuld, da ich nur ein einziges Mal mit der Lupe eine Ameisenstraße verschmurgelt habe, und auch das nicht aus Hass, sondern aus Langeweile. Die Tierchen machen jedoch keine Anstalten, mich anzugreifen. Nur wenn ich mich bewege, läuft wellenförmig Unruhe durch ihre Reihen, ich tue besser daran, mucksmäuschenstill hocken zu bleiben.

Es hat hier unten sicher nicht mehr als 13, 14 Grad, und meine Zähne klappern vernehmlich. Immer mehr Insekten kommen aus Spalten, Löchern und Ritzen gekrochen. Und dann geschieht es etwas ganz und gar Unglaubliches: Hunderte, wenn nicht Tausende Viecher klumpen sich zu einer Traube zusammen, wandern in eine dunkle Ecke, schaffen von dort eine alte, löchrige Decke herbei und legen sie in Reichweite meiner Arme ab, sodass ich mich mit ihr bedecken kann. Sie behandeln ihre *Geisel*, denn nichts anderes bin ich, also gut. Gedankenverloren schlecke ich weiter Kompott, bis ich endlich begreife: Ich soll Mutter zur Aufgabe ihres Vernichtungsfeldzuges überreden!

Plötzlich von oben gewaltiges Scheppern und Tosen. Die Tiere richten sich sekundenschnell zu einer Art Verteidigungskokon aus. Es folgt eine absolute, nervenzerfetzende Stille, bis mit einem ohrenbetäubenden Krach die Luke aus ihrer Verankerung gerissen wird und ein gigantischer Schatten in den Keller fällt:

MUTTER, ZU EINER RIESIN GEWACHSEN!

In den Händen hält sie eine mächtige Zehn-Kilo-Plattschaufel. Sie tobt, brüllt hasserfüllte Parolen, ihr altes, faltiges, hässliches Gesicht läuft erst rot, dann grün, gelb und schließlich blau an, dass man meinen könnte, sie müsste jeden Augenblick platzen. Dann schippt sie mit kräftigen, weit ausholenden Bewegungen aus einem Riesenfass Mehl ins Kellerloch. Das staubfeine Teufelszeug legt sich auf Schleimhäute und Atemwege. Meine Kehle schnürt sich zu und fühlt sich an wie gelähmt. Als Nächstes blockiert der Schluckreflex, und mein Adamsapfel wird zu einem steinharten Kiesel, der die Luftröhre wie einen Pfropfen abriegelt.

Ich huste und würge wie ein Verrückter. Schlagartig wird mir klar, was Mutter da herunterschippt: Rodentizid, auch RATTENGIFT genannt!

«HILFE, MAMI, BITTE NICHT, ICH BIN'S DOCH, DEIN SOHN», will ich schreien, aber kein Laut dringt aus meinem fühllosen Schlund. Ich japse, röchele, schnappe nach dem letzten bisschen Sauerstoff, Hühnchen und Pflaumenkompott blubbern in meinem giftzerfressenen Magen. Mein Körper bäumt sich, von konvulsivischen Krämpfen geschüttelt, auf. Ich bin doch noch so jung, ich will nicht sterben! Ein widerlicher, dünnflüssiger Brei steigt aus meinem Inneren auf, meine Eingeweide scheinen sich nach außen zu stülpen und die Bauchdecke zu durchbrechen.

Mutter hat mir die Wirkungsweise von Rattengift immer wieder und in allen Einzelheiten erklärt: Es hemmt die Blutgerinnung, sodass man innerlich verblutet. Ich habe oft versucht, mir das mit kindlicher Phantasie vorzustellen, jetzt weiß ich, wie es ist. Im Moment des Übergangs in den Tod öffne ich ein letztes Mal die Augen.

Doch was ist nun schon wieder kaputt? Ich befinde mich nicht mehr im Keller, sondern in einem Raum, der meinem Jugendzimmer bis aufs Haar gleicht. Sind das letzte, quälende Halluzinationen im Todeskampf? Die Krämpfe lassen langsam nach, und ich bekomme wieder Luft. Schweißgebadet richte ich mich auf: Es war nur ein Albtraum, das Leben hat mich wieder.

Aber zurück in die Gegenwart. Heute ist Donnerstag, heißt, ich habe mich gerade mal so über die Wochenmitte hinübergehangelt, und erfahrungsgemäß ist gerade dann in der Tiefgarage am meisten los. Warum, weiß kein Mensch. Der Vormittag verlief verdächtig ruhig, bis es mit einem Mal knüppeldicke kam: Eine schicke Geschäftsfrau im Geländewagen steht vor der Ausfahrtsschranke und betätigt ungeduldig die Klingel. Als diensthabender Pförtner nehme ich via Gegensprechanlage Kontakt zur Kundin auf. Ohne Gruß und in mehr als barschem Tonfall verlangt sie, noch dazu ohne Angabe von Gründen, die sofortige Öffnung der Schranke. Aber selbst wenn ich wollte, darf ich das ohne ausdrückliche Erlaubnis meines Vorgesetzten gar nicht. Als ich die Dame ruhig und ausgesucht höflich frage, ob sie denn ihr Ticket beglichen hat, blafft sie mich an, sie hätte eine Dauerkarte, und es gäbe dementsprechend gar nichts nachzulösen. Angeblich hakt die Schranke, deshalb soll ich manuell öffnen.

Das wiederum kam *mir* spanisch vor, da am Morgen noch der Techniker vor Ort war. Doch die Frau beharrte in schriller Tonlage auf ihrem vermeintlichen Recht. Mittlerweile hatte sich hinter ihr eine Schlange von drei Fahrzeugen Länge gebildet.

«ÖFFNEN SIE UNVERZÜGLICH DIE SCHRANKE!»

«Das darf ich leider nicht so mir nix, dir nix.»

«WENN SIE NICHT SOFORT ÖFFNEN, WERDE ICH MICH BEI IHREM VORGESETZTEN BESCHWEREN.»

«Das können Sie gerne tun. Ich habe gerade versucht, ihn zu erreichen, aber er ist nicht am Platz.»

«SIE KÖNNEN DOCH WOHL SELBSTÄNDIG DIESE VERDAMMTE SCHRANKE HOCHMACHEN?!»

«Eben leider nicht. Sonst bekomme ich Riesenärger.»

«JETZT HÖREN SIE MAL ZU: RIESENÄRGER BEKOMMEN SIE, WENN SIE NICHT ENDLICH ÖFFNEN.»

«Ich darf das wirklich nicht. Haben Sie schon geschaut, ob Sie das richtige Ticket eingeführt haben?»

«SAG MAL, DU TROTTEL. ICH FÜHR *DICH* GLEICH EIN. LOS, STECK MAL DEINE HÄSSLICHE FRATZE AUS DEINER DUNKELKAMMER, ICH WILL SEHEN, WIE EINER WIE DU AUSSIEHT!»

Usw., usf.

Die Schlange war derweil auf ein gutes Dutzend Wagen

angewachsen, deren Fahrer ebenfalls in Rage gerieten. Einige verließen ihre Autos, was streng verboten ist, und fielen in die Schimpftiraden ein, wodurch sich die Frau in ihrem vermeintlichen Recht bestärkt fühlte und derart angestachelt wurde, dass sie vollends außer Rand und Band war. Ich habe wohl selten einen Menschen erlebt, der der Weißglut so nahe kam. Langsam, aber sicher war mit dem Schlimmsten zu rechnen. Dabei ist es doch eine vergleichsweise harmlose Situation, wenn mal eine Schranke nicht gleich hochgeht. Wie die Frau wohl reagieren würde, wenn etwas *wirklich* Schlimmes passiert? Gar nicht auszudenken. Mir fällt gerade in meinem Beruf immer wieder auf, bei wie vielen Leuten die Nerven blank liegen und schon der geringste Anlass ausreicht, um sie zum Explodieren zu bringen. Das ist doch furchtbar, auch für die Betroffenen selbst! Also, ein einziges Tohuwabohu, das völlig außer Kontrolle zu geraten drohte. Und weder Herr Schmidt noch ein anderer Mitarbeiter, noch die Zentrale war erreichbar!

Als wäre das alles noch nicht genug gewesen, kam ausgerechnet in diesem Moment Bernd angerollert und reihte sich in die Schlange der gegenüberliegenden, also der Einfahrtsspur. Er benutzte nicht etwa einen der reichlich vorhandenen Personenaufzüge, sondern tat gerade so, als wäre er nicht Rollstuhl-, sondern Fahrzeugführer. Dabei hat er noch nicht einmal einen Elektrostuhl, sondern einen normalen, mit Handaufzug. Das war bloße Provokation, denn es macht Bernd immer einen Heidenspaß, den ganzen Laden aufzuhalten. Kaum ein Autofahrer traute sich, ihn in seine Grenzen zu weisen: Vielleicht fürchteten sie, es mit einer tickenden, geistig umnachteten Zeitbombe zu tun zu haben, die man besser in Ruhe lässt, weil jederzeit der Zünder hochgehen kann. Und dann besaß Bernd auch noch die Dreistigkeit, mit seiner am Stuhle befestigten Karnevalströte fleißig ins Hupkonzert mit einzustimmen.

In der Ausfahrt wuchs derweil das Chaos ins Unermessliche. Da der gesamte Verkehr zu kollabieren drohte, blieb mir schließlich nichts übrig, als die Schranke zu öffnen. Rasend vor Wut trat die Frau aufs Gaspedal und schoss mit quietschenden Reifen im Kavalierstart davon.

Die sollte sich was schämen, was sie natürlich nicht tut, schämen tun sich immer nur die, bei denen es unnötig ist. Als sich die Lage endlich wieder halbwegs beruhigt hatte, qualmte mir Bernd die Bude voll und lenkte mich von der Arbeit ab. Donnerstag kommt er nämlich regelmäßig angeschoben, weil er da seinen freien Nachmittag hat. Er redet dann immer wie ein Wasserfall, wo er doch genau weiß, wie sehr ich mich konzentrieren muss. Als würde er es regelrecht darauf anlegen, dass ich Fehler begehe. Wie der wohl reagieren würde, wenn *ich* unangemeldet bei WESTSAAT aufschlage und ihn mitten in der schönsten Kaltakquise störe?

Donnerstagabend ist bei Mutter und mir so etwas wie unser ganz privater Muttertag, was bedeutet, dass der Abend ihr gewidmet ist, und zwar in seiner gesamten Länge, und nicht nur zwischen Tür und Angel. Ich setze mich auf den Besucherstuhl und wir plaudern, wobei an diesen Abenden alltägliche Nöte, Probleme, Schwierigkeiten oder Versäumnisse ausnahmsweise mal ausgespart werden.

Sie hat als Erstes ein Thema am Wickel, das ihr schon länger im Kopf herumspukt, nämlich die Anschaffung eines Haustiers. Da sie tagsüber allein ist, so Mutter weiter, wäre so ein Tier genau das Richtige. Die entscheidende Frage aber lautet: Welches? Hund, Katze, Fisch, Hamster, oder was einem an tierischen Gefährten sonst noch so alles in den Sinn kommt. Wie wäre es z. B. mit Fischen? Für Fische spricht, dass sie beruhigend auf den Menschen wirken, keinen Lärm machen und es auf Gottes weitem Erdenrund wohl kein Geschöpf gibt, welches pflegeleichter ist. Nachteil: Fische leben ausschließlich ihr eigenes Leben und gehen so gut wie nie auf ihre Umgebung ein, außer es gibt Futter. Nach gründlicher Abwägung sprachen wir uns also dagegen aus. Nächstes Tier: Hamster: Vorteil: Die kleinen Nager sind niedlich anzuschauen, wie sie flink und gelenkig von einer Ecke des Käfigs in die andere wieseln, sodass immer etwas los ist. Aber der Vor- ist gleichzeitig Nachteil: Hamster sind zu nervös. Wenn sie tagein, tagaus im Laufrad strampeln und wieseln und dabei unentwegt ihre typischen hohen, schnarrenden Laute von sich geben, kann das gehörig auf die Nerven gehen. Zudem verdrehen sie in einer Tour ihre kleinen Köppe ruckartig von links nach rechts oder umgekehrt, je nachdem, ohne dem Menschen dabei weitere Beachtung zu schenken. Also Hamster leider auch nein. Weiter: Katzen. Da muss von vornherein *ich* Einspruch erheben, denn Katzen haben etwas Unheimliches. *Ich* traue Katzen nicht über den Weg und *sie* mir nicht. Mir kommt es so vor, als hätte eine dunkle Macht die Katzen auf die Erde geschickt, um uns Menschen vollständig verrückt zu machen. Also Katzen, nein, danke schön vielmals! Hunde kommen auch nicht in Frage, da sie viel Zeit und Auslauf brauchen und dem Besitzer die Haare vom Kopf fressen. Außerdem lassen sie sich von äußeren Einflüssen ablenken und bellen dann unvermittelt, sodass man andauernd aus seiner aktuellen Beschäftigung aufschrickt. Für Vögel gilt dasselbe wie für Hamster, und ein Pferd ist viel zu groß! So sind wir in dieser Angelegenheit stecken geblieben, bis wir durch eine Fernsehsendung auf eine mögliche Lösung kamen. Es ging um eine neuartige Züchtung, die eine Summe sehr ausgeklügelter Eigenschaften vereint: Braucht keinen Auslauf, nur ein- bis zweimal die Woche Futter, wird praktisch nicht krank und gibt keine nervtötenden Geräusche von sich. Arbeitsname: Diabetikertier.

Der hauptverantwortliche Entwickler und Gentechniker heißt Dr. Gerhard Massenburg. Das Tier nach ihm zu benennen, also Massenburger, wurde aber aufgrund des unschönen Ladenhüterklangs wieder verworfen. Auf den Arbeitsnamen Diabetikertier kam man, weil es eben auch ideal für beispielsweise Zuckerkranke wäre, ähnlich Blinden- oder Lawinenhunden. Ein Zuckerkranker hat nun mal seine Einschränkungen und kann nicht herumturnen, wie es ihm passt. Da wäre so ein wie eben beschriebenes Tier ideal. Erst ein gutes Dutzend frisch gezüchteter Exemplare hat die Brutkammern verlassen, die Tiere müssen in einem nächsten Stadium verschiedene Tests durchlaufen, bis sie endgültig zum Verkauf freigegeben werden können. Aber bald schon soll es eine Warteliste geben, auf die wir uns setzen lassen wollen. Wir hoffen natürlich, dass sich die Vorzüge des Tiers nicht allzu sehr via Presse und Fernsehen herumsprechen, wodurch der Preis in die Höhe getrieben würde. Daumen drücken. Aber Vorfreude ist ja bekanntlich die schönste Freude, und so warten wir ruhig und gelassen ab, bis irgendwann der Anruf mit der Nachricht kommt, dass ich eines der Tiere in Empfang nehmen kann.

Der Donnerstag vergeht ohne besondere Vorkommnisse. Auch das ist eine interessante Beobachtung: Nach einer alle Kräfte beanspruchenden Herausforderung passiert erst mal so lange nichts, bis man sich wieder halbwegs eingekriegt hat. Dann bricht unvermittelt das nächste Vorkommnis herein und so weiter und so fort.

Ich sitze meine Zeit ab und warte treu und brav, bis der Feierabend naht. Wie ich so in meinem Kabuff hocke, bin ich dankbar, dass nun schon recht lange alles gut gegangen ist. Wenn ich mir keine großen Fehler erlaube, habe ich nach Abwägung aller Für und Wider auch nichts Großartiges mehr zu befürchten. Ich komme immer wieder zu dem Schluss, dass die Arbeit zu mir passt wie die Faust aufs Auge. Von meiner Sorte gibt es Millionen, Pro-Kopf-Menschen, die ohne Aufheben vor sich hin pitschern und weiter kein großes Gewese machen. Mir wurden keine besonderen Fähigkeiten oder Talente mit in die Wiege gelegt, oder falls doch, hat sie keiner erkannt und somit gefördert. Wodurch sich die Katze mal wieder in den Schwanz beißt. Wer weiß, ob ich nicht die Anlagen zu einer Sportskanone wie beispielsweise Tenniscrack gehabt hätte. Aber selbst wenn, wäre es in meinem Alter natürlich zu spät. Oder Talent zum Musiker. Mutter behauptet, ich hätte als Kind wunderbar gepfiffen und ganze Melodien aus dem Radio allein mit den Lippen perfekt nachgeflötet. Vielleicht, so Mutter weiter, hätte aus mir ein Künstler werden können. Aber zur Anschaffung teurer Musikinstrumente fehlte das Geld. Insofern: Nichts Genaues weiß man nicht. Spekulationen dieser Art sind natürlich reine Traumtänzerei, aber vielleicht schlummert in dem einen oder anderen vermeintlichen «Normalo» ein kleiner Einstein oder Chopin, gerade bei denen, wo man es am wenigsten vermutet. Wer weiß, ob eines Tages nicht auch ich noch etwas Besonderes vollbringe. Ein wenig Träumen wird ja wohl erlaubt sein, und außerdem ist das ein redlicher Traum im Unterschied zu manch unredlichen Träumen, die nur den eigenen Vorteil zum Gegenstand haben.

Abends kommt Bernd vorbei. Obwohl wir in den Kamin 21 wollten, torpediert er die Abmachung aus vorgeblichem Geldmangel. Unglaubwürdig. So hocken wir langweilig in meinem Zimmer, das Bernd standesgemäß vollqualmt, während er mir mit neuen Insekten das Ohr abkaut. Er erwartet die Lieferung eines besonders seltenen Tierchens mit dem unaussprechlichen Titel *Mormotomyia hirsuta*, eine behaarte Fliege aus Kenia, die aber nicht fliegen kann und sich ausschließlich von Fledermauskot ernährt. Eine Fliege, die nicht fliegen kann! Da lachen ja die Hühner, und noch nicht mal die. Als ich wissen will, warum sich die Fliege nicht bewegen kann, tut er so, als wäre das eine besonders dumme Frage, und quasselt weiter im Text. Na ja, zum einen Ohr rein, zum anderen wieder raus. Nachdem er gegen zehn abgezogen ist, heißt es erst mal durchlüften. Bei sperrangelweit aufgerissenen Fenstern schleiche ich auf Zehenspitzen in die Küche und warte dort so lange, bis sich der gröbste Rauch verzogen hat. Mich überkommt Jieper auf eine ordentliche Flasche Bier, die ich mir aber verkneife. Morgen ist auch noch ein Tag. Also Kühlschrank auf und schweren Herzens mit Orangensaft vorliebgenommen. Im Eisfach lagern jede Menge Fertiggerichte, die ich Petras Anweisungen gemäß besorgen musste, damit Mutter Abwechslung hat, wenn sie mal will. Da kennt sie sie aber schlecht, denn wenn Mutter eines nicht will, dann Abwechslung. Zu allem Überfluss bekomme ich beim bloßen Gedanken an die gefrorenen Gerichte beißenden Hunger, aber so spät noch etwas zu essen kommt natürlich nicht in Frage. Außerdem sind in Fertiggerichten viel zu viele Konservierungsstoffe, und durch die ganze Lebensmittelchemie, die der Mensch im Laufe seines Lebens zu sich nimmt, verrotten die Leichen nicht mehr richtig.

Jetzt bin ich mittlerweile doch sehr angespannt, wenn ich an das morgige Date mit Manuela denke. Ihre letzte SMS stammt von gestern. Sie berichtete, sie müsse zum Hals-Nasen-Ohren-Arzt, ohne Gründe dafür zu nennen. Nachfragen wollte ich bei einer solchen persönlichen Angelegenheit natürlich auch nicht. Diskretion. Na, haben wir morgen wenigstens *ein* Thema. Hoffentlich spielen mir die Nerven keinen Streich. Auf jeden Fall nehme ich mir vor, mich zurückzunehmen und auf Manu einzugehen, einfühlsam sein, *empathisch.* So ein empathisches Verhalten lässt sich durch Körpersprache unterstützen. Es gibt ein richtiges Empathie-Bewegungstraining, das jeder in den eigenen vier Wänden vor dem Spiegel trainieren kann. Die wichtigsten Bewegungen:

- Augenbrauen heben und wieder fallen lassen
- Das obere Augenlid anheben
- Das untere Augenlid anspannen
- Naserümpfen, mehrmals
- Oberlippe hochziehen
- Lippen zusammenpressen
- Zähne blecken
- Unterlippe über die Oberlippe und umgekehrt

- Mundwinkel hochziehen und fallen lassen
- Lächeln
- MÖGLICHST VIELE DIESER BEWEGUNGEN KOMBINIEREN!

Aber heute habe ich keine Lust mehr. Noch wichtiger als Empathie ist für mich, die Contenance zu bewahren. Keep cool.

Einerseits freue ich mich auf die Verabredung, auf der anderen Seite bin ich auch froh, wenn ich sie glücklich überstanden habe. Aber nach weiteren Treffen, stelle ich mir vor, lässt die Anspannung schrittweise nach, und irgendwann wird's so normal wie mit Bernd, nur eben ganz anders.

MANUELA

ZEHN UHR, der Countdown läuft: noch acht Stunden bis zum Moment der Wahrheit. Denn was nützt der schönste Schriftverkehr oder die witzigste SMS, wenn die Illusion beim ersten Aufeinandertreffen in sich zusammenfällt wie ein schlechtes Soufflé? Man sieht den vermeintlichen Traumpartner live und denkt zunächst einmal «Huch». Das ist ja nicht weiter schlimm, wenn *beide* Parteien voneinander abgestoßen sind. Beispiel: Als erstes Date ist ein gemeinsamer Kinobesuch geplant. Wenn sich beide spontan darüber einig sind, dass das nichts ist mit uns beiden, kauft man Tickets in verschiedenen Sitzreihen und rettet so vom angebrochenen Abend, was noch zu retten ist. Schlimm wird es erst, wenn eine Partei sich Hoffnungen macht, die andere aber innerlich schon nach dem ersten Blick abgeschlossen hat.

Von einem Kinobesuch oder einem Treffen in Bar, Café oder Restaurant ist sowieso abzuraten, denn es handelt sich hierbei um *starre Begegnungen.* Deutsch gesprochen: Man hockt sich reglos gegenüber, statt dass die Aufregung langsam nachlässt, wächst sie eher noch, und die Spannung steigt ins Unerträgliche. Wenn dann nur *eine* falsche Bemerkung fällt, kippt die Stimmung, und alles ist bereits im Eimer, bevor es richtig angefangen hat. Bei einem derartigen statischen Treffen habe ich zum Beispiel mal beiläufig erwähnt, dass Ägypten einen *Antiken-Minister* besitzt, weil das Land in antiker und archäologischer Hinsicht ein reiches Erbe zu verwalten hat. Eine, wie ich finde, neutrale Bemerkung, weder besonders interessant noch uninteressant, kann man machen, kann man auch sein lassen. Aber manchmal ist so ein vermeintlich belangloser Satz ein guter Türöffner. Die Frau hat mich daraufhin nur ungläubig angestarrt, als ob ich irre wäre, und gar nichts mehr gesagt. Man konnte förmlich spüren, wie aus dem sowieso schon nicht gerade üppig aufgepumpten Ball die allerletzte Luft entwich. Pech gehabt. Der Teufel steckt eben oft im Detail.

Unter anderem deshalb sind *mobile Begegnungen* eindeutig vorzuziehen. Dazu zählen in erster Linie natürlich Spaziergänge, aber auch der Besuch von Ausstellungen, einem Tier- oder Vergnügungspark kann dazugerechnet werden. Eine Fahrradtour kommt ebenfalls in Frage, aber nur, wenn man *nebeneinanderher* radeln kann, ohne sich *hintereinander* radelnd im Brüllen verständigen zu müssen. In Bewegung kann man auch viel besser die Körperspannung kontrollieren. Man sollte sich möglichst aufrecht halten, dabei aber die Schultern hängen lassen. Ein langsamer Gang ist einem hektischen Tippeln und Trippeln vorzuziehen, und beim Stehen sollten die Beine immer durchgestreckt bleiben. Ein kleinerer Mann, bei dem die Haltung stimmt, wirkt attraktiver als ein großer Mann, der aussieht wie ein lebendes Fragezeichen. Einen Meter neunzig, aber krumm wie ein Flitzebogen ist mit Sicherheit kein schöner Anblick.

Kleine Tipps zur Körpersprache: Wenn man mit einem Glas Bier am Tresen steht, den Arm stets leicht nach unten halten, das wirkt souveräner. Falls die Frau vor einem steht, kann man sich an die Wand lehnen und, besonders lässig, dabei noch zusätzlich einen Fuß gegen die Wand stellen. Im Übrigen ist auch figurformende Unterwäsche, *shape wear* genannt, keine Schande. Wer gerne in Breitcord-Schinkenbeuteln und verfilzten Pullis rumläuft und es gewohnt ist, seine gesamte Habe in den Hosentaschen zu verstauen, der sollte sich zur Abwechslung mal fragen, ob *er* eine Frau in ausgebeulten Klamotten sexy finden würde.

Nichts ist wichtiger als der allererste Eindruck. Meist fällt bereits in den ersten Millisekunden die Entscheidung darüber, ob und wie es weitergeht. Faustformel: Lache, und die Welt lacht mit dir! Lächelnde Menschen sind auch innerlich hübscher. Es gibt Männer, die es regelrecht draufhaben, sich die Frauen gefügig zu smilen. Richtig lächeln kann ein *Liebesbooster* sein. Aber Achtung: Nicht grinsen wie das sprichwörtliche Honigkuchenpferd, das bewirkt nämlich das genaue Gegenteil, und man wird schnell in die Kategorie «nett, aber irre» eingestuft. Und vor allem nicht starren! Wer eine Frau länger als fünfzehn Sekunden anschaut, wirkt, als wäre er verrückt oder wollte die Frau verprügeln. Auch eine traurige Miene, den klassischen Dackelblick sollte man unterlassen.

Obacht auch, wo man seine Hände lässt! Wer fortwährend an sich herumfingert, wirkt nervös und unzuverlässig. Exzessives Herumzupfen zeugt von Ängstlichkeit und schwachen Nerven. Und je ängstlicher und nervöser einer ist, desto mehr Hand versucht er in den Mund zu bekommen. Das ist ein Automatismus, der unbewusst abläuft und gegen den man daher nichts machen kann. Die Hände sind die Musikinstrumente der Seele. Sie zu verstecken wirkt wie eine Lüge.

Wenn man diese ersten nonverbalen Hürden überwunden hat, geht's ans Eingemachte, sprich die Unterhaltung. Auch hier sind wiederum Körpersprache und Klang der Stimme wichtiger als der Inhalt. Die Formel lautet: 7 Prozent Worte, 55 Prozent Körpersprache, 38 Prozent Stimme. Wenn ein mächtiger, muskelbepackter und vor Testosteron strotzender Adam den Mund aufmacht, und dann kommt nur ein dünnes, hohes Fistelstimmchen heraus, sucht die Frau schnell das Weite. Wer nun das Pech hat, mit schwachen Stimmbändern geschlagen zu sein, kann sein Volumen trainieren. Man singt zu Hause Lieder der Güteklasse *Wir lagen vor Madagaskar* oder *Hoch auf dem gelben Wagen.* Bereits nach wenigen Wochen setzt ein verblüffender Effekt ein. Ebenfalls wichtig: Langsam sprechen! Deutlich sprechen! Mit tiefer Stimme sprechen! So lassen sich die meisten Frauen in Wallung bringen, denn Frauen verlieben sich mit dem Ohr. Wer vor lauter Nervosität in ein hohes Tempo fällt, läuft Gefahr, zu lispeln und zu sprötzeln, sodass der Frau anstelle schöner Worte unappetitliche Spuckeflöckchen entgegenfliegen. Die richtigen Worte in der richtigen Stimmlage vortragen ist bereits die halbe bis dreiviertel Miete, und der Anziehungsschalter wechselt auf *on*! Beispiel: Man begegnet auf der Straße einer tollen Frau. Wer jetzt vor lauter Schüchternheit mit ersterbender Stimme irgendwas vor sich hin näselt, darf sich nicht wundern, wenn die Frau achtlos weitergeht. Wenn man sie jedoch, ohne zu stieren, anlächelt und mit kräftiger Stimme «Moment, jetzt warte doch, halt mal, stopp, du, hallo» sagt, wird sie unter Garantie stehen bleiben.

Für ein späteres Stadium gilt: Die meisten Frauen sind ausgehungert nach erotischem Wortgeplänkel. Aber Vorsicht, hier ist viel Fingerspitzengefühl gefragt. Erotische Gespräche sind nicht zu verwechseln mit schweinischen Witzchen, die leider keine erotischen Gefühle auslösen, sondern allenfalls peinliches Schweigen! Auch sollte man wissen, wann ein Gespräch in die Sättigung kommt. Wenn es am interessantesten ist, Thema wechseln! Diese Technik nennt man Pingpong-Talk. Auch wichtig: Je kürzer die Sätze, desto attraktiver. Der Hase liegt in der Einfachheit begraben. Ein einzelner Satz, locker und lässig vorgetragen, wirkt Wunder.

Genug Wissen habe ich zu diesem unerschöpflichen Thema nun weiß Gott gesammelt, sei es durch Beobachtungen, Gespräche, eigene Erfahrungen oder weiterführende Ratgeberliteratur: *Die Single-Falle* habe ich gelesen, *Partnertausch für alleinstehende Männer, Ist das Liebe oder kann das weg* und *Navi zur Traumfrau*, aber auch Single-Kochbücher wie *Low Fat 40 für Singles.* Es gibt wohl kein Buch in der Art, in das ich nicht zumindest reingeschnuppert hätte.

An den Wochenenden dusche ich meist erst in den Abendstunden, denn da haben Freizeit, Entspannung und Seele baumeln lassen Vorrang, Stichwort: «Heute mache ich mal, was ich will», und wenn ich mich dabei ein wenig gehen lasse, mein Problem, sieht ja keiner und stört auch keinen, außer vielleicht Mutter, aber der ist das auch egal, wenn ich mich erst abends abbrause. Heute allerdings wäre mir bereits *jetzt* nach einer gründlichen Körperpflege. Bei der Gelegenheit werde ich mir auch Haare in der Nase und in den Ohren entfernen, aus der Form gewachsene Augenbrauen stutzen und meinen Nackenflaum kontrollieren, kurz, mich so richtig auf Vordermann bringen. Ferner schneide ich Finger- und Fußnägel und gönne meinen Haaren eine Vor- *und* Hauptwäsche. Länger nicht gewaschene Haare wirken ja bekanntlich *noch* dünner!

Bevor es nachher ernst wird, springe ich vielleicht einfach noch ein weiteres Mal unter die Dusche, falls mir danach sein sollte. Schließlich sind acht Stunden bis zum Date noch eine lange Zeit. Ich steige in die Duschkabine (baden tue ich sowieso nur im Winter) und stelle die Wassertemperatur auf 39 Grad, herrlich körperwarm. So kann ich entspannen und in Ruhe nachdenken, zum Beispiel über gute Einstiegsthemen. Anstehende Rugbymeisterschaften oder die detailliert vorgeführte Wirkungsweise eines Winkelschleifers versetzen das weibliche Geschlecht allenfalls in gepflegte Langeweile. Die meisten Frauen interessieren sich im Wesentlichen für vier Themen: Romantik und alles, was dazugehört, das ist wie ein Schaumbad für ihre Seele. Wenn man mit der Frau beispielsweise nachts einen Spaziergang unternimmt, sollte man darauf achten, dass die Blicke immer wieder in den Sternenhimmel schweifen. Dieser Anblick löst romantische Gefühle vom Feinsten aus. Besser noch, sich als profunder Kenner der Materie zu erweisen: «Schau mal gerade hoch, links vom Sternzeichen kleiner Bär die vier nebeneinanderliegenden Kometen in einer geraden Linie, die sieht man nur alle fünfzig Jahre.» Im Verlaufe des Spaziergangs immer wieder auf diesen einen Punkt deuten! Ob das wirklich die Sowiesogalaxie ist oder nicht, spielt keine Rolle. Es geht ausschließlich um die damit verbundenen Gefühlswallungen. In diesem Zusammenhang ist auch der zweite große Themenkomplex der

Frauen zu nennen: Übersinnliches. Dazu zählen Astrologie, Telepathie, Hypnose, Wiedergeburt, Heiler, Vorherbestimmung, Seelenverwandtschaft. Oder warum wimmelt es in Frauenzeitschriften von Horoskopen, in Männerzeitschriften aber nicht? Drittens: Style, Schminke, Klamotten. Jede Frau interessiert sich dafür, wo man modische und dennoch günstige Kleidung bekommt. Welche Art von Frisur liegt gerade im Trend, was sind die leckersten Saisonrezepte, welche aufregenden News gibt es von Promi XY? Und dann natürlich das unerschöpfliche Thema Ausflüge, Trips, Abstecher, Reisen in ferne Länder aus Tausendundeiner Nacht, allgemein Fernweh und Exotik.

Etwas theoretisch, aber nützlich, wenn man die drei Aussageformen kennt und entsprechend geschickt einzusetzen weiß.

1) Kontaktaufbauende Aussage: «Da haben wir aber vielleicht Glück mit dem Wetter heute, was?»
2) Realitätsbezogene Aussage: «Ich gehe jeden Tag bei Fleischer X Fleisch kaufen.»
3) Bewertende Aussage: «Mir schmecken sowohl die Koteletts als auch jedes andere Fleisch bei Fleischer X sehr gut.»

Diese und viele andere Gedanken rund um Liebe, Romantik und Partnerschaft schießen mir durch den Kopf, während das warme Wasser über meinen nackten Körper perlt.

Ob ein Flirt- und Kennenlerntrick lediglich in die Kategorie *lieb gemeinte, aber wirkungslose Ratschläge* fällt, wird man allerdings nur «live» herausfinden. Zu viel theoretisches

Wissen kann einen Ballast bedeuten, sodass man bei einem Date nur einen Punkt nach dem anderen abspult und kein Platz mehr bleibt für spontane Aktionen. Und man darf nie außer Acht lassen, dass die Frauen unterschiedlich sind, es also kein Patentrezept gibt, das unter Garantie und bei allen funktioniert. Pauschal kommt man nicht über Binsenweisheiten wie *ein Mann, ein Wort, eine Frau, ein Wörterbuch* hinaus.

Wenn man also mit einer Frau zusammen ist, gilt es, einen klaren Kopf zu bewahren und die Situation zu analysieren: In welcher Umgebung befinde ich mich? Wie verhält sich die Frau? Wie verhalten sich die anderen Leute? Geschieht etwas Ungewöhnliches? Was oder wer fällt auf? Was macht die Situation genau aus? Dann kann man aus den gewonnenen Erkenntnissen eine maßgeschneiderte Lösung schustern.

Ich merke, dass mich trotz Dusche die immer ums Gleiche kreisenden Gedanken nur noch nervöser machen, als ich ohnehin schon bin.

Ein Einkauf im hiesigen Edeka-Supermarkt wird mich ablenken; eine gute Gelegenheit auch, Schwester Petras Besorgungszettel abzuarbeiten, denn es ist jetzt, zum Ende der Woche, wieder einiges liegengeblieben. Ich bummele und schlendere extra gemächlich, denn zwischen Äpfeln, Tomaten und Käse kommt man schnell ins Gespräch. Schon von weitem lässt sich für ein geübtes Auge feststellen, ob eine Frau für einen Flirt verfügbar ist oder nicht. Karjolt sie ihren Einkaufswagen hektisch durch die Gänge, wobei sie mechanisch wie ein Roboter die Artikel in den Wagen pfeffert, oder schlendert sie träge dahin, als ob sie alle Zeit der Welt hätte? Also Flirtradar einschalten, und los geht's.

Falls man eine Frau entdeckt, die offensichtlich Zeit hat, kann man sich unverbindlich, quasi *von Kunde zu Kunde*, beraten lassen. «Oh, Auberginen! Ich habe mich schon immer gefragt, in welcher Zubereitungsart die wohl am besten schmecken. Kennen Sie irgendein tolles Rezept?» Oder: «Das sieht ja interessant aus, was Sie da einkaufen – was macht man daraus?» Oder: «Sie kaufen nur für eine Person? Ich auch. Wie wäre es später mit einem Cappuccino im angeschlossenen Supermarktcafé?» So wandert das Flirtthermometer bald von eisig zu cool, von cool zu wärmer und vielleicht sogar von wärmer zu *sizzling hot*.

Man kann auch so tun, als wäre man Verkäufer, und fragen, ob man weiterhelfen kann. Falls die Frau dies ablehnt, einfach kurz und schmerzlos «Schade» sagen und weiterstromern. Aber die Situation trotzdem im Blick behalten und es so arrangieren, dass man sich später noch mal ganz «zufällig» begegnet, denn die Frau ist in der Zwischenzeit möglicherweise neugierig auf einen geworden. Aber nicht wie ein Privatermittler lauern, sondern den harmlosen Schlendergang beibehalten. Hat die Frau einen Hund oder ein Kind dabei, kann man das Kind loben, weil es hübsch oder gut erzogen ist, oder den Hund wegen seinem schön glänzenden Fell. Beides sollte aber ungefähr stimmen. Falls eine Frau einen von sich aus anlächelt, sofort hingehen und ansprechen. «Wollen wir mal sehen, wer schneller an der Kasse ist! Wie wäre es mit einem Wettrennen?» Aber nicht übertreiben. Denn Clowns, die nur über Witze punkten wollen, gehen meistens mit leeren Händen nach Hause. (Ist der Wagen der Frau voller Junkfood und Spirituosen: Finger weg, denn dann dürfte der Tag nicht mehr fern sein, an dem sie an chronischen Herz-Kreislauf-Erkrankungen, verstopften Arterien und einer kaputten Leber leidet.)

Mir begegnet im Frischemarkt leider keine einzige Frau, die vom Alter her passt und von der Stimmung her zu einem Flirt aufgelegt wäre. Freitagvormittag scheint hier wohl ziemlich Rentner-Time zu sein. Pech gehabt. Aber es gibt Schlimmeres.

Nach dem Einkauf gönne ich mir in der Bäckerei Hartmann ein *Handwerker-Frühstück*. Dieses Frühstücksangebot ist mit 2,99 sehr günstig, obwohl ich weder Handwerker bin noch wie einer aussehe. Es beinhaltet zwei Brötchen (normal oder Körner), Käse, Aufschnitt, Marmelade, Tasse Kaffee und sogar ein Glas Orangensaft. Wie die bei diesen Dumping-Preisen auf ihren Schnitt kommen, ist mir rätselhaft, denn schon der Wareneinsatz dürfte bummelig etwa 2 Euro 50 Cent betragen, hinzu kommen Kosten für Miete, Personal, Strom, Versicherungen etc. Aber warum zerbreche ich mir über anderer Leute Probleme den Kopf?

Was, wenn Manuela im letzten Moment absagt? Unser letzter SMS-Verkehr ist auch schon zwei Tage her. Man will ja nicht aufdringlich wirken, aber ich könnte irgendwas Unverfängliches, Lustiges schreiben, das keine Antwort erfordert, aber ermöglicht: «Komme gerade an einer Weide vorbei, auf der Ponys stehen. Das eine hat fast deine Frisur!» Vielleicht etwas zu witzig, denke ich und verwerfe die Idee wieder. Eine andere Variante sind lustige SMS, die scheinbar an den falschen Empfänger geschickt wurden:

«Mach dir keine Sorgen, Mutti, ich habe meinen dicken Norweger an und den Schal umgebunden.»

«Wie oft soll ich dir noch sagen, dass Schluss ist, auch wenn dir der Sex mit mir noch so gut gefallen hat.»

«Hör endlich auf zu nerven, sonst blockier ich deine Nummer.»

Aber da ich Manuela nicht kenne, ist so was zu riskant. Ich wähle daher eine unverfängliche Variante: «Hallo, Manuela. Das Wetter ist doch ganz gut, von mir aus bleibt es also beim Spaziergang. Oder was meinst du? Bis nachher, freue mich, LG Jürgen.»

Jetzt heißt es abwarten und Tee trinken bzw. aufs Handwerker-Frühstück warten. Ich vertreibe mir die Zeit mit der Lektüre der ausliegenden Tageszeitung. Eine Meldung besagt, dass in der chinesischen Stadt Xi'an in einem Aufzug eine Frauenleiche gefunden wurde. *Der Fahrstuhl war schon vor einem Monat ausgefallen. Die Hände der Frau waren völlig verstümmelt. Offenbar hatte sie mit aller Macht versucht, den Aufzug zu öffnen, bevor sie verdurstete.* Ganz im Gegensatz dazu findet sich auf der nächsten Seite etwas zum Schmunzeln: *Die norwegische Polizei sucht mit einem ungewöhnlichen Aufruf einen Goldfisch-Besitzer. Der einsame Fisch wartet auf einer Polizeiwache darauf, abgeholt zu werden. Gefunden wurde das Tier in einem Fußball-Hallenstadion in einem Marmeladenglas.* Ein Tag, zwei Schicksale, denke ich und falte die Zeitung sorgfältig zusammen. Ich kann mich kaum noch auf die Lektüre konzentrieren, so sehr lausche ich auf das erlösende Piepen von Manuelas Antwort. Immerhin fünf Minuten sind seit dem Versenden meiner Zeilen verstrichen. Profis antworten sofort, Amateure lassen sich ewig Zeit. Hab ich mal aufgeschnappt und mir gemerkt. Und warum? Weil es stimmt.

Endlich serviert Frau Peters, eine pummelige Mittvierzigerin, die hier in Vollzeit arbeitet, mein Frühstück. Ich grüße sie wie immer mit «Hallo, da ist ja meine Brötchengeberin». Meist bringt dieser Spruch sie zum Schmunzeln, aber heute scheint ihr eine Laus oder sonst was über die Leber gelaufen zu sein, denn sie knallt mir die Sachen regelrecht vor den Latz. Na, dann eben nicht.

Jetzt sind schon zehn Minuten vergangen. Nur nicht verrückt machen lassen, hämmere ich mir ein. Vielleicht steht sie gerade mit nassen Haaren unter der Dusche oder sitzt im Funkloch. Das ewige Gegrübel kann einen ganz mürbe machen.

Ohne großartigen Appetit stopfe ich das Frühstück in mich hinein und stöbere nebenbei in den Kontaktanzeigen. Diese Form des Kennenlernens bezeichnet man auch als *Old School Dating*. Na ja, nix Interessantes dabei.

Zwanzig Minuten sind seit dem Versenden der Nachricht nun schon vergangen. Langsam, aber sicher breitet sich innere Unruhe aus. Selbst schuld, ich hätte abwarten sollen, bis sich umgekehrt Manuela aus der Deckung wagt. Aber auch bei dieser Variante wird man irgendwann nervös, und die Katze beißt sich in den Schwanz. Missmutig begleiche ich die 2,99 und trödele mitsamt der ebenso schweren wie unhandlichen Einkaufstasche nach Hause.

Ich lasse mir zur Ablenkung extra lange Zeit mit auspacken und einräumen, denn es ist mittlerweile eine Stunde vergangen, so lange dauert die längste Haarwäsche plus Spülen und Färben nicht, und auch das tiefste Funkloch geht mal vorbei. Also antwortet sie entweder aus taktischen Gründen nicht, oder sie macht einen auf toter Mann, weil sie es sich anders überlegt hat oder sich für einen anderen, vermeintlich Besseren entschieden hat. Wahrscheinlich hat sie sowieso mehrere Eisen im Feuer, wie das heutzutage leider üblich ist. Aber auch ich habe ja am Montag selbst das Speed-Dating, sollte also den Mund nicht allzu weit aufreißen.

Ich setze mich zu Mutter, wenigstens *eine*, die sich über meine Gesellschaft freut. Nachdem sie mich mit den üblichen Lamenti (glühend heißes Bett, quatschvolle Becher, Teufel Petra) gelöchert hat, kommt sie wie aus dem Nichts auf Winfried Kossak zu sprechen, einen Bauernjungen aus der näheren Umgebung, mit dem ich vor Ewigkeiten befreundet war. Kossaks sind längst fortzogen, anstelle ihres Hofes steht eine Batterie schmucker Einfamilienhäuser. Was wohl aus dem geworden ist, fragt Mutter. Wie sie ausgerechnet jetzt darauf kommt, ist mir schleierhaft. Wieder so eine uralte Kamelle, die ich längst vergessen hatte. Ob die Schäden, die er bei der furchtbaren Bestrafung durch den Bauer Albers erlitten hat, wohl verheilt sind, fragt Mutter.

Man muss dazu wissen, dass Bauer Albers gefürchtet war als fleischgewordene Brutalität, der auf seinem Hof mit schmiedeeisernem Besen kehrte. Er gehörte zu den Scheusalen, deren einziger Antrieb die Lust an der Qual, an der Not und dem Leiden anderer ist. Seiner Frau hatte er jeden einzelnen Knochen bestimmt fünfmal gebrochen, und die Kinder waren von den Prügelexerzitien ganz schief und krumm.

Ich beteuere Mutter gegenüber wahrheitsgemäß, dass ich nichts über das weitere Schicksal Winfrieds weiß. Dann gehe ich in mein Zimmer, aufräumen, obwohl es nichts aufzuräumen gibt. Jetzt sind bereits zwei Stunden vergangen. Das war's dann wohl mit Manuela. Wahrscheinlich auch besser so, da das Date eh ein Rohrkrepierer geworden wäre. Ich überlege, was ich stattdessen unternehmen könnte. Am besten daheimbleiben und fernschauen. Das Abendessen könnte ich beim spanischen Restaurant *Altamira* bestellen, die auch einen Bringdienst beschäftigen, den ich aber immer kurz vor dem Haus abfange, damit durch die Klingelei Mutter nicht in unnötige Unruhe versetzt wird.

Wenigstens absagen hätte Manuela können, finde ich. Aber heutzutage scheint selbst das nicht mehr für nötig befunden zu werden. Andere Zeiten, andere Sitten, es bleibt einem wohl nichts, als das zähneknirschend hinzunehmen.

Auf ZDF-Kultur laufen alte Show-Kamellen aus vergangenen Tagen, Hitparade mit Dieter Thomas Heck, Ilja Richters Disco, Melodien für Millionen. Eine untergegangene Welt, an die ich mich gern erinnere. Wohlige Gedanken voller Wehmut steigen in mir auf, und längst verschüttete Gefühle brechen sich Bahn. Es kann dann sein, dass ich schon mal das eine oder andere Tränchen verdrücke. Heute ist wieder so ein Tag, das spüre ich. Aus diesen melancholischen Gedanken reißt mich das Scheppern einer SMS, «Sorry, war unterwegs, Akku schwach. 18 Uhr U-Bahn Borgweg? LG Manu».

Gott sei Dank! Der Weg zu dieser Verabredung war unendlich mühsam, und wenn wieder mal alles umsonst gewesen ist, fühlt sich das immer an, als würde einem der Stecker gezogen. Es braucht dann länger und immer länger, sich erneut aufzuraffen, und irgendwann ist der Saft ganz aus, die Batterie endgültig leer, und kein Akku der Welt könnte da noch was nachladen.

Ein halbe Stunde bleibt mir noch, bis ich los muss. Falls

man beabsichtigt, die Frau später noch zu einer «Tasse Kaffee» zu sich nach Hause einzuladen, gilt es, gewisse Vorkehrungen zu treffen, zum Beispiel die Heizung bis zum Anschlag aufdrehen, damit man nicht fröstelt, wenn man nackt ist (Frauen frieren sehr leicht). Auch sollte man sämtliche Uhren verdecken und erotische Kalender und Ähnliches von den Wänden abnehmen. Aber darüber brauche ich mir nun wirklich keine Gedanken zu machen, denn bei mir ginge das allein schon wegen Mutter nicht.

Noch mal kurz durchschnaufen, Glückshosen an, und los geht's. Ich gehe zu Fuß zur etwa eine halbe Stunde entfernten U-Bahn-Station Borgweg am Rande des Stadtparks. So gerate ich in schönen Schwung, und nach einer halben Stunde gemäßigten Marsches tritt der Körper in eine Phase angenehmer Vorermüdung ein, was wiederum die Nerven beruhigt.

RISTORANTE DA LUIGI

ALS ICH UM Punkt achtzehn Uhr vor der U-Bahn-Station eintreffe, wartet Manuela schon mit einem Gesicht wie sieben Tage Regenwetter und schaut zur Begrüßung demonstrativ auf die Uhr. Offenbar erwartet sie, dass sich die Herren der Schöpfung bereits Stunden vorher die Beine in den Bauch stehen. Meine Güte, dann hätte sie sich auch hinter einer der vielen Säulen verstecken können und wäre nach einer akademischen Viertelstunde wie aus dem Nichts hervorgehuscht. Jetzt nur nicht verunsichern lassen. Ich setze mein allerschönstes Feiertagsgesicht auf und strecke ihr die Hand entgegen. Dann drehe ich meine Hand etwas im Uhrzeigersinn, ein kleiner Trick, damit Frauen zutraulicher werden. Nützt aber nix, denn Manuelas Körpersprache verrät Erschöpfung, Misstrauen und Ärger. Egal. Es gilt, einen klaren Kopf zu bewahren und mit neutralen Einstiegsfragen das Eis zu brechen:

«Hallo, ich bin Jürgen. Wie war die Fahrt? Hast du gut hergefunden?»

«Geht so. Ich wusste gar nicht, dass man so oft umsteigen muss.»

Na, recht herzlichen Dank, die hat ja ’ne tolle Laune mitgebracht! Macht sie mir gleich ein schlechtes Gewissen.

Das können Frauen ja bekanntlich besonders gut, siehe Mutter.

«Wie oft denn?»

«Zweimal.»

«Ach so. Geht doch.»

«Was machen wir denn jetzt?»

«Ich dachte, wir laufen einmal im Stadtpark um den Pudding und danach zum Italiener.»

Mit einem italienischen Restaurant kann man noch am wenigsten falsch machen. Jugoslawische oder griechische Küche ist den meisten Frauen zu mächtig, und sie werden außerdem von der Knoblauchfahne und den unvermeidlichen Riesenportionen abgeschreckt. Meiden sollte man auch Restaurants, in denen man den Namen der Speisen auf der Karte nicht aussprechen kann oder in denen merkwürdige Fleischgerichte wie Eselsnierchen oder Cordon bleu vom Känguru angeboten werden. Witzig kann es natürlich sein, *Restauranthopping* zu betreiben. Im ersten Lokal bestellt man nur eine Vorspeise, im zweiten das Hauptgericht und im dritten das Dessert. Eine solche Erfahrung kann zusammenschweißen, gerade wenn das Personal sauer wird. Aber bei Manus Laune ist das wohl eher nichts.

«Ist denn einer in der Nähe, oder müssen wir da erst noch hin?»

«Keine Angst, der ist gleich um die Ecke. Perfektes Timing, sag ich mal.»

Ich versuche ein Lächeln, doch sie verzieht keine Miene. Betongesicht.

«Na gut. Ich verlass mich drauf.» Und Abmarsch.

Ein Spaziergang hat unter anderem den Vorteil, dass

man nicht unentwegt ins Gesicht des anderen zu stieren braucht und sich zudem auf den Weg konzentrieren muss, ein Gespräch perlt «wie nebenbei». Die ersten Minuten stapfen wir mehr oder weniger schweigend nebeneinanderher. Ich meine in Manus Gang ein leichtes Schaukeln und Watscheln auszumachen, ihr Oberkörper pendelt im versetzten Rhythmus. Wenn es sich unauffällig ergibt, schiele ich zu ihr herüber, um mir einen genaueren Eindruck zu verschaffen: mittelbraunes, mittellanges Haar, mehr oder weniger neutral geschminkt, Brille Typ «Kassengestell». Unauffälliges, bereits etwas älteres Schuhwerk. In High Heels oder sonstigen Stöckelschuhen vermag ich sie mir allerdings auch nicht vorzustellen. Figur normal bis gemütlich. Ihre Klamottage lässt sich am ehesten in den Bereich «neutral» einordnen: Bequemjeans, Pulli, dunkle Funktionsjacke. Das ist auch der Gesamteindruck: neutral. Ein klares Signal, dass dies für sie kein Verführungsdate, sondern ein Kennenlerndate ist.

Zu übertriebener Redseligkeit scheint sie auch nicht zu neigen. Dass sie gelernte ReNo-Gehilfin ist, weiß ich ja nun schon; sie verrät lediglich noch, dass sie ein kleines Zementhäuschen auf dem Grundstück ihrer Eltern bewohnt. Insofern gibt es gewisse Parallelen zu meiner Lebenssituation. Das Gespräch verläuft trotzdem eher stockend, und so komme ich bald wieder zum Ausgangspunkt zurück:

«Ist dir italienische Küche überhaupt recht, oder würdest du lieber woandershin?»

«Ist okay. Chinese würde sonst auch gehen.»

«Aha.»

«Ja.»

«Isst du da mit Besteck oder mit Stäbchen?»

«Erst mal Stäbchen, aber wenn man Hunger hat, bringt das nichts, dann muss man zu Messer und Gabel wechseln.»

«Woher weiß man eigentlich, welches Stäbchen die Gabel ist?»

Kleiner Scherz meinerseits. Sie verzieht etwas den Mund, soll wohl ein Lächeln darstellen. Aber was für eines? Es gibt ganz unterschiedliche Arten des Lächelns mit unterschiedlichen Bedeutungen. Zum Beispiel das schmallippige Lächeln, wenn man den andern in Wahrheit nicht ausstehen kann. Nur wenig besser ist das Lächeln mit heruntergeklapptem Unterkiefer oder das schiefe Lächeln, bei dem die Lippen ungleichmäßig verlaufen. Generell gilt, dass das Lächeln, das langsam einsetzt (500 Millisekunden), ehrlicher ist als ein schnell einsetzendes Lächeln (133 Millisekunden). Außerdem lächeln beim echten Lächeln die Augen mit, beim künstlichen Lächeln bleiben sie starr wie Glasaugen. Manche Menschen können aufgrund einer Erkrankung gar nicht lächeln und sind ein Leben lang zu einem karpfenartigen Gesichtsausdruck verurteilt.

Manuelas Lächeln ist schwer einzuordnen, offensichtlich passt es in keine der genannten Kategorien. Außerdem wirkt sie erschöpft und außer Atem, mit wirrem Haar, dabei sind wir gerade mal zwanzig Minuten unterwegs.

«Wie lange noch?»

«Wir können eine große Runde drehen oder eine kleine. Die große sind fünf Kilometer, die kleine drei.»

«Dann drei.»

Etwas kurz angebunden, die Gute. Die Stimmung sackt immer mehr in sich zusammen. Wenn sie keine Kondition hat, soll sie das doch vorher sagen und jetzt nicht so tun, als wären wir gerade auf dem Weg in die Kriegsgefangenschaft. Wir passieren eine Gruppe Indios, die auf diesen typischen Panflöten rumspielen. Großer Grund für eine kleine Pause. Manuela fummelt eine Zigarette aus ihrer Jackentasche, steckt sie mit zittrigen Fingern an und inhaliert gierig ein paar tiefe Züge. Also eine schwere Raucherin. Kein Wunder, dass der kurze Spaziergang sie anstrengt, außerdem ist das wahrscheinlich der Grund für ihre fahle Haut. Frauen haben schwächeres Bindegewebe, deshalb werden die Folgen von Nikotinmissbrauch schneller sichtbar als bei Männern, die oft jahrzehntelang durchziehen können, ohne dass man es ihnen ansieht.

Sie bietet mir eine Fluppe an, die ich freundlich, aber bestimmt ablehne. In ihrem Mienenspiel lese ich Wut und Enttäuschung. Kann man nix machen, denn den Gefallen werde ich ihr jetzt nicht tun. Das wird 'ne enge Kiste mit uns, so viel ist jetzt schon klar. Jetzt stellt sie zur Abwechslung mal *mir* eine Frage:

«Hast du nie geraucht?»

«Nein, noch nie. Und jetzt hab ich keine Lust mehr.»

«Aha. Merkwürdiges Argument.»

«Kann man nix machen. Hast du für dieses Jahr eigentlich schon Urlaubspläne?»

«Nein. Urlaub ist nur was für Leute, die sich kein eigenes Bett leisten können.»

«Also fährst du niemals weg?»

«Nein. Ich entspann bei anderen Sachen.»

Wahrscheinlich rauchen. Mehr kommt auch nicht, und Nachbohren schenke ich mir, nach dem Motto «Wer nicht will, der hat schon». Eigentlich könnte ich sie auch gleich wieder in die U-Bahn stecken und retour, denn ich vermag mir beim besten Willen nicht vorzustellen, dass der weitere Abend eine Wende bringt. Dann muss man das Date eben als eine kostenlose Übungsstunde mit einer besonders sperrigen Frau begreifen. Was enttäuschend verläuft, kann eine wichtige Erfahrung darstellen, die mir beim *nächsten* Date weiterhilft. Also Augen zu und durch.

Der Mann betritt immer zuerst das Restaurant, um mögliche Gefahren auszuloten und gegebenenfalls abzuwehren. Das sind angeborene Reflexe aus der Steinzeit, die sich bis zum heutigen Tage gehalten haben. Wieder gilt es, nonverbale Zeichen zu beachten: Wenn die Frau zum Beispiel ihre Handtasche auffällig nah und sperrangelweit geöffnet neben dem Mann abstellt, ist das ein Symbol für körperliches Interesse. Nun kann ich aber schlecht unter den Tisch gucken, und die Tasche hat sie aus Platzgründen woanders abgestellt. Aber darüber hinaus gilt es andere Zeichen zu beachten: Eine Vorstufe zur *direkten* Berührung ist das Anfassen von Gegenständen der anderen Person wie Handy, Brille oder Geldbörse. Diese Dinge nennt man *Körpererweiterungen.* Untrügliche Flirtsignale sind weit offene Pupillen, geschwollene Lippen, klimpernde Wimpern, feuchte Augen, Zurückwerfen der Haare. Frauen beißen sich auch gerne in die Unterlippe, wenn sie einen Mann «zum Anbeißen» finden. Aber auch dann gilt es, cool zu bleiben, denn, man kann es sich nicht oft genug einhämmern: FRAUEN WOLLEN GRUNDSÄTZLICH NUR DAS, WAS SIE *NICHT* HABEN KÖNNEN.

Manuela blättert jetzt schon ewig und drei Tage in der Karte, das treibt mich in den Wahnsinn. Vor und zurück und zurück und vor, und alles in Superzeitlupe. Leg doch hin das Teil, sonst kommt der Ober nie!

«Hast du was gefunden?»

Mein Ton verrät leichte Ungeduld.

«Ja, schon längst.»

Aha! Meine Güte. Am liebsten möchte ich ihr die Karte aus der Hand reißen und auf den Boden pfeffern. Stattdessen entwinde ich sie ihr sanft und lege sie gut sichtbar auf den Tisch, damit wir endlich bedient werden. Wie aus dem Nichts taucht dann auch der Ober an unserem Tisch auf, ein schlaksiger, hagerer Zeitgenosse, Typ nervöses Wiesel. Wieder übernehme ich die Initiative:

«Ladies first, James Last.»

Manu und der Ober verziehen keine Miene.

«Vorweg eine Minestrone, und dann Gnocchi mit Gorgonzolasahnesoße. Zu trinken einen halben Liter Lambrusco.»

Einen halben Liter?

«Sehr gern. Wasser dazu?»

«Von mir aus nicht. Oder willst du?»

«Nein, bloß nicht. Für mich ein kleines Alster, ebenfalls die Gemüsesuppe und die Nummer 51.»

«Pizza Funghi, sehr gern. Normale Größe oder Maxi?»

«Normal.»

In Windeseile kommt er mit den Getränken zurückgewieselt. Zeit ist Geld. Während er ihr den Rebensaft einschenkt, geht ein Ruck durch Manu, ihre trüben Augen beginnen in freudiger Erwartung zu leuchten. Ich hebe mein Glas.

«Prost. Auf den Abend.»

«Ja, genau. Prost.»

Ohne meinen Augenkontakt zu erwidern, schüttet sie den Wein mit großen, hastigen Schlucken in sich hinein. Die Wirkung stellt sich augenblicklich ein: Ihre Züge entspannen sich, der Körper erschlafft, und endlich wird sie auch gesprächiger.

Sie hat sich vor ein paar Jahren mit einem Kiosk selbständig gemacht, ist aber bald schon pleitegegangen. Laut eigener Aussage ist sie zu blauäugig an die Unternehmung rangegangen, nach dem Motto «Luftschlösser brauchen keine Baugenehmigung». Der Wein wirkt bei ihr jetzt wie das sprichwörtliche Sabbelwasser, lang und breit erzählt sie, wie die Behörden ihr Steine in den Weg gelegt hätten, vor allem ein Herr Soundso vom Amt XY sie auf dem Kieker hatte und ihr die Konzession entziehen wollte, weil sie angeblich warme Speisen zum Verzehr verkauft hätte und so weiter und so fort. Kein noch so winziges Detail ist zu unwichtig, um nicht bis ins kleinste erörtert zu werden. Zusammenfassung: Schuld sind immer die anderen. Mein Gesprächsanteil: etwa null Prozent. Den Lambrusco hat sie im Eifer des einseitigen Gefechts schon ausgesüffelt. Als die Minestrone serviert wird, bestellt sie die nächste Karaffe. Wenn das man gut geht.

Die Minestrone gehört in die Kategorie «Suppe, die immer heißer wird». Sie kühlt nicht etwa ab, sondern scheint sich umgekehrt weiter zu erhitzen, als ob im Teller Wärmestäbe oder ein Akku eingelassen wären. Manu nutzt die Gelegenheit, eine rauchen zu gehen. Ihr volles Glas nimmt sie mit. Eigentlich könnte sie mich einladen, sie zu begleiten, aber wahrscheinlich ist sie froh, ein paar Minuten alleine zu sein, eine willkommene Gelegenheit, um auf ihr Handy zu stieren und zu überlegen, wie es mit dem angebrochenen Abend weitergehen soll. Auch ich grübele über den weiteren Verlauf nach. Eine Möglichkeit, einer Frau näherzukommen, ist, ihr aus der Hand zu lesen. Das liefert einen Vorwand für längeren Körperkontakt, und außerdem birgt die *Chiromantik*, so heißt der Fachausdruck fürs Handlesen, noch andere Vorteile: Man wirkt wie ein Fachmann, und der Begriff schließt das Wort *Romantik* mit ein. Als Zukunftsvorhersage kann man sich *irgendwas* ausdenken, solange es nur positiv ist. Na, mal sehen, ob es sich ergibt und wie sie gleich so drauf ist. Falls sie betont sachliche Themen wie aktuelle politische Probleme oder Infektionskrankheiten wählt, will sie mich auf Distanz halten. Falls sie umgekehrt total übertrieben über meine Witze lacht, vor allem, wenn die gar nicht lustig sind, deutet das auf konkretes Interesse hin.

Aber jetzt ist bereits eine Viertelstunde vergangen, und sie ist noch immer nicht wieder am Platz. Auch eine Möglichkeit, den Abend rumzukriegen. Vielleicht ist sie stiften gegangen? Der Ober kuckt schon die ganze Zeit rüber, ob es endlich weitergehen kann. Ich zucke mit den Achseln. Wenigstens ist die Suppe in Richtung lauwarm abgekühlt und endlich genießbar. Gerade als ich ausgelöffelt habe, kommt sie zurück, ihr Glas natürlich bis zur Neige leer. Noch während sie sich setzt, breitet sich eine schneidende Nikotinwolke aus. Wahrscheinlich hat sie drei oder vier Kippen nacheinander durchgezogen. Ohne zu kosten schiebt sie die Suppe zur Seite und schnattert weiter. Jetzt berichtet sie von einem amerikanischen Bodybuilder namens *Rich Piana*, der mit eigenen Fitnessprodukten zu einem wohlhabenden Mann geworden ist. Seine Eiweißshakes beispielsweise bewirbt er mit dem Slogan

«Die Shakes sind so groß, darin könnte ein Kleinkind ertrinken». Darüber lacht sie, zum ersten Mal überhaupt. Sie hat diese typisch glucksig-heisere Raucherlache, die automatisch ins Husten übergeht. So, wie das klingt, schätze ich sie auf mindestens dreißig Kippen täglich. Beleidigt räumt der Ober ihre unberührte Suppe ab und fragt, ob es weitergehen kann. Manu nickt und schüttet schon mal nach. Gleich hat sie einen Liter schweren Lambrusco intus! Na, dann prost Mahlzeit. Sie deutet hoch zu einem der Rauchmelder, der direkt über ihr hängt.

«Der Feind an meiner Decke.»

Wieder folgt ein ausgiebiges Raucherlachen. Na, wenigstens hat sie gute Laune. Jetzt gilt es, die Stimmung durch gezielte Bemerkungen aufrechtzuhalten bzw. weiter anzuheizen:

«Und, hast du langsam Hunger?»

«Geht so.»

«Mochtest du die Suppe nicht? Oder war sie dir zu heiß?»

Sie schaut mich an, als hätte sie die Frage nicht verstanden. Dann dreht sie den Spieß um: «Guck mal da.»

Sie deutet zum Nebentisch, auf dem ein Schokoladenweihnachtsmann steht. Und das im April!

«Den hat wohl jemand vergessen abzuräumen, hahaha.»

Schwere, scheppernde Raucherlache. «Scheint so.»

Der Weihnachtsmann scheint es ihr angetan zu haben.

«Wusstest du, dass die Deutschen gerne Hohlfiguren essen?»

«Nein. Kann man sich aber denken.»

«Die Deutschen mögen auch Pantomime.»

«Ach so.»

Endlich kommt der Hauptgang. Manus Gorgonzola-Teller ist riesig, der würde locker für zwei bis drei Personen reichen. Dafür hat meine Funghi-Pizza Snack- bzw. Vorspeisengröße. *Normal* scheint hier offenbar *Mini* zu bedeuten. Toll. Zum Glück hatte ich ja schon die Suppe.

«Guten Appetit», wünsche ich.

«Ich lass das erst mal abkühlen. Zu heiße Speisen betäuben nämlich die Geschmacksnerven. Aber iss mal ruhig, deins wird sonst kalt.»

Spricht's und schenkt sich wieder Wein ein. Etwas ungemütlich, so alleine zu essen, aber von der Sache her hat sie recht. Eine Unterhaltung ist jetzt natürlich schwierig. Wenn ich erzähle, komme ich nicht zum Essen, wenn ich sie was frage, muss ich das mit vollem Mund tun. Die Taktik lautet, kurze Fragen stellen, auf die sie lange Antworten geben kann.

«Wie sieht dein absolutes Traumhaus aus?»

«Wieso, ich wohn doch schon drin.»

«Ach so. Ich hatte es so verstanden, dass es vielleicht etwas klein ist.»

«Dann bau ich eben an.»

Pause. Weiter:

«Hast du eigentlich Geschwister?»

«Ja, einen älteren Bruder.»

Pause. Weiter, weiter, weiter, immer nachsetzen, bohren, sägen, bis die Kiste fliegt.

«Und, hast du Kontakt zu dem? Und wie heißt der?»

«Das waren jetzt gleich zwei Fragen.»

So weit kann ich auch gerade noch zählen. Wieder nimmt sie einen großen Schluck. Ich schätze, sie muss höchstens drei-, viermal ansetzen, um ein randvolles Glas bis zur Neige zu leeren. Die Gnocchi dampfen derart, dass sich Kondenswasser auf ihren Brillengläsern niederschlägt.

«Mein Bruder heißt Heiko und ist arbeitslos. Der lebt mittlerweile in Würzburg, ich hab schon seit Jahren keinen Kontakt mehr zu ihm. Ich höre nur ab und an von ihm über meine Eltern.»

«Das ist ja nicht so schön.»

«Ja. Schicksal.»

Pause.

«Mal was anderes. Wenn du eine Pizza wärst, was wäre dein Belag?»

«Verstehe ich nicht, die Frage. Was ich gerne drauf esse?»

«Ja. Nein. Auch nicht so wichtig.»

«Gut, ja.»

Ich entschließe mich zu einem Taktikwechsel. Keine Fragen stellen, sondern eine Aussage in den Raum stellen, denn dies erhöht die Wahrscheinlichkeit, dass ein positiver Dialog in Gang gebracht wird. Beispiel: «In deiner Jugend hattest du mal ein fatales Missgeschick mit Wasser.» Das trifft auf fast alle Menschen zu. Oder: «Du bist doch eigentlich viel klüger, als man zunächst denken möchte.» Das trifft ebenfalls für viele Menschen zu. Also:

«Wie ich dich einschätze, akzeptierst du die Behauptungen anderer nicht so mir nichts, dir nichts. Sie müssen diese erst gründlich belegen, bevor du es durchgehen lässt.»

«Das mag stimmen.»

Weiter nichts. Ende. Der nächste Rohrkrepierer. Jetzt vergeht mir langsam die Lust. Obwohl ich extra langsam esse, ist mein Teller schon leer, und sie hat noch nicht mal angefangen. Sie schüttet nach und trinkt das nächste Glas, diesmal auf ex. Offenbar ist ihr alles egal. Ihre Ausführungen haben jetzt auch keinen richtigen Zusammenhang mehr:

«Der Grönlandhai ist der langsamste Hai der Welt und kann nur schlafende Robben fangen.»

Lall.

«Ja?»

«Ja. Hast du schon mal was von Super-Recognizern gehört?»

«Was?»

«Super-Recognizern.»

«Nein. Was ist das?»

«Wiedererkenner. Das sind welche, die niemals ein Gesicht vergessen und von der Polizei engagiert werden, um auf schwammigen Überwachungskameraaufzeichungen Verbrecher zu erkennen.»

«Aha. Und woher können die das?»

«Das ist eine Gabe, hat man oder hat man nicht.»

Lall. Interessant. Nur, was soll man darauf erwidern außer ja und amen? Dann berichtet sie, dass sie jahrelang unglücklich verliebt war in Jugendwart Marco Wagner, heute 46. Pech gehabt. Endlich macht sie sich an ihre Gnocchi. Wird auch Zeit nach fast einem Liter Lambrusco. Sie scheint plötzlich zu merken, was für einen Bärenhunger sie hat, Stichwort «Appetit kommt beim Essen». Hastig schaufelt sie die sahnige Pampe in sich hinein. Ich selbst kann von Gnocchi immer nur wenige Löffel naschen, weil der Geschmack sich schnell abnutzt und ich dann das Gefühl habe, innerlich zu verkleben. Gorgonzola und Sahnesoße sind ein mächtiger Mix, den man nicht unterschätzen sollte. Manu wird mit jedem Bissen träger. Sie hat bereits zwei Drittel der schweren Gnocchi verputzt, *halt, stopp*, möchte ich ihr zurufen, *es reicht*, aber das kann ich ja nun schlecht bringen. Vermutlich hat sie den ganzen Tag nichts Richtiges gegessen, sondern nur geraucht und Kaffee getrunken und eben Alkohol, irgendwann setzt dann schlagartig der Hunger ein, und der Dammbruch folgt auf dem Fuße. Ich sehe förmlich die Käse-Sahne-Kombination in ihrem Magen quellen, auf vielfache Größe wachsen, den Bauchinnenraum verkleben und verklumpen. Die dadurch hervorgerufene Lähmung löst sich oft erst viele Stunden später. Manu scheint während des Essens breiter und breiter zu werden, aber das bilde ich mir wahrscheinlich ein. Sie deutet mit der Gabel auf ihren Teller und bietet mir einen Bissen an. Wahrscheinlich verwechselt sie meinen entsetzten Blick mit Hunger. Nein danke! Schulterzuckend spachtelt sie weiter. Anscheinend zählt sie zu der Kategorie Leute, die nichts liegen lassen können, was sie eigenhändig bezahlt haben.

Ein letzter Happen, dann ist der Teller ratzekahl leer geputzt. Sie schaut verzweifelt auf die letzte Lache Wein in ihrem Glas. Noch nicht einmal die schafft sie mehr. Auf die Frage des Kellners, ob wir noch einen Espresso oder Grappa oder Sambuca wollen, winkt Manu unwirsch ab. Wahrscheinlich wird ihr schon beim bloßen Gedanken daran schlecht.

«Wollen wir noch woandershin auf einen Absacker?»

«Heute besser nicht. Nächstes Mal.»

Ja sicher. Wahrscheinlich geht sie im Kopf schon den Fahrplan durch und rechnet aus, wann sie spätestens gehen muss, um Bahn X oder Zug Y zu erreichen. Ich lasse die Begegnung bereits im Geiste Revue passieren. Emotionale Primetime ist was anderes. Eigentlich gab es nur ein kurzes Zeitfenster, wo Schwung in der Sache war, nämlich vom ersten Glas Wein bis zur Raucherpause.

Mit der Begründung, austreten zu müssen, laufe ich zum Tresen und begleiche still und heimlich die Rechnung. Bevor sich Manuela aus reiner Höflichkeit weiter rumquält, gebe ich den Offizier und Gentleman und beende die traurige Vorstellung.

«Ich bringe dich dann mal zur Bahn.»

«Aber wir müssen noch bezahlen.»

Sie weiß natürlich, dass ich das übernommen habe.

«Na, lass man, ist bereits erledigt.»

«Das sollst du doch nicht. Nächstes Mal bin ich dran.»

Ja, ja, von wegen, denke ich. Draußen zündet sie sich als Allererstes eine Zigarette an, was sonst. Sie schwankt und watschelt ganz schön. Ich stelle mir vor, wie das Käse-Sahne-Gemisch in ihrem Bauch bei jedem Schritt von links nach rechts schwabbelt und umgekehrt. Jetzt tut sie mir fast ein wenig leid.

«Wir können uns auch hier verabschieden. Du brauchst nicht mehr runter bis zu den Gleisen zu kommen.»

Hatte ich auch nicht vor, aber gut, dass sie es noch mal sagt, da sind wir wenigstens einmal einer Meinung.

«Wie du meinst.»

Zum Abschied reiche ich ihr die Hand und drehe sie entgegen dem Uhrzeigersinn, als würde ich wieder abschließen. Also die Begegnung. Psychologie. Eine Umarmung wäre übertrieben, außerdem gibt es nichts zu umarmen. Mir ist auch mehr danach, ihr gegen's Schienenbein zu treten.

«Also, tschüs dann. War ein netter Abend.»

«Ja, fand ich auch.»

Was man eben so sagt. Ein einziger Quälkrams war es, kein direkter Albtraum, aber Quälkrams. Ich schaue ihr noch hinterher, wie sie langsam die Treppe runterwatschelt. Es scheint, als würde sie ihren Kopf wie eine Schildkröte zwischen die Schultern ziehen, um meinen Blicken auszuweichen. Überhaupt, wie sie da mit eingezogenem Haupt die Treppe runterwatschelt, erinnert sie doch stark an eine Schildkröte. Sie spürt wohl, dass ich ihr hinterherschaue. «Bloß nicht umdrehen», lautet ihre Devise, «sondern weg, weg.»

MIKROPILZE

SAMSTAGMORGEN: Genau wie am Montag liegt eine endlose Einöde vor mir, bloß dass diese sich nicht «Arbeitswoche» schimpft, sondern «Wochenende». Heißt für die meisten Leute: Pelze weg und Halligalli. Wieder haben Mutter und ich uns auf ein *Gentlemen's Agreement* geeinigt: Samstag darf ich bis zehn Uhr ausschlafen, Sonntag sogar bis elf. Es gibt vielleicht nichts Schöneres auf der Welt, als weiterschlafen zu dürfen, wenn der Wecker klingelt. Ich stelle ihn auf sieben und lasse ihn alle halbe Stunde klingeln. Bei jedem Weckruf freue ich mich wie ein Schneekönig, mich wieder und wieder auf die andere Seite zu drehen. Um neun bin ich meist endgültig von alleine munter, verkrieche mich aber noch eine volle Stunde unter der Decke. Die Sache mit Manu habe ich zum Glück bereits abgehakt, ich bin selber ganz überrascht. Schlimm ist es, wenn einem ein solcher Reinfall noch tage- und wochenlang nachhängt. Alles schon passiert.

Während die meisten Menschen dem Wochenende entgegenfiebern, bleibe ich gelassen. Warum sich unnötig verrückt machen, denn meistens wird's am Ende doch nicht, wie man es sich vorgestellt hat. Enttäuschung nebst

Heulen und Zähneklappern vorprogrammiert. Gerade der Samstag, auf den für die regulären Arbeitnehmer alles hinausläuft, ist für mich ein schwarzes Loch, gefüllt mit jeder Menge unangenehmer Erinnerungen.

Wie oft habe ich bereits kurz nach Mitternacht, wenn es für die anderen gerade erst losging, gelähmt und mit eingezogenem Kopf in einer Ecke gestanden wie der sprichwörtliche *Hein Daddel*. Bestellt und nicht abgeholt, die vielsagenden Blicke der Amüsierwütigen im Nacken: «Guck dir den mal an, das ist ja ein ganz armer Willi.» An solchen Demütigungen hat man dann bis weit in die kommende Woche zu knabbern, und so bleibt als einziger halbwegs schöner Tag der Donnerstag, bis man dann wieder auf den Deckel kriegt. Darum, aber auch weil ich mich für die meisten regulären Vergnügungen mittlerweile zu alt fühle, bleibe ich lieber daheim.

Wenn ich mir die bis zu hundert Meter langen Schlangen vor Diskotheken anschaue, wo vor Kälte zitternde, kettenrauchende Freaks aufs Jüngste Gericht warten, sprich, ob der Türsteher den Daumen senkt oder anhebt, kann einem das nur leidtun. Bei roter Kelle heißt es nämlich: Alles perdu, zwei Stunden umsonst die Beine in den Bauch gestanden, Paris, Athen, auf Wiedersehen, den Hemingway antreten und tschüs. Ich verstehe nicht, wieso die armen Willis aus Schaden nie klug werden und es ohne jede Aussicht auf Erfolg wieder und wieder probieren. Und wenn ihnen zufällig doch mal Einlass gewährt wird, müssen sie verzweifelt mit anschauen, wie ihnen einige wenige *High Performer* alles vor der Nase wegschnappen, so nennt man Männer, die bloß mit den Fingern zu schnipsen brauchen, und die Frauen fallen gleich reihenweise in Ohnmacht. Ihnen selbst begegnen die gleichen Frauen mit Abscheu, im besten Fall Gleichgültigkeit. Lebensmotto: «ABGEWIESEN, ABGEWIESEN, ABGEWIESEN!»

Dabei meine ich jetzt nicht mal unbedingt die, die durch altmodische und schlampige Anziehsachen unangenehm auffallen. Auffallen ist aber das entscheidende Stichwort: «Man bemerkt sie kaum, die Normalen, sie gleichen eher einem kalten Luftzug, der hoffentlich schnell vergeht.» Da können sie grübeln, bis sie schwarz werden, ob sie vielleicht mit neuen, frischen Farben, Applikationen, engen Hemden oder Spezialhaarschnitten ins Rennen gehen sollen. Der Effekt wäre gleich NULL, außer dass sie zusätzlich noch spöttische Bemerkungen kassieren *à la*: «gewollt und nicht gekonnt» oder «knapp daneben ist auch vorbei». Einem ungeschriebenen Gesetz zufolge kann man Ausstrahlung nämlich ebenso wenig lernen wie Sympathie. Ich für meinen Teil wäre gerne unsympathischer, hätte dafür aber ein Mehr an Ausstrahlung. Die Willis sind so verzweifelt, weil es doch scheinbar keinen ersichtlichen Grund für die ewige Ablehnung gibt. Gibt es aber. Ich habe schon öfter Menschenschlangen beobachtet und mit der Zeit ein Gespür dafür entwickelt, wer reinkommt und wer nicht. Eigentlich könnte ich dem Türsteher Arbeit und den Wartenden Enttäuschung ersparen, wenn ich ihnen ganz ruhig und sachlich erklären würde, dass das heute wohl nichts mehr wird. So viel zum Thema Saturday Night Fever.

Nach dem Frühstück heißt es Langeweile zum Quadrat. Eingedrückt und abgeknickt, wie ich bei solchen Gelegenheiten zu sagen pflege. Mich zu Mutter setzen habe ich auch keine Lust. Ich erzähle ihr in solchen Fällen, dass es im Beruf eine Menge nachzuarbeiten gibt, was natürlich Humbug ist, denn welche Art von Arbeit sollte man als Pförtner schon mit nach Hause nehmen? Mutter glaubt das aber unbesehen, obwohl sie sonst das ganze Gegenteil von gutgläubig ist. Diese kleine Notlüge ist für mich eine der raren Möglichkeiten, ihrem Zugriff zu entkommen.

Ich fläze mich bequem auf meinen Dreisitzer, aber irgendwie will keine rechte Stimmung aufkommen. Lesen habe ich keine Lust, und aufgeräumt ist auch, es gibt wirklich nichts, was sich noch sinnvoll verrücken oder umstellen ließe, selbst im hinterletzten Geheimfach herrscht penibelste Akkuratesse. Im Fernsehen wird eine Dokumentation über eine abgelegene Insel ausgestrahlt, auf der mehr als tausend Jahre alte Mönche leben. Es gibt doch wirklich nichts, was es nicht gibt.

Zum Glück bin ich um drei mit Bernd verabredet, der eine wirklich verrückte Idee ausgebrütet hat. Er möchte ins vierzig Kilometer entfernte Buchholz fahren, wo es in einem bestimmten Grillimbiss angeblich die beste Krakauer in ganz Norddeutschland gibt. Wer ihm diesen Floh nun wieder ins Ohr gesteckt hat, möchte ich nur zu gern wissen. Aber was soll's. Als ich um 14.50 am Behindertenparkplatz aufschlage, wartet er schon. Ich bin extra übertrieben früh losgegangen, um einen ausreichenden Zeitpuffer zu haben, falls auf dem Weg etwas Unerwartetes dazwischenkommt. Mit Bernies Allergie gegen Verspätungen wird es aber auch immer ärger. Er bringt öfter den Spruch, von wegen, er käme aus *Allergien* bzw. wohnte dort. Statt Algerien. Beim ersten Mal war das ja noch ganz witzig, aber langsam hat der Gag *soo* einen Bart. Einerseits ist er geradezu fanatisch auf Pünktlichkeit bedacht, andererseits wirkt er irgendwie enttäuscht darüber, wenn ich *in time* eintrudle. Bei Verspätung hat er nämlich einen gut bei mir und kann mir das bei allen möglichen und vor allem unmöglichen Situationen unter die Nase schmieren. In letzter Zeit ist er schon eingeschnappt, wenn ich es wage, erst fünf Minuten *vor* der verabredeten Zeit zu erscheinen. Wenn das so weitergeht, sind wir bald bei sieben, dann zehn, fünfzehn Minuten, und das Ende vom Lied ist, dass ich eine halbe Stunde zu früh da sein muss.

Wieder hält er zur Begrüßung seinen Kopf schief. Vielleicht sein neues Markenzeichen. Bei näherer Betrachtung scheint er allerdings kein Wasser im Ohr, sondern einen Wasserfall im *Mund* zu haben vor lauter Appetit. Ich bin mir sicher, dass er sich in die Krakauer schon den ganzen Vormittag, wenn nicht die letzten Tage reingesteigert hat. Statt eines fröhlichen «Guten Tag» geht's direkt ins Eingemachte:

«Hast du gefrühstückt?»

«Ja, natürlich.»

«Was heißt hier natürlich. Dann hast du doch gar keinen Appetit.»

«Man kann doch wohl frühmorgens eine Kleinigkeit essen und nachmittags wieder Appetit haben.»

«Aber nicht *richtig*. Wir planen das schon seit einer geschlagenen Woche, und der Ausflug lohnt sich nur, wenn man *richtig* Hunger hat. Du hättest dich ruhig zusammenreißen können. Mann, Mann, Mann!»

«Das kann doch jeder machen, wie *er* will. Außerdem bekommst du auf der langen Fahrt mit quälendem Starkappetit nur wieder schlechte Laune.»

«Das lass mal meine Sorge sein. Nur ein kleiner Tipp:

Falls *du* Appetit bekommst, ich hab im Auto nichts zu essen. Nichts, njet, zero. Wenn du dich also eindecken willst, dann genau jetzt. Keule hat noch auf.»

Keule heißt eigentlich Holger Stormann und betreibt den hiesigen Kiosk «Genießertreff».

«Von wegen. Ich halte das schon aus.»

«Das wollen wir ja sehen. So, genug diskutiert, Abfahrt.»

Während der Fahrt macht Bernd mir und vor allem sich selbst den Mund wässrig mit opulenten Ausschmückungen der Spezialitäten, die uns vor Ort angeblich erwarten:

«Ich schaff mindestens vier Würstchen. Vielleicht auch sechs. Auf jeden Fall ein Schaschlik.»

«Wenn du so viel verdrücken kannst, dann mach doch mal bei so einem Wettessen mit.»

«Würde ja wahrscheinlich sogar gewinnen, aber ich will gar nicht. Weil es auf solchen Veranstaltungen eh nur Schrott gibt. Hot Dogs, Pizza, panierte Riesenschnitzel. Danke nein, mir ist jetzt schon schlecht.»

«Aber fette Bratwürste sind was anderes?»

«Allerdings. Und wenn ich endlich eine Frau abkriege, werde ich auch nicht mehr so viel essen. Dass es *deinen* Geschmacksnerven egal ist, was sie vorgesetzt bekommen, weiß ich ja. Eine ordentliche Portion Sackbraten mit Halskartoffeln, und der feine Herr ist wunschlos glücklich.»

«Ja, genau.»

«Oder Blutsturz überbacken. Bulgarische Restepfanne soll ja auch ganz lecker sein.»

«Kein Kommentar.»

Nach wenigen Kilometern auf der Autobahn passiert, was passieren musste: STAU! Völlig aufgelöst dreht Bernd an den Knöppen seines Autoradios, um herauszukriegen, ob es sich um einen harmlosen Phantomstau oder um was Ernstes handelt, am Ende gar eine Vollsperrung, in die Schwertransporter mit Anhänger verwickelt sind.

«Ich dreh durch. Wieso Samstag ein Unfall? Die Leute haben doch Zeit und müssen nicht so rasen.»

Vor Wut und Hunger läuft Bernd rot an. Hinter der nächsten Kurve die bittere Wahrheit: eine endlose Blechlawine. Jetzt heißt es Nerven bewahren.

«Vorläufiger Stillstand», sage ich mit möglichst neutraler Stimme. «Kommt häufiger vor, als man denkt, und lässt sich vor allem nicht ändern. Gras wächst auch nicht schneller, wenn man dran zieht.»

«Was soll das denn heißen?»

«Dass es nichts bringt, sich stundenlang aufzuregen.»

«Stundenlang, stundenlang, ich hoffe, es wird nicht stundenlang. Bei dir sind die Kreuzchen auch nicht an der Stelle, wo sie sein sollten.»

«Hä? Versteh ich nicht.»

«Du bist doch durch die Schleuse geschwommen.»

So ein Blödsinn. Ohren auf Durchzug und Ablenkungsmanöver. Ich zeige nach vorne.

«Guck mal da, ein Laster. Spedition ‹Ralf Maul›. An deren Stelle würde ich meiner Firma aber einen anderen Namen verpassen. Oder möchtest du dein Privateigentum von einem transportieren lassen, der Ralf Maul heißt?»

«Weißt du, was jetzt kommt?»

«Nein. Was denn?»

«Könntest *du* bitte dein Maul halten?»

So, das war's. Jetzt hat er den Bogen überspannt. Ich lehne mich schweigend zurück und beobachte den stehenden Verkehr. Nach Ewigkeiten nähern wir uns der Unfallursache. Es sind, soweit es sich überblicken lässt, mehrere PKW und ein Kleinlaster verwickelt. Zwei Opfer werden auf dem Standstreifen vom eintreffenden Notarzt behandelt. Ein Geschädigter blutet aus dem Kopf, er steht offensichtlich unter Schock. Und was macht Bernd? Kurbelt die Scheibe herunter und brüllt:

«KÖNNT IHR NICHT VERNÜNFTIG AUTO FAHREN?! WEGEN EUCH HABEN WIR FAST SIEBZIG MINUTEN VERLOREN!»

Man sieht Opfern wie Arzt und den anderen Umstehenden an, wie fassungslos sie sind. Anstatt eine Antwort abzuwarten, drückt Bernd auf die Tube, denn vor ihm ist wieder alles frei. Hoffentlich schreiben die seine Nummer auf, denke ich, und es gibt 'ne Anzeige. Schrecklich, was Hunger aus Menschen machen kann.

Kurz nach halb fünf erreichen wir den nur einen Steinwurf von der Buchholzer Innenstadt entfernten vielgepriesenen Meisterimbiss mit dem Allerweltsnamen «Futterkrippe». Und dahinter sollen sich nun ausgebuffte Grillspezialitäten verbergen? Auch die Laufkundschaft ist alles andere als beeindruckend. Drei ältere Männer, die aussehen, als würden sie jeden Tag hier rumlungern. Bernd setzt sein freundlichstes Feiertagsgesicht auf.

«Einen wunderschönen Tag wünsche ich. Wir haben gehört, dass es hier die besten Würste in ganz Norddeutschland gibt.»

Der Chef, ein streichholzdünner, im Gesicht stark ausgemergelter Mann in den späten Vierzigern, mustert ihn aus feindseligen Raubvogelaugen.

«So. Wer erzählt das denn?»

«Wir sind extra aus der Stadt gekommen, um uns selbst davon zu überzeugen. Das sind über vierzig Kilometer. Und im Stau standen wir auch noch.»

«Wer das erzählt, will ich wissen?»

«Das sagen alle.»

«Was heißt hier alle. Alle kenn ich nicht. Nenn mir einen Namen.»

«Das weiß ich jetzt auch nicht mehr so stante pede. Ist doch auch egal. Sie tun ja fast so, als ob ich Sie beleidigt hätte.»

«Ich will nur wissen, wer hier was über meinen Imbiss verbreitet. Wart mal.»

Er wendet sich an einen der Gäste, der sich mit leer gegessenem Pommes-und-Wurst-Schälchen an uns vorbeigedrängelt und vor der Theke aufbaut hat. Wobei, aufgebaut ist gut, der Mann ist klitzeklein, hat Glatze und Kugelbauch.

«Willst du noch was, Egon?»

«Ein Bier und ein Kümmerling.»

Während Egon die Bestellung aufgibt, rutscht ihm das Schälchen aus den Händen und landet auf Bernds Kluft. Der ist sofort am Austicken:

«DAS GIBT'S DOCH GAR NICHT. GUCK DIR DAS MAL AN. JETZT HABEN SIE MIR DIE GANZE JACKE VOLLGEKLECKERT!»

Um die Bescherung zu beseitigen, greift der Verursacher nach einer Papierserviette und reibt damit so ungeschickt an Bernies Klamotten herum, dass sich das Fett-Ketchup-Mayonnaise-Gemisch überall verteilt. So wird aus einem kleinen Malheur ganz schnell ein großes.

«ABER DOCH NICHT SO! DIE REINIGUNG BEZAHLEN SIE

MIR. LOS, GEBEN SIE MIR IHRE TELEFONNUMMER UND ADRESSE!»

Das lässt sich Egon, der es schließlich nur gut gemeint hat, nicht länger gefallen:

«SAG MAL, BIST DU BESOFFEN? NOCH EIN WORT, UND ICH SCHMIER DICH RICHTIG VOLL, ICH SCHWÖR'S!»

Jetzt schlägt sich auch der Chef auf die Seite des langjährigen Gastes:

«PASS MAL AUF, MEISTER, MACH HIER MEINE LEUTE NICHT NERVÖS. KOMM, AB, MACH DIE BIEGE.»

«ACH, JETZT HAB *ICH* AUCH NOCH SCHULD!? GUCKEN SIE DOCH MAL, WIE ICH AUSSEHE. ICH HAB EXTRA DEN LANGEN WEG HIERHER GEMACHT, UND DANN SO WAS!»

«Sag mal, kennst du den?», fragt Egon den Chef hämisch.

«Nee, nie gesehen. Irgend so'n Psychopath. Sagt, er kommt extra von Santa Nirgendwo herkajohlt wegen meiner Würste.»

«So was hab ich ja noch nie gehört. Was soll denn mit deine Würste sein? Das ist vielleicht ein Spastiker.»

Zwei gegen einen. Bei Bernd ist endgültig die Luft raus:

«ICH MUSS MICH NICHT AUCH NOCH VON IHNEN BELEIDIGEN LASSEN. ICH GEHE JETZT.»

«Keine Angst, dich hält keiner auf. Fahr ma vorsichtig, Meissa, und schönen Gruß an die Eltern!»

Wir zuckeln ab, begleitet von hämischen Schmährufen.

«ES GIBT ABER AUCH ECHT ARME SCHWEINE AUF DER WELT. RICHTIG ARME SCHWEINE.»

«DAS KANNST WOHL LAUT SAGEN.»

Bernd schiebt weiß wie eine Wand durch die Buchholzer Innenstadt, aber da die Bürgersteige hier schon früh hochgeklappt werden, bleibt ihm auf der Suche nach Essbarem schließlich nichts übrig als die Dönerbude, dabei kann er Döner auf den Tod nicht ausstehen. Verzweifelt vertilgt er einen Jumbo-Teller und gleich noch einen Döner Burger, bei dem allerdings die Augen mal wieder größer sind als der sprichwörtliche Magen, denn er muss nach einem Drittel aufgeben. Die Rückfahrt vergeht in Agonie und Schweigen. Wir brauchen keine gemeinsamen Worte darüber zu verlieren, dass der gemütliche Abend im Kamin 21 ausfällt wegen ist nicht.

Am nächsten Morgen schlafe ich bis halb elf und mache mich dann sogleich an die Vorbereitungen fürs Mittagessen, da wie jeden ersten Sonntag im Monat um Punkt eins ein hungriger Herr Owusu vor der Tür steht. Herrn Owusu, der vor vielen Jahren als Flüchtling aus Ghana in unser Land gekommen ist, lernte ich unter mehr als dubiosen Umständen kennen: Ich litt damals unter ganz und gar unerklärlichen Beschwerden, die zunächst ganz harmlos angefangen hatten. Eines Morgens wachte ich mit starkem Nasenbluten auf. Ich dachte mir nichts weiter dabei. Am Nachmittag desselben Tages kamen Gelenkschmerzen hinzu und am Abend Ohrensausen. Langsam wurde ich unruhig. Als ich am nächsten Morgen nach fiebrigem Schlaf erwachte, war mir zusätzlich noch schlecht. Ich ging auf Klo und brach. Die Erleichterung währte jedoch nicht lange, schon bald stieg erneut Übelkeit in mir auf. Ich schleppte mich zur Arbeit, wo ich immer wieder die Toilette aufsuchen musste.

Eine Woche verstrich, ohne dass sich mein Zustand besserte, und so beschloss ich, einen Arzt zu konsultieren. Mein erster Weg führte mich zu Doktor B., der mir aufmerksam zuhörte, um mich mit einer Packung Pillen und Genesungswünschen nach Hause zu schicken. Zwei Tage später ging es mir jedoch schlechter als je zuvor. Ich hatte nun noch zusätzlich geschwollene Beine und roch stark aus Mund und Nase. Also ging ich erneut zu Dr. B., der mir Blut abnahm, neue Pillen usw. Dieses Spielchen wiederholte sich einige Male, bis Dr. B. die Geduld verlor und mich an den bekannten Internisten Dr. von L. überwies. Doch auch der konnte nichts finden, und ich galt auch bei ihm bald als Querulant, der sich gar nicht helfen lassen will. Inzwischen ging es mit mir wirklich immer weiter bergab: Lähmungserscheinungen, Herzrasen, stechender Kopfschmerz, man hätte fast einfacher fragen können, was ich *nicht* hatte. Ich war in den folgenden Monaten bei insgesamt neunzehn verschiedenen Ärzten, Heilpraktikern und sonstigen Kurpfuschern und verlor bei einem dubiosen Wunderheiler einen großen Teil meiner Ersparnisse. Mittlerweile war ich fast blind, ich konnte nur noch Umrisse erkennen. Meine verschiedenen Wunden und offenen Stellen nässten, und ich mochte mich vor Schmerzen kaum bewegen. Im Grunde genommen lag ich auf dem Bett und wartete auf den Tod.

Da klingelte es eines Tages an der Tür. Mit letzter Kraft schleppte ich mich zur selbigen, vor der besagter Herr Owusu stand, um mir Abonnements zu verkaufen. «WIE SEHEN SIE DENN AUS?», fragte er entsetzt. Mit geübtem Griff zog er mir die Augensäcke herunter. Nachdem er sich die Bescherung angesehen hatte, sagte er nur kurz und trocken: «Mikropilze.» In diesem Moment brach ich bewusstlos zusammen.

Als ich erwachte, flößte mir Herr Owusu gerade ein bitter schmeckendes Gebräu ein. Nach einer Weile hatte ich ein Gefühl, als ob in meinem Körper eine Schlacht geschlagen würde: die Mikropilze gegen Herrn Owusus Trank. Die Schmerzen ließen zusehends nach, und ich konnte auf einmal wieder normal sehen. Dann fiel ich in einen tiefen Schlaf, aus dem ich erst zwei Tage später wieder erwachte. Ich fühlte mich großartig. Immer noch saß Herr Owusu an meinem Bett, und er wachte noch so lange bei mir, bis ich mich und Mutter wieder selbständig versorgen konnte. Ich kaufte Herrn Owusu einen Großteil seines Sortimentes ab und lade ihn seither regelmäßig zum Mittagessen ein. Der Albtraum der Mikropilze ist vorbei, und ich habe einen guten Freund gefunden. Er bleibt meist bis in den frühen Nachmittag, verabschiedet sich ausgesucht höflich, und dann heißt es *Arrivederci, Hans* bis zum nächsten Ersten.

18 Uhr, langsam, aber sicher läuft der Countdown für die kommende Arbeitswoche und vor allem für das Speed-Dating! Die Veranstaltung wurde wahrscheinlich an einem neutralen Tag wie Montag angesetzt, um ein möglichst unverfälschtes Bild der einzelnen Teilnehmer zu gewährleisten. Grundfalsch wäre es, so ein Speed-Dating in die Hysterie des Wochenendes zu legen.

Ich nehme mir ein Herz und rufe Bernd an, um zu schauen, wie und ob er den gestrigen Reinfall verkraftet hat. Anscheinend ganz gut, denn er verliert kein Wort über den Unfall. Im Gegenteil, er berichtet von einer neuen Insektenlieferung, und dass sie bei WESTSAAT einen Gehörlosenparkplatz einrichten wollen. Nachdem wir uns für den morgigen Tag verabredet haben, legen wir zügig auf.

SPEED-DATING

DAS SPEED-DATING startet um Punkt 19 Uhr in einem Etablissement mit dem gewöhnungsbedürftigen Namen «Gecko-Bar» im mir unbekannten Ortsteil Wolmersheim. Jetzt heißt es beten, dass die Frauen vor Ort nicht völlig unerreichbar über uns schweben, aber auch keine Ladenhüter sind, sondern die vielgeschmähte goldene Mitte, menschliche Stärken und Schwächen in einem ausgeglichenen Verhältnis. Wenn ich ganz ehrlich bin, würde ich lieber alleine aufschlagen als in Begleitung von Bernd. Das hat überhaupt nichts mit seiner Behinderung zu tun oder damit, dass er beträchtliches Übergewicht mit sich herumschleppt; nein, seine ganze Art hat bereits einen Grad an Verschrobenheit erreicht, der einen locker-leichten Umgang mit dem anderen Geschlecht beschwerlich macht. Außerdem verfügt Bernd über keine realistische Selbsteinschätzung und sieht seine Chancen völlig falsch. Auch ich falle sicher nicht in die Kategorie *Traumtyp*, in den man sich Hals über Kopf schockverliebt, aber immerhin stelle ich mich ganz normal wie alle anderen in der Reihe hinten an. Im Übrigen steht etwas Zurückhaltung und Bescheidenheit jedem Menschen gut zu Gesicht, finde ich.

Ich war jetzt schon viele Monate nicht mehr «aus» und

habe mir so den einen oder anderen Nackenschlag erspart. Vielleicht hat sich an meiner Ausstrahlung von ganz alleine etwas verbessert? Hoffentlich werde ich von den Frauen vor Ort nicht als Bernds Pfleger oder Aufsichtspersonal eingeordnet.

Wenn ich nun statt Bernie einen Begleiter Kaliber Kai Pflaume hätte, würden die Karten gleich ganz anders gemischt werden. Andererseits stünde ich dann in direktem Vergleich ziemlich im Schatten. Das sind so meine Gedanken, als wir auf der Suche nach einem Parkplatz in der Ulmenstraße herumcruisen und mir das Herz immer tiefer in die Hose rutscht. Zwei Ritter von der traurigen Gestalt, die darauf warten, dass sich irgendwo eine Lücke auftut. Bernd ist natürlich wieder mal über alle Maßen optimistisch und palavert ohne Punkt und Komma über den unvermeidlich erfolgreichen Ausgang der Dating-Stunde. Er tut fast so, als ob er es sich aussuchen könnte, welche am Ende mitkommt. Träum weiter, Junge.

Trotz Parkplatzsuche sind wir die Ersten. Frierend stehen wir vor der verschlossenen Tür der Gecko-Bar und warten auf einen gewissen Herrn Gaube von der Agentur *Face 2 Face*, den ich bisher nur telefonisch kenne. Herr Gaube hat eine für Leute seines Metiers charakteristisch angenehme, einschmeichelnde Telefonstimme. Was allerdings erst mal gar nichts besagt, siehe Bernd. Ein Blick auf die Uhr: Wir sind genau 38 Minuten zu früh. Obwohl Bernd in der Kälte genauso vernehmlich wie ich vor sich hin schnattert, feuert er seine Standard-Sprüche ab: «Früher Vogel fängt den Wurm» oder «Timing ist alles und keine Stadt in China». Und so weiter.

Um 18.50 kommt endlich besagter Herr Gaube angedackelt. Lascher Handschlag, unsteter Blick, dazu irgendwas in den nicht vorhandenen Bart gemurmelt, und schon stehen wir in unsere Mäntel eingemummelt im bitterkalten Gecko. Um den bis auf die Grundmauern ausgekühlten Schuppen auf Temperatur zu bringen, müsste man die Heizung mindestens zwei, drei Tage und Nächte ununterbrochen auf volle Pulle drehen. Und hier soll man sich nun näherkommen! Von den 19 Euro Gebühren müsste man sich von Rechts wegen gleich die Hälfte in bar zurückerstatten lassen.

Der vermaledeite Teufel mit Namen Winter geht dieses Jahr wieder und wieder in die Verlängerung. Aber was soll sich unsereins großartig beklagen? Ich denke, wie immer bei solchen Gelegenheiten, an die deutschen Landser der 6. Armee im Zweiten Weltkrieg, die vor vielen Jahren just in diesen Tagen auf dem Weg in die Kriegsgefangenschaft, der sie in entlegene, eisige Weiten Russlands führte, mehr krochen als marschierten.

Nun tröpfeln auch die anderen Teilnehmer in Gestalt von fünf männlichen und sieben weiblichen Singles ein. Die Männer sind auf den ersten Blick gesehen das ganze Gegenteil eines *Mister Loverman*, eher ausgesprochene Ladenhüter. Dass die noch zu haben sind, wundert mich kein Stück, wirklich nicht. Ich sehe sie vor meinen geistigen Augen im Nachtleben herumschleichen wie Graf Zahl, zusammen mit den ganzen anderen armen Willis. Kann ich mir schon vorstellen, wie sie verzweifelt versuchen, Augenkontakt aufzunehmen, und, wenn das nicht funktioniert, ihren letzten Mut zusammennehmen, um eine Frau anzusprechen, die dann im besten Fall mit «Wie bitte?» antwortet, aber noch während der Willi sein Anliegen umständlich wiederholt, die Gelegenheit nutzt, um stiften zu gehen.

Die Kandidatinnen von *Face 2 Face*, die wie wir Männer Namensschilder tragen, sehen zwar auch nicht wie Miss Irgendwas aus, aber in der Summe schon ansprechender als die Herren der Schöpfung. Bei Lichte betrachtet ist für jeden Geschmack etwas dabei. *Andrea* zum Beispiel ist klein und zierlich, ihr schmales Nussknackergesicht mit auffallend großen Hauern wird von kurzen schwarzen Haaren umrahmt. Das ganze Gegenteil ist *Silke*, eine etwas zu kurz geratene, wabbelige Rothaarige mit kalkweißem Gesicht, dann *Susi* und *Maxi*, zwei dralle Braten, wie sie im Buche stehen, beide mit kleinen, spitzen Mündern und Himmelfahrtsnasen. Ich schätze mal, dass sie Schwestern sind. Dann wäre noch *Frauke* zu nennen. Sie gehört zu der Kategorie Frauen, die wirken, als wären sie am ganzen Körper behaart, ob man ihnen damit nun unrecht tut oder nicht. Frauke ist von der Figur her kompakt, trägt Brille und sieht aus, als würde sie sich die Butter nicht vom Brot nehmen lassen, hat also auch noch die sprichwörtlichen Haare auf den Zähnen. Last, but not least zwei schlanke Grazien, ausgesprochene Augenpralinen, bei denen man sich unwillkürlich fragt, aus welchem Grund die sich wohl ausgerechnet *hierher* verirrt haben.

Und siehe da: Sowie die eine der Pralinen realisiert, in was für eine Runde sie hier geraten ist, versucht sie unauffällig den Polnischen zu machen. Ein wenig zu auffällig unauffällig, denn die gierigen Blicke der Männer haben sich sofort in ihr verfangen. Herr Gaube ist dann auch sichtlich enttäuscht, als er mitkriegt, wie sein Lockvogel und einziger Trumpf im Ärmel stiften geht.

«Wo wollen Sie denn hin, Frau Seemann?»

«Hab was vergessen. Nur kurz zum Auto, bin gleich wieder da.»

Und Hackengas. Dann also bis nie, Frau Seemann. Der Frauenüberschuss sinkt, was bei den Herren der Schöpfung zu sofortigem Stimmungsabfall führt, man merkt richtig, wie die Luft schon aus dem Reifen geht, bevor er richtig aufgepumpt ist. Nach einer kurzen Ansprache von Herrn Gaube von der Sorte «Zum einen Ohr rein, zum anderen wieder raus» geht's in die Startlöcher.

Auf jedem der Tische steht ein Rondell mit Mineralwasser, gelber und weißer Brause. Fruchtsaft oder Cola war wohl zu teuer, und vom versprochenen Begrüßungs-Prosecco fehlt auch jede Spur. Das erste und wichtigste Motto der Agentur *Face 2 Face* lautet offenbar: «Bloß nicht in unnötige Unkosten stürzen!»

Ring frei zu Runde eins: Andrea, die Nussknackerfrau, und ich werden an einem Tisch platziert, während Bernd mit der schwabbeligen Roten vorliebnehmen muss.

Nachdem ich mich kurz und knackig vorgestellt habe, redet eigentlich nur noch Andrea, und das in einem fort. Denkbar unpassendes Thema ist ihr geschiedener Mann, den sie ein «emotionales Sparschwein» nennt, das nie die Kiemen auseinandergekriegt und aus seinem Herzen eine Mördergrube gemacht habe. Auf solche Typen hat sie «echt keinen Bock mehr» (O-Ton). Ich nicke eifrig, was bleibt mir übrig. Sie lässt in ihrem Redeschwall nicht nach. Ein Strauß Schnittblumen, selbstgekochtes Essen, ein Kinobesuch oder ein liebes Wort zwischen Tür und Angel, das sei doch wohl nicht zu viel verlangt. Auch das bejahe ich.

Wer weiß, vielleicht ist sie aber auch nur unsicher und erstickt mich deshalb in ihrem Redeschwall. Also versuche ich, mich auf ihre Körpersprache zu konzentrieren. Würde sie zum Beispiel Chamäleonverhalten zeigen (auch Spiegelverhalten genannt), wäre das ein sicheres Anzeichen, dass ich ihr gefalle. Unter Chamäleonverhalten versteht man, wenn die Frau den Mann imitiert. Wenn der sich beispielsweise am Ohr kratzt, tut es die Frau auch. Zieht der Mann die Augenbrauen hoch, macht ihm die Frau das nach; runzelt er die Stirn, wirft sie ihre Stirn ebenfalls in Falten usw. Das ist auf jeden Fall ein gutes Zeichen, und man kann etwas riskieren, z.B. die Dame mit sog. *Negs*, kleinen Provokationen, aus der Reserve zu locken: «Erst neulich habe ich eine Frau in genau demselben Outfit gesehen. Das gab's wohl im Angebot?» Oder: «Sehr schöne Haare! Ist das eine Perücke?» Oder: «Sie haben Ähnlichkeit mit meiner Großtante Traudl.»

Allerdings sollte man auch wissen, wo Schluss ist, denn wenn man zu weit geht, kann der Schuss schnell nach hinten losgehen. No-gos: «Sie erinnern mich an meine Mutter.» – «Täusche ich mich, oder haben Sie zugenommen?» – «Wie alt sind Sie? – Auf dem Foto sehen Sie ganz anders aus.» Aber während ich noch eher theoretisch über meine Strategie grüble, ertönt der Gong, und weiter geht's.

Als Nächstes werden Frauke und ich in den Clinch geschickt. Und tatsächlich, die vermutete Behaarung entpuppt sich als Realität, der dunkle Schatten unter ihrer Nase ist kein Rußfleck, sondern ein ausgewachsener Damenbart. Wieso in Gottes Namen rasiert die den nicht ab, das kann sie doch unmöglich schön finden? Eben doch. Mir fällt ein nur allzu wahrer Satz ein: JEDER MENSCH WILL SCHÖN SEIN. Aus ihrer türkisfarbenen Bluse lugt ein einzelnes, langes Haar, und neben buschigen Augenbrauen scheint sie auch noch unter Nasen-Ohren-Wuchs zu leiden, wobei ich nicht sicher bin, ob ich mir das nur einbilde. Unwillkürlich stelle ich mir die Frage, an welchen anderen möglichen und vor allem unmöglichen Stellen sie sonst wohl noch bewachsen ist, und ich kann mich kaum noch auf das Gespräch konzentrieren.

Besonders freundlich ist sie sowieso nicht, und sie gibt sich auch keine Mühe, so zu tun. Kratzbürstig mit Kratzborsten. Zu allem Überfluss hat sie Mundgeruch. Mundgeruch entsteht, wenn man viel redet und wenig trinkt. Wäre dies hier kein Speed-Dating, sondern ein richtiges Date, würde ich ihr ganz nebenbei ein Kaugummi oder ein Glas Wasser anbieten, und falls sie weder auf Kaugummi noch auf Wasser reagiert, frei heraus sagen: «Ich finde dich echt nett, aber weißt du, ich habe dir Kaugummi und Wasser nicht grundlos angeboten.» In diesem Fall lohnt es nicht, und die paar Minuten Müffelei ertrage ich auch noch. Sie verrät, dass ihr Spitzname seit frühester Kindheit *Sabberschnecki* lautet. Ganz schön ekelig. Nachdem die sieben Minuten abgelaufen sind, weiß ich noch nicht mal, ob sie Köchin, Verkäuferin, technischer Zeichner oder ganz etwas anderes ist. Von mir hat sie sicher auch keinen guten Eindruck gewonnen. Maulfaul, denkt sie wahrscheinlich. Egal, jetzt heißt es nexten, heißt: Die Nächste bitte. Susi. Sie und Maxi sind tatsächlich Zwillinge, allerdings keine einäugigen. Sie ist wie ihre Schwester gleich zweimal verheiratet gewesen. Weiterhin gibt sie zu Protokoll, von

Männern erst mal *die Schnauze voll* zu haben und stattdessen mit ihrer Schwester ein Esoterik-Café mit dem Namen «Seelenengel» eröffnen, später aber eventuell sogar ganz auswandern zu wollen. Jetzt verstehe ich nur noch Bahnhof. Wieso sitzt die hier, wenn sie keine Männer kennenlernen möchte? Oder sagt sie das nur, um speziell mich abzuschrecken? Egal, das Thema *Susi und Maxi* kann ich wohl ebenfalls abhaken, dazu bedarf es keiner Prophetengabe.

Zwischendurch luge ich immer wieder zu Bernie rüber: Was ich zu wenig sage, sagt er zu viel. Er lässt die Frauen überhaupt nicht zu Wort kommen. Falsche Taktik, denke ich, ganz falsche Taktik, mein Junge. Nichts ist nämlich wichtiger, als sich für die Frau zu interessieren. Männer, die das andere Geschlecht mit beruflichem Erfolg, Geld und Besitztümern beeindrucken wollen, bewirken fast immer das Gegenteil. Und wer schätzt es schon, wenn sein Gegenüber einen ganzen Eimer Sabbelwasser scheinbar bis zur Neige leer getrunken hat und einem dann stundenlang die Ohren abkaut? *Umgekehrt* wird ein Schuh draus: Man sollte die Frau in aller Ruhe erzählen lassen, ohne ihr ins Wort zu fallen. Das nennt man *kalibrieren*, d.h. sich auf sein Gegenüber einlassen. Es gibt Männer, die mit dem Talent des *hypnotischen Zuhörens* gesegnet sind, bei dem die Frau im Verlauf des Gesprächs das Gefühl bekommt, in den Mann geradezu hineinzufallen, es ist, als ob er sie an einem unsichtbaren Seil immer näher an sich ranziehen würde. Das Geheimnis sogenannter *Frauenflüsterer* ist, die Welt mit weiblichen Augen zu sehen, mitzufühlen, *empathisch* zu sein. Wenn sie sagt, dass sie gestern mit ihren Freundinnen im Kino war, erwidert der Flüsterer: «Lass mich raten.

Eine Romantic Comedy?» Empathiker sind normalen Balz-, Schnacker- und sonstigen Labertypen Meilen voraus.

Na, Bernie ist jedenfalls alles andere als ein Frauenflüsterer, denn seine Tischdame lehnt sich so weit zurück, wie sie kann, während er sich immer weiter vorbeugt. Für Frauen sind Männer uninteressant, die starkes Interesse signalisieren, indem sie sich zu sehr in ihre Richtung lehnen, den Buckel rund machen und sie mit weit aufgerissenen Augen anstarren. Besser: Während man der Frau aufmerksam zuhört, den Körper öffnen, indem man sich etwas breitbeiniger hinsetzt oder einen Arm auf die Lehne eines benachbarten Stuhls legt. Den Oberkörper dreht man im Neunzig-Grad-Winkel weg von der Frau und lehnt sich dabei lässig zurück, sodass nur der Kopf über die Schulter zu ihr zeigt. Ebenso wichtig: Nicht gleich wild mit Komplimenten um sich schmeißen, denn dann weiß die Frau, dass der Mann auf sie steht, und für den Herrn der Schöpfung ist Winterzeit. Noch einmal: Frauen wollen stets nur das, was sie *nicht* haben können. Ich kann das nicht oft genug wiederholen. Männer, die unerreichbar sind, sind immer diejenigen Männer, die eine große Auswahl an Frauen an jedem Finger haben. Wenn schon Komplimente, dann etwas Neutrales wie «Sie haben aber eine schicke Handtasche».

Das alles scheint Bernd entweder nicht zu wissen, oder er hat es vergessen, denn während er quasselt und quasselt, schaut sie demonstrativ an ihm vorbei. Aber jeder ist bekanntlich seines eigenen Glückes Schmied; außerdem muss ich mich jetzt wieder auf meine eigenen Angelegenheiten konzentrieren in Gestalt von Maxi, dem noch dralleren Braten. Sie erzählt praktisch genau dasselbe wie ihre

Schwester. Weil sie alles positiv sieht und ihr Glas laut eigenen Angaben immer halb voll ist, lautet ihr Motto: «Knutsche den Tag.» Laber laber, und so weiter und so fort. Mit Maxi wird das auch nichts, und ich nutze die Gelegenheit für eine kleine Trainingsrunde, um lockerer zu werden.

«Du solltest deine Haare offen tragen, da kommt dein Gesicht mehr zur Geltung.»

«Ach wirklich, findest du?»

«Ja.»

«Da hab ich auch schon drüber nachgedacht.»

«Dann probier doch mal.»

«Ja.

Wenn sie die Haare offen tragen würde, hätte ich es natürlich genau umgekehrt gemacht:

«Du solltest deine Haare hochstecken. Da kommt dein Gesicht mehr zur Geltung.»

Egal. Als Letztes die übrig gebliebene Hübsche, Deborah heißt sie. Da ich mir sowieso keine Chancen ausrechne, gehe ich in die Offensive.

«Neueste Zahlen besagen, dass die erste Ehe zu 50 Prozent geschieden wird, die zweite schon zu 60 und die dritte zu über 70 Prozent. Verstirbt in der Zwischenzeit einer der Partner, sinkt die Wahrscheinlichkeit, wenigstens bis zur Silberhochzeit zu kommen, auf unter 12 Prozent. Trotzdem rennen die Menschen immer noch wie die Lemminge ins offene Messer.»

Gegen diese Sachinformationen kann man schlecht etwas einwenden, Deborah saugt die Zahlen dann auch auf wie ein Schwamm, ich erkenne es daran, wie sie die Augen aufreißt. Weiter:

«Die Deutschen besitzen über 5 Milliarden Kleidungsstücke, tragen aber nur einen Bruchteil davon. Ein Blick in die Runde hier sollte genügen.»

Deborah nickt. Ich kann ihrer Körpersprache nicht entnehmen, ob sie sich eher wohl oder eher unwohl fühlt. Weiter:

«Handeln kommt von Hand und nicht von Maul, sonst würde es nämlich Maulen heißen.»

Deborah schmunzelt. Punkt für mich. Weiter:

«Wenn ich auf dem Wasser laufen könnte, würden meine Kritiker sagen, der kann ja noch nicht mal schwimmen.»

Weiter: «Die meisten Menschen vergessen, dass sie nur eine einzige Rolle überzeugend spielen können: die eigene. Wussten Sie übrigens, dass es bei einem erfolgreichen Flirt nur zu 12,5 Prozent um Information geht, 87,5 Prozent aber die Emotionen sind?»

Deborah weist mich darauf hin, dass Duzpflicht herrscht, also formuliere ich die Frage um und stelle sie erneut. Aber jetzt die Frau nicht niederwalzen! Nie Standardfragen als Fragekette hintereinander abspulen, immer *Alternativfragen* stellen. Beispielsweise kann man «Hast du Lust zu tanzen, oder wollen wir was trinken?» fragen oder «Ist dein Buch sehr spannend, oder hättest du Lust auf eine Partie Minigolf?».

Alternativfragen sind zu 80 Prozent erfolgreicher als Standardfragen. Man kennt so was aus dem Vertriebstraining: «Was passt besser, Montag oder Dienstag?» Für den Kunden geht es nicht mehr darum, *ob* er Zeit hat, sondern *wann* er Zeit hat und fertig.

Leider ertönt schon wieder der Gong. Das Einmaleins aus dem Apothekenschränkchen des gesunden Menschenverstandes sagt mir, dass das hier ein Satz mit X war. Kleines, aber feines Detail: Fast alle Getränke blieben unangetastet. Das also ist Herrn Gaubes Kombitaktik: Die Bude nicht heizen, damit die Leute keine Lust auf kalte Getränke bekommen. Am Ende der Farce wünscht er allen noch einen schönen Abend. Die Ergebnisse würden bereits am Folgetag per SMS versendet.

Auf dem Rückweg ist Bernd wieder mal übertrieben aufgekratzt. Er lästert in einem fort über die Behaarte, deren Namen ich schon wieder vergessen habe, und über die rote Silke. Da erst fällt mir auf, dass es zu keiner Begegnung mit der gekommen ist. Seltsam. Das hätte doch auffallen müssen. Sehr, sehr seltsam. Schade ist es nicht drum, äußerst merkwürdig aber schon und ein weiterer Minuspunkt in Herrn Gaubes mittlerweile doch recht langer Liste. Bernd ist davon überzeugt, «drei Treffer versenkt» zu haben: Manuela, Susi, laut seiner Aussage «die Geilere» der beiden Braten, und Deborah. Er hat so gute Laune, dass er statt nach Hause zum Kamin 21 durchbrettert. Dabei hat der doch Montag Ruhetag! Wir verabschieden uns per Handschlag und verabreden ein Telefonat, sobald die Ergebnisse vorliegen. Speed-Dating, schießt es mir durch den Kopf, für so was bin ich nicht gemacht. Allein das Konzept: Kaum hat man sich auf sein Gegenüber eingelassen, kommt schon das Nächste, und dann soll man auf Knopfdruck flirten!

Am nächsten Morgen bin ich gerädert, was nicht nur am mangelnden Durchschlaf liegt, sondern an der bevorstehenden Ergebnis-SMS von Herrn Gaube, die wie ein Damoklesschwert über mir lastet. Nicht dass ich übertriebene Hoffnungen hegen würde, aber es wäre doch sehr deprimierend, wenn nicht wenigstens *eine* Interesse signalisieren würde. Wenn es dann die Rote oder die Behaarte wäre, kann man ja immer noch absagen, aber bitte so und nicht komplett Schlag ins Wasser. Der Tag verstreicht mit bangem, unkonzentriertem Warten, und ich bin froh, dass es auf der Arbeit zu keiner kritischen Situation kommt.

Punkt 15 Uhr das Todesurteil: Keine einzige der Frauen hat Interesse an einem Wiedersehen. Herrn Gaubes hanebüchener «tröstlicher» Nachtrag: «Kopf hoch und dranbleiben, bis zum nächsten Speed-Dating in vierzehn Tagen, diesmal im Lokal Rode».

Also alles für die Katz, der Einzige, der sich freut, ist Herr Gaube, und zwar über 19 Euro Gebühren und die unangetasteten Erfrischungsgetränke. Die kann er ja im Lokal Rode erneut auftischen und auch von da wieder mitnehmen. Vielleicht sollte man nächstens mal das Haltbarkeitsdatum etwas genauer unter die Lupe nehmen: *Abgefüllt vor langer Zeit.* Aber wenn eines klar ist, dann dass es kein nächstes Mal geben wird, jedenfalls nicht mit mir!

Ich bin so deprimiert, dass ich Mutters Ruf folge und auf dem Besucherstuhl in ihrem Zimmer Platz nehme. So hat sie die unverhoffte Gelegenheit, eine Weile mit ihrem Sohn zu verbringen. Doch wie es scheint, ist heute auch bei ihr der Wurm drin, denn es dreht sich alles um Probleme, Unglücke, Todesfälle und verpasste Gelegenheiten. Sie hatte nur sehr wenig von ihrem Leben, führt sie aus, und zitiert den Titel eines schwedischen Films aus den fünfziger Jahren des letzten Jahrhunderts: «Sie tanzte nur einen Sommer». Das Motto gilt nach eigener Aussage auch für sie, denn nach einer recht schönen Kinderzeit habe sie im Erwachsenenleben kein rechtes Bein mehr auf die Erde gekriegt, und sie will nur *einen* glücklichen Sommer gelten lassen.

Nachdem der Themenbereich Unglück abgefrühstückt ist, kommt sie auf unsere gemeinsamen Urlaube in meiner Kinderzeit zu sprechen. Meist führten uns die Reisen in die Berge, doch einmal verschlug es uns auf die Insel Helgoland. Die Überfahrt war so stürmisch, dass wir jederzeit mit Schiffbruch rechneten, weshalb wir unter Deck hocken blieben und staunend die Menschen um uns herum beobachteten, die trotz heftigen Wellengangs ungerührt Würstchen oder Suppe verdrückten. Kurz vor dem Ziel ließ der Sturm endlich nach, und aus dem Meer schälte sich majestätisch das nur 0,95 Quadratkilometer große Eiland. Von Ferne sah der Hafen aus wie ein riesiges Maul, und überall verteilt standen wild winkende Menschen, die die Ankunft der Fähre schon erwarteten. «Kümm, kümm, kümm», schienen sie zu rufen, mit Mündern, die an Kiemen erinnerten. Es kam mir vor, als würden wir angelockt wie Mäuse, die man mit Speck fängt. Ein wohliger Schauer überfiel mich. Nun begaben wir uns also vierzehn Tage freiwillig auf Gedeih und Verderb in die Hände der Insulaner, die bekanntlich ein ganz eigenes Völkchen sind.

Wir bezogen eine winzige Ferienwohnung mit Kochnische im Bungalow unserer Gastgeber, des Rentnerehepaars Bartels, das sich durch Vermietung etwas hinzuverdiente. Beide Bartels habe ich als ausgesprochen dick in Erinnerung, sie sahen aus wie Meeressäuger. Dieser Eindruck entstand wahrscheinlich wegen Helgoland selbst, in einer Großstadt hätten sie einen ganz anderen Eindruck gemacht, schätze ich. Wieder mal ein gutes Beispiel dafür, wie die äußere Umgebung auf Mensch und Umwelt abfärbt.

Es war ein heißer Sommer, der auch die Bartels an ihre Grenzen brachte. Sie schleppten sich schnaufend vom brütend heißen Garten ins kühle Innere des Bungalows und wieder zurück. Herr Bartels hatte die unangenehme Eigenart, stundenlang mit den Gelenken zu knacken. Es gab wohl kein Gelenk, mit dem er nicht knacken konnte: Hände und Füße sowieso, aber auch Handgelenke, Knie, Kopf, Hals und sogar der Kiefer. Manchmal saß er minutenlang da und sperrte so lange den Mund auf und zu, bis endlich das erlösende Knacken des Kieferknochens erklang. Das hörte selbst nachts nicht auf, Herr Bartels knackte auch im Schlaf. In manchen Nächten ließ sich so kaum ein Auge zutun. Außerdem war er schmuddelig und roch aus dem Mund. Wo doch «Der Atem ist die Visitenkarte des Menschen» Mutters Motto war und ist. Die arme *Frau* Bartels.

Tagsüber unternahmen Mutter und ich Wanderungen, oder wir lagen an Strand und Felsen. Allerdings war die Augustsonne sehr intensiv, sodass man es im Freien nicht lange aushielt und wie unser Gastgeber-Ehepaar auf geschlossene Räume auszuweichen gezwungen war. In dieser Richtung hat Helgoland leider nicht sonderlich viel zu bieten. Ein paarmal schlüpften wir in einer italienischen Eisdiele unter, und wir besuchten sonst noch ein kleines Museum, wobei ich mich nicht mehr genau daran erinnern kann, was dort ausgestellt wurde. So verstrichen die Tage, und bereits ab Woche zwei wären wir beide am liebsten nach Hause gefahren, wenn die Möglichkeit bestanden hätte. Der negative Höhepunkt der Reise aber sollte noch folgen: ein Kussversuch von Herrn Bartels Mutter gegenüber. Das muss man sich mal vorstellen! Der unansehnliche Fleischberg hat tatsächlich geglaubt, er dürfe Mutter, die sich die Männer damals aussuchen konnte, rank und schlank, wie sie war, mit seinem Mundgeruch einfach so mir nichts, dir nichts abknutschen. Sie hat ihn dann auch streng in die Grenzen gewiesen, aber ansonsten die Fassung bewahrt und Frau Bartels nichts von der Entgleisung erzählt. Was hätte das auch gebracht? Wir würden bald auf Nimmerwiedersehen verschwunden sein, die beiden mussten es aber noch bis an ihr Lebensende miteinander aushalten. Durch die Hitze, die Knackerei und die ungute Stimmung wurde Mutter immer gereizter, und einen Tag vor Abfahrt hat sie mir schließlich eine heftige Backpfeife verpasst. Später beteuerte sie: «Auf Helgoland herrscht Reizklima, deshalb habe ich meinen Jungen geschlagen», obwohl sie und ich wussten, dass das so nicht stimmt. Aber Schwamm drüber. Ich überlege manchmal, ob ich Helgoland noch eine Chance geben und den negativen damaligen Eindruck korrigieren soll. Aber es ist besser, die Sache auf sich beruhen zu lassen.

EUROLOVE

ICH BIN SCHON kurz vorm Einschlafen, als ein sehr erregter Bernd Würmer anruft. Er spricht von Schiebung, dass er sich die Beträge zurückerstatten lassen will und *Face 2 Face* in Grund und Boden verklagen wird. Aber aufgeben gilt nicht, sagt er wieder und wieder, jetzt erst recht nicht, und zufällig hat sich bereits die nächste Möglichkeit aufgetan: eine Agentur, die sich auf Partnervermittlung im benachbarten Osteuropa spezialisiert hat. Sie heißt *Eurolove.* Noch am Telefon liest Bernd den Text des Inserats vor: *«Schon wieder nicht getraut, jemanden anzusprechen? Wochenende vorbei und immer noch allein? Das Telefon stumm geblieben? Statt körbeweise Briefe säckeweise Körbe? Liebe gesucht? Im Osten sind noch Herzen frei.»*

Als ich frage, ob er sich von einem Nepper, Schlepper, Bauernfänger gleich in die Hände des nächsten begeben will, kontert er mit «belastbaren» Zahlen: Eurolove könne erwiesenermaßen 100 Prozent zufriedene Kunden vorweisen. Belastbare Zahlen, wo er das nun schon wieder herhat! Derartige Agenturen gehören bekanntermaßen zu den zuverlässigsten Frustbringern bei der Partnersuche. Karteileichen, Fakes, Frauen, die unansehnlich sind oder aufgrund ernsthafter psychischer oder finanzieller Probleme auf normalem Weg keinen abbekommen, usw. usf. Bernd kündigt an, mich direkt von der Arbeit abzuholen, er hätte schon einen Termin bei Eurolove ausgemacht. Zur Belohnung würde er mir hinterher im Kamin 21 das teuerste Gericht spendieren, das die vorrätig haben, nämlich Rinderfilet mit Kartoffelkroketten, dazu schweren, alten Portwein. Ohne mein Einverständnis abzuwarten, beendet er das Gespräch mit den Worten «Gut, bis nachher».

Jetzt also der nächste Schuss in den Ofen. Das Einfachste wäre wahrscheinlich, wenn man schwul würde, dann hat man's hinter sich. Ich hatte tatsächlich mal mitten in der Pubertät ein einschlägiges Erlebnis. Bei noch weitgehend fehlender Behaarung war es wie bei anderen Altersgenossen zumindest aus der Ferne nicht genau auszumachen, ob es sich bei mir um Männlein oder Weiblein handelte. In diesem kritischen Alter ähneln sich Knaben- und Mädchenkörper ja verdächtig. Da konnte einem also fast egal sein, wen man nimmt. Nur sind die Mädchen mit Ausnahme einiger Früchtchen noch nicht so weit, und selbst wenn man sie zum Mitmachen überreden könnte, würde man sich im Leben nicht trauen, sie zu fragen.

In dem Jahr, ich war dreizehn, verbrachte ich die Sommerferien bei Oma Toni im kleinen Dorf Mehlau inmitten jeder Menge unberührter Natur. Wir waren eine Clique von vier Jungen: Jörg Bruhn, Peter Albers, Harry Rode und meine Winzigkeit. Nach zwei Wochen gingen Peter und Harry auf einen speziellen Hof, um dort die Technik des Reitens zu erlernen, und waren für den Rest der Ferien weg. Also blieben Jörg und ich allein zurück und entdeckten bald einen schönen, besonders einsam gelegenen Badesee, den außer uns offenbar kein Mensch kannte. Dort lagen wir Tag für Tag in der brüllend heißen Sonne, rauchten Zigaretten und lasen Landserhefte, die sich mit den Abenteuern der Wehrmacht im Zweiten Weltkrieg befassten. Es war wie im Paradies: Gleich nach dem Mittagessen schwangen wir unsere kleinen Pos auf alte, klapprige Hollandräder, und traten die behäbigen Drahtesel mit strammen Waden Richtung kühles Nass. Ein Tag glich dem nächsten wie ein Ei dem anderen.

Nach ein paar Tagen passierte etwas Seltsames: Ich konnte den Moment kaum abwarten, in dem Jörg aus seinen zerschlissenen Wranglerjeans schlüpfte. Diese Gefühle waren für mich ebenso fremd wie neu. Sein für Jungen unseres Alters erstaunlich großer Johannes zeichnete sich in den eng sitzenden Bluejeans überdeutlich ab. Die Rute des Bauernlümmels kam mir vor wie ein wunderschönes, wildes Tier, das man in Ketten gelegt hatte. Es wurde Zeit, es endlich aus dem Jeansgefängnis zu entlassen, hinaus in die Freiheit!

Ich schämte mich fürchterlich für diese überbordenden Gedanken, konnte sie jedoch nicht abstellen, jedenfalls nicht auf Dauer. Manchmal schlief Jörg über dem anstrengenden Studium der Landserhefte ein, und unwillkürlich schoss Blut in die schmalen, kräftigen Lenden, und seine Rute pochte und bebte, als wäre eigenes Leben in sie gefahren. Dieses Schauspiel zerriss mich innerlich, ganz blümerant wurde mir.

Eines Tages musste ich nach dem Mittagessen Oma Tonis Rasen mähen und dann noch zum Schlachter, konnte also nicht zur gewohnten Stunde an den Badesee. Jörg fuhr schon mal vor, und ich kam mit etwa zweistündiger Verspätung nachgehetzt. Ich hatte den See fast schon erreicht, als mich eine Ahnung überfiel. Anstatt mich fröhlich pfeifend «auf offenem Felde» zu nähern, robbte ich mich bäuchlings im mannshohen Gras heran. Meine Vorahnung hatte mich nicht getrogen: Der Bauernsohn war gerade dabei, das bereits wild pulsierende Penistier aus seinem Gehäuse zu befreien. Seine Hände kneteten, streichelten, und rieben virtuos den bebenden Organismus, der sich der Dressur jedoch nicht gleich unterwerfen wollte. Jetzt sollte sich zeigen, wer Herr im Haus ist. Es war, als müsste Jörg das noch ungebändigte Geschöpf mit allen Kräften im Zaum halten, damit es nicht fortlief! Ich hatte mich derweil herangepirscht und stand zum Greifen nah hinter einer Hecke. Die nun vollkommen entfesselte Urgewalt zuckte und wand sich unter der Herrschaft seines Gebieters. Gurgelnd, schweißgebadet und mit aufgerissenen Augen setzte mein Ferienfreund an zur letzten Attacke. Dieser letzte Akt des Dramas schien endlos zu dauern, in Wahrheit war es wohl nicht mehr als eine Minute.

Dann endlich musste sich das stolze Geschöpf geschlagen geben. Im Moment des Zusammenbruchs schlug es noch einmal so heftig aus, dass es den Jörgkopf ruckartig seitlich nach hinten riss. Er blickte in ein vor Verzückung entrücktes Gesicht. Der peinlichste Moment meines noch jungen Lebens. Da gab es nichts zu erklären oder zu vertuschen, und so rannte ich wie von Furien gehetzt davon. Den Rest der Ferien verbrachte ich hermetisch abgeriegelt auf Oma Tonis Grundstück.

Jörg habe ich nie wiedergesehen. Er wird als ältester Sohn standesgemäß den Bruhn'schen Hof übernommen haben. Wahrscheinlich ist unter der Knute des bäuerlichen Alltags alles Feuer in ihm erloschen. Ebenso wird es dem einst so stolzen Penistier ergangen sein. Runzelig und gebeugt, mit Warzen und Grieben bewachsen, führt es ein trauriges Schattendasein. Ungekämmt und mürrisch liegt es schlecht gefaltet in verwahrloster Umgebung und sieht die Tage kommen und gehen. Geht lustlos seinen gewohnten Pflichten nach und erinnert sich gelegentlich an die kurze Zeit, als es in mir seinen glühendsten und liebevollsten Verehrer hatte.

Bei meinem zweiten einschlägigen Erlebnis viele Jahre später begegnete ich bei der Bundeswehr dem Herrn Unteroffizier Frese. Uffz. Frese sah mit seinen paar zwanzig Jahren noch aus wie ein Jüngling, feingliedrig, zart, mit großen grünen Kulleraugen, er war damit das ganze Gegenteil eines beinharten Kommiss-Knochens. Wann immer er den Stubenappell abnahm, bekam ich zittrige Beine, bis mir klar wurde: Ich hatte mich in den Berufssoldaten verliebt! Es blieb aber bei einer unschuldigen, jugendlichen Schwärmerei ohne Hintergedanken. Vielleicht, weil an Uffz. Frese kein Rankommen war, und selbst wenn, dann wäre es ganz und gar unwahrscheinlich gewesen, dass er meine Gefühle erwidert hätte. Er war für mich so unerreichbar wie Justin Bieber oder Kai Pflaume für einen Durchschnittsteenager.

Erst viel später fand ich eine Erklärung: Wenn viele Männer lange Zeit auf engem Raum zusammengepfercht sind, lässt sich Liebe und Leidenschaft irgendwann nicht mehr kontrollieren und bricht sich manchmal heftig Bahn.

Als Uffz. Frese bald darauf zu den Gebirgsjägern versetzt

wurde, war der Spuk gottlob vorbei, und seitdem ist in der Richtung nichts mehr vorgefallen.

Das Büro von Eurolove liegt wie das der Stadtkäfer in Tonndorf. Es würde mich nicht wundern, wenn Herr Engel uns in Empfang nehmen würde! Statt seiner bekommen wir es aber mit dem *Gebietsleiter* Herrn Schindelmeister zu tun, Typ nassforscher Power-Verkäufer, der flankiert wird von seiner polnischen Assistentin namens Ludmilla, einer unscheinbaren Frau, angezogen wie ein spätes Mädchen, deren Reize sich wohl erst auf den zweiten Blick erschließen. Wenigstens bekommen wir recht anständigen Filterkaffee, und Saft mit 100 Prozent Fruchtgehalt serviert. Herr Schindelmeister spielt nervös mit seinem Stifteköcher, bevor er das Gespräch mit einem Spruch eröffnet, den er schätzungsweise immer abfeuert:

«Ich gebe zu, direkt nach dem Krieg war es leichter, eine Frau zu finden. Darüber kann man sich natürlich beklagen, aber was bringt das? ‹Sich an die Gegebenheiten anpassen›, lautet die Devise, sonst lässt man es besser gleich.»

Er macht eine Pause und blickt uns beschwörend an.

«Und jetzt kommen *wir* ins Spiel: Nennen Sie mir *eine* einzige Partnervermittlung mit ähnlich günstigen Konditionen und so hoher Erfolgsquote. Nur eine einzige! Na?»

Was soll man dazu sagen? Am allerbesten nichts.

«Es ist der erste, aber entscheidende Schritt, dass Sie sich aufgerafft haben, denn das bedeutet, dass Sie nicht mehr von etwas träumen, sondern etwas *tun*. Denn wenn Sie nur träumen, leben Sie Ihr Leben weiter. Sie werden älter, Sie werden nicht attraktiver. Sie werden irgendwann krank, gebrechlich, und Sie werden einmal sterben. Der *richtige*

Zeitpunkt, auf den man angeblich warten muss, ist nichts weiter als ein Mythos der Filmindustrie. Der richtige Zeitpunkt ist *jetzt.* Programmieren Sie sich deshalb auf die Erfolgsbahn. Ich zum Beispiel habe mein Denken auf die Grundannahme programmiert, dass mich *alle* Frauen attraktiv finden. Erfolg bei Frauen ist zu 90 Prozent eine Geisteshaltung, deswegen ist das *Mindset* so entscheidend. Denken Sie daran: Es gibt niemanden, der so ist wie du.»

Jetzt duzt er einen schon.

«Du bist ein Rohdiamant, dem nur vielleicht noch etwas Feinschliff fehlt. Oder vergleichen Sie sich mit einem Fußballer: Schießen tun Sie schon, Sie treffen nur nie. Ja, da müssen Sie an der Technik feilen! Und: Geben Sie Ihren Schritten Priorität. A, dann B und C.»

Bernd grätscht rein:

«Mag ja alles stimmen. Aber das ist bisher ganz schön allgemein, was Sie uns da erzählen.»

«Ja, genau, allgemein. Man muss zuallererst allgemein begreifen, wie Frauen gestrickt sind, bevor man richtig in die Offensive gehen kann. Wenn du es schaffst, ihre schwachen Punkte zu erkennen, wird ihre Schutzmauer einstürzen.»

Bernie setzt nach.

«Und? Wie sind sie denn, die Frauen?»

«Die meisten Frauen leben immer noch in der Traumwelt von Kitschromanen und Schnulzenfilmen. Sie verstehen sich selber nicht. Sie haben einfach keine Ahnung, wie sie ticken, schon gar nicht, was die Liebe betrifft. Wenn eine Frau zum Beispiel in einem Club tanzt, dann tut sie so, als ob sie für sich allein sein will. Sie weiß selber nicht, warum.

Dabei haben auch Frauen einen Jagdtrieb. Sie finden nichts so anziehend wie einen Bad Boy. Einen, der ausstrahlt, es ist mir gleichgültig, ob du mich magst. Frauen lieben Männer, die entscheidungsfreudig sind und die Initiative ergreifen. Die Selbstvertrauen und Souveränität zeigen. Und die wissen, was sie wollen. Zurück zum Beispiel, im Club: Nimm sie an die Hand und lauf vorneweg. Zieh sie einfach hinter dir her. Wenn du andere Mädels siehst, schau sie demonstrativ an, flirte mit ihnen. Und dann warte, was passiert: Hast du eine hübsche Frau an der Hand, hast du schnell zwei, drei und bald alle.»

«Na, wenn das mal funktioniert.»

Bernd schaut skeptisch, während ich mir vorstelle, wie er im Rollstuhl eine Frau hinter sich her durch den Club zieht. Herr Schindelmeister lässt sich durch unsere gebremste Begeisterung nicht stoppen.

«Alles eine Frage der inneren Einstellung. Wenn du von dir überzeugt bist, klappt fast alles. The sky is the limit. Und noch was: Die meisten Männer nehmen die Frau, die sie kriegen können, und nicht die, die sie haben wollen. Wieder ein praktisches Beispiel: Ihr habt ein Date. Eine Stunde habt ihr interessant durchgequatscht. Plötzlich und für das Mädel völlig überraschend legst du eine Pause ein, sagst eine Minute nichts, guckst gedankenverloren an ihr vorbei. Ihr glaubt gar nicht, wie lang eine Minute sein kann. Irgendwann hält sie es nicht mehr aus und fragt, was los ist. Und dann gibst du ganz offen zu, dass du gerade daran gedacht hast, sie zu küssen. Zu zwei Dritteln wird es jetzt tatsächlich zu einem Kuss kommen. Das liegt unter anderem daran, dass sich Frauen wahnsinnig unwohl damit fühlen, radikal nein zu sagen. Also dranbleiben, immer bohren, immer sägen, bis die Kiste fliegt. Ihr dürft nie einen Baum fragen, wie man ihn fällt. Fragt den Profi, den Fachmann, den Holzfäller. Sonst bleibt ihr euer Leben lang ein AFC.»

«Was ist das?», fragt Bernd lustlos.

«Ein Average Frustated Chump. Ein durchschnittlich frustrierter Trottel.»

«Na, na! Was soll denn das?!»

«Glaubt mir, ich mach den Job lange genug, ich weiß, wovon ich rede.»

«Deshalb sind wir noch lange keine Idioten.»

«Männer! Entspannt euch. Das hab ich weder gesagt noch gemeint.»

«Na dann.»

«Und denkt dran: Als Mann habt ihr Frauen gegenüber riesige Vorteile. Vorteil eins: Ihr müsst nicht schön sein. Eine sehr große Nase, Narben oder schiefe Zähne können anziehend wirken. Auch Haarausfall ist für die meisten Frauen kein Problem. Ich würde dann allerdings dazu raten, den Schädel kahl zu rasieren, das sieht einfach kerniger aus, als einen Haarkranz stehen zu lassen oder die paar Zotteln ständig von rechts nach links und von links nach rechts zu kämmen. Als Mann habt ihr mehr Asse im Ärmel, als ihr denkt. Und für ein erstes Date gibt es eigentlich nur drei goldene Regeln.»

«Aha. Und die wären?»

«Vermeiden Sie im ersten Eindruck, was Frauen abstößt. Verhalten Sie sich auf eine Art, die Frauen neugierig macht. Gestalten Sie Ihr Leben *interessant*. Männer mit einem aufregenden Leben verfügen über ausreichend Gesprächsstoff und sind deshalb attraktiv für Frauen.»

«Wenn das man so einfach wäre.»

«Ich habe nicht gesagt, dass es einfach ist, ich versuche nur zu erklären, wie es geht. Also: Präsentiert ihr noch, oder fasziniert ihr schon?»

«Hä, versteh ich nicht. Wo ist da der Zusammenhang?»

«Sehen Sie! Sie zweifeln. Sie hadern. Sie stellen alles in Frage! Nicht immer nach dem Haken suchen. ‹Machen› heißt die Devise. Wenn ihr zum Beispiel im Urlaub einen Flirt vergeigt, ist das nicht schlimm. Easyjet bringt ständig frische Ware.»

«Ja.»

«Was Frauen vor allem lieben: Lockerheit und Humor. Ihr könnt ruhig einen frechen Spruch bringen, wenn er nur humorvoll vorgetragen wird. *Stehst du auf geilen Hardcore-Sex? Dann sollten wir uns erst mal einen Vitamin-Shake teilen.* Oder wenn ihr ein paar Kilo zu viel drauf habt: *Tja, stimmt. Aber nach dem Sex hab ich halt immer wahnsinnigen Kohldampf.* Dasselbe, wenn ihr nur noch wenige Haare auf dem Kopf habt und die Frau euch zu verstehen gibt, dass sie nicht auf Männer mit Glatze steht: *Meine Güte, bin ich erleichtert, dass es noch Mädels gibt, die nicht gleich mit mir ins Bett hüpfen wollen.* Oder: *Ich sehe zwar aus wie ein Mensch, bin aber in Wirklichkeit ein Alien, und mein Problem ist, dass ich die Frauen einfach nicht verstehe. Kannst du mir vielleicht helfen?* Wenn das Mädel darauf nicht anspringt, fragt sie, ob sie immer so eine Stimmungskanone ist oder nur das Valium falsch dosiert hat.»

«Ja. Aha.»

So langsam hat auch Herr Schindelmeister keine Lust mehr.

«Aber jetzt zur Sache. Hier ist eine aktuelle Auswahl unserer Ladys. Guckt euch die in Ruhe an. Vielleicht ist ja was für euch dabei»

Er breitet auf dem Schreibtisch einen Katalog aus. Sofort beginnt Bernd, gierig darin zu blättern. Doch statt sich am Anblick der Grazien zu erfreuen, hat er gleich was zu meckern:

«Die eine hier sieht komisch aus.»

«Wie meinen Sie das?»

«Na, so gedrungen.»

«Ich bitte Sie. Die hat doch eine ganz normale Figur.»

«Eben nicht! Auf den ersten Blick vielleicht. Aber wenn man genauer hinguckt, ist die gestaucht.»

Peinlicher geht's kaum. Ich grätsche dazwischen:

«Das sagst *du* mit deiner Betonhüfte.»

«Insektenzunge.»

«Trichterbrust. Brombeerkopf.»

«Kasperkopf. Tomatengesäß. Trüffelleib. Immer einer mehr!»

Nun reicht es Herrn Schindelmeister.

«Meine Herren, bitte! Was ist denn los mit Ihnen?!»

«Entschuldigung.»

«Zurück zur Sache. Die meisten Frauen hier sind Krankenschwestern oder Lehrerinnen, die aufgrund ihrer Arbeitszeiten keine Gelegenheit haben, einen Mann kennenzulernen. Die Ladys sind fraulich warm und mädchenhaft verspielt. Traumfrauen eben.»

Jetzt mischt sich Ludmilla ein.

«Die meisten Frauen wollen keine polnischen Männer. Die sind nämlich häufig dem Alkohol zugetan, arbeitslos und oft auch gewalttätig.»

Man hört deutlich den polnischen Akzent heraus. Sie

und Schindelmeister geben ein eingespieltes Team ab, schätze ich. Hunderte solcherlei Gespräche haben sie bestimmt schon abgespult, nach dem immer gleichen Schema. Schindelmeister nimmt uns auch prompt von der anderen Seite in die Zange:

«Und jetzt zu Ihnen. Ihrem Charakter, Ihrem Wesen, Hobby usw. Wie würden Sie sich denn beschreiben?»

«Spontan. Vielseitig interessiert. Humorvoll. Offen.»

Spontan! Das sagt ausgerechnet Bernd, bei dem immer alles bis ins allerkleinste Detail durchgeplant sein muss. Aber er ist noch nicht fertig.

«Und ein bisschen verrückt. Aber im positiven Sinn.»

Herr Schindelmeister, um Sachlichkeit bemüht:

«Und was erwarten Sie von einer Frau?»

«Eine Extraportion Emotion.»

«Okay. Die könnt ihr haben. Ihr seid mir ja so richtige Fische!»

Soll wohl ein Witz sein. Während er zur nächsten Seite umblättert, übernimmt Ludmilla wieder mit ein bisschen Völkerkunde.

«Polnische Frauen sind bekannt für ihre Attraktivität, ihren Fleiß und das positive Verhältnis Kindern und ihrem Partner gegenüber.»

Jaja. Blätter, blätter, blätter. Etwa in der Mitte des Albums stoße ich auf ein Gesicht, das mich sofort elektrisiert: Justyna, eine Mittdreißigerin. Grundschullehrerin. Herr Schindelmeister hakt professionell nach.

«Na, die gefällt Ihnen wohl. Das sieht ja ein Blinder mit Krückstock.»

Eine Spur zu frech, der Herr Bereichsleiter. Ich verziehe keine Miene. Gekonnt überspielt Ludmilla die Situation:

«Das geht manchmal schneller, als man glaubt. Und schon ist der ganze Bauch voller Schmetterlinge und Raupen.»

«Auf jeden Topf passt ein Deckel», fügt Herr Schindelmeister unverbindlich hinzu. «Und außerdem: Die besseren Töpfe stehen auf den hinteren Herdplatten.»

Er schmunzelt. Mit den hinteren Herdplatten sind wohl wir gemeint. Der Mann redet sich um Kopf und Kragen. Ludmilla entlastet ihren Chef ein ums andere Mal:

«Was Herr Schindelmeister meint: Lieber weinend im BMW als lachend auf dem Fahrrad. Also dürfen wir notieren, dass Sie Justyna gerne kennenlernen möchten?»

«Ja, können wir machen.»

«Gut. Dann brauchen wir noch jemanden für den Zweiten im Bunde.»

Und umblättern. Keine Reaktion seitens Bernd. Und umblättern. Keine Regung. Schindelmeister hat schon einen Krampf vom Blättern, als plötzlich ein Ruck durch Bernds massigen Rollstuhlfahrerleib fährt. Er drückt den Zeigefinger auf ein Foto. Das Objekt seiner Begierde heißt Dominika, eine neunundzwanzigjährige Krankenschwester, Typ vollbusige Sexbombe.

«Ich würde dann die hier nehmen.»

«Okay. Auch das notiere ich. Ganz so einfach geht es dann aber doch nicht. Die Frau muss sich ja auch für *Sie* interessieren.»

«Jaja, wird schon.»

«Auf jeden Fall eine gute Wahl!»

In diesem Moment klingelt es. Schindelmeister zieht sein Mobiltelefon aus der Tasche.

«Hallo? ... Ja, ach so, da kann man nichts machen ... Das

Attest reichen Sie dann bitte nach ... ja ... gute Besserung ... Wiedersehen.»

Er wendet sich freudestrahlend an uns:

«So, einmalige Gelegenheit. Es sind Teilnehmer erkrankt, und ich habe für die nächste Tour nach Breslau überraschend zwei Plätze frei. Hopp oder top, die Warteliste ist lang.»

«Wann wäre das denn?», fragt Bernd.

«Morgen. Karfreitag Punkt zwölf ist Abfahrt. Ostermontag sind Sie wieder hier.»

Der Mann ist offenbar wahnsinnig geworden.

«Das ist viel zu kurzfristig! Ich kann doch nicht einfach alles absagen.»

Schindelmeister fixiert mich kühl.

«Sie müssen sich schon überlegen, was Sie wollen. Prioritäten, verstehen Sie? Außerdem ist Ostern, da müssen Sie noch nicht mal Urlaub nehmen. Entscheiden Sie sich, sonst rufe ich Nachrücker von der Liste an. Eigentlich bin ich dazu sogar verpflichtet, nur weil Sie gerade hier sind ...»

«Das schaff ich nie.»

«Es liegt ganz bei Ihnen. Manchmal helfen keine Gummibärchen mehr, meine Herren, dann sind Mut und Tatendrang gefragt.»

«Aber Ostern komplett weg? Was sage ich denn Mutter? Meine Mutter ist nämlich pflegebedürftig, wissen Sie.»

«Das tut mir leid. Dann bleiben Sie wohl besser hier.»

Alles oder nichts. Herr Schindelmeister fährt eine riskante Taktik. Aber dann erhöht Bernd den Druck:

«Mensch, Jürgen. Für Mutter gibt es doch die Schwestern.»

«Ja, schon. Aber die müssen doch auch planen. Ich weiß gar nicht, wer über Ostern Dienst hat.»

Klassische Zwickmühle. Mein Widerstand erlahmt. Zu guter Letzt mischt sich auch noch Ludmilla ein:

«Wenn Ihre Mutter von einem Pflegedienst betreut wird, dann ist auch die Versorgung an Sonn- und Feiertagen vertraglich geregelt. Bei Nichterfüllung könnten Sie den Pflegedienst sogar verklagen.»

«Dann geht eben alles den Bach runter.»

«Also ja?», fragt Herr Schindelmeister mit Pokermiene. Hilft ja nichts.

«Von mir aus.»

«Bravo. Sie werden es nicht bereuen. Wer da keine Frau findet, das ist wie beim russischen Roulette danebenschießen, haha.»

«Was kostet der Spaß eigentlich?»

Herr Schindelmeister krickelt was auf einen Schmierzettel und schiebt ihn zu uns rüber.

«Das ist für Fahrt, Verpflegung und Unterkunft. Dann noch die Provision, die im Erfolgsfall 1500 Euro pro Mann und Nase beträgt. Eigentlich 2000, aber wenn ihr jetzt zusagt, dann machen wir das so, unter der Hand. Das bleibt dann aber unter uns. Bitte hier unterschreiben.»

Was soll's. Während ich widerwillig meinen Karl Gustav unter den Vertrag setze, bringt Schindelmeister schon den nächsten Spruch:

«Von der Wiege bis zur Bahre – Formulare, Formulare, haha. Sie können übrigens auch mit Karte zahlen.»

«Wie denn sonst? So viel Bargeld hat doch kein Mensch dabei.»

Bernd kramt in seinem Portemonnaie herum.

«EC-Karte nicht dabei. Kannst du das übernehmen?»

«Wie, jetzt soll ich auch noch alles zahlen?»

«Jürgen! Das kriegst du doch wieder.»

«Geben Sie sich einen letzten Ruck», sagt Herr Schindelmeister. «Kopf aus, Bauch an.»

Wenn ich schon alles auslegen muss, dann soll Bernd auch sein Versprechen halten und mir im Kamin 21 das Rinderfilet spendieren. Auch auf den schweren, alten Portwein bestehe ich.

Nach dem Essen taucht noch ein weiterer Stammgast auf, Bürsten- und Pinselmacher Andreas Laube. Andi ist bekennender *Kryoniker*. Bevor wir ihn kannten, wussten wir auch nicht, was das sein soll. Jetzt können wir es in- und auswendig runterbeten: Kryronik ist die Lehre von der Unsterblichkeit durch Einfrieren, und ihre zufolge Andreas immer zahlreicher werdenden Anhänger nennt man eben Kryoniker. Andis Vision in Kurzform, und die ist schon lang genug:

«Wenn mein erstes Leben vorbei ist, werde ich unter professioneller Aufsicht auf mein zweites warten. Wie lange, weiß ich noch nicht, vielleicht tausend Jahre. In Amerika gibt es eine Firma namens *Alcor*, an die ich jeden Monat 340 Dollar abführe, und wenn ich tot bin, gehen noch mal 50000 Dollar an die. Statt mein Geld für Urlaubsreisen oder ein neues Auto auszugeben, investiere ich nämlich lieber in meine Unsterblichkeit. Sobald ich tot bin – in Wahrheit bin ich nur *deanimiert* –, betten mich die Helfer von Alcor in eine eisgefüllte Wanne, in der eine Pumpe das Eiswasser zirkulieren lässt. Eine Herz-Lungen-Maschine legt sich auf meinen Brustkorb. Dann wird ein Luftröhrenschnitt durchgeführt, sie pressen Sauerstoff in meine Lungen und Blut durch den Körper, bis die Versorgung der Gehirnzellen wiederhergestellt ist. Meine Körpertemperatur wird auf 5 Grad herabgesetzt, während sie mein Blut durch Frostschutzmittel ersetzen. Mit Trockeneis wird mein Körper dann noch stärker gekühlt, bis auf minus 80 Grad. Dann trennen die Ärzte meinen Kopf von meinem Rumpf, frieren ihn bei minus 196 Grad in flüssigem Stickstoff ein und verschließen ihn in einem Behälter aus Edelstahl. Meinen toten Körper stelle ich der Wissenschaft zur Verfügung. Wenn dann in einer fernen Zukunft meine Zeit gekommen ist, wird es Maschinen geben, die mein Gehirn regenerieren können, und mir werden neue Gliedmaßen wachsen. Ich bin für immer jung und gesund. Ich liege in einem hell erleuchteten Raum, ein Roboter beugt sich über mich und fragt nach meinen Wünschen. Elektroautos schweben über die Straßen, Häuser aus Glas mit riesigen Springbrunnen laden zum Verweilen ein. Roboter nehmen den Menschen alle eintönigen Arbeiten ab. Die Gegenstände, die wir benötigen, werden von vollautomatischen Industriebetrieben im Weltraum produziert. Wir alle sind unermesslich reich. Die Reichsten von uns wohnen in Schlössern, aber auch auf dem Mond und einigen anderen Planeten entstehen bewohnbare Kolonien. Es gibt keine Krankheiten und Kriege mehr. Ich habe schon lange keine Angst mehr vor dem Tod, da ich ja weiß, was mich hernach erwartet. Wenn ich mir andere Menschen anhöre, wie sie ängstlich übers Sterben reden, lache ich nur still in mich hinein und denke mir meinen Teil.»

Als Andi uns das zum ersten Mal erzählte, bin ich schwer ins Grübeln geraten. Wäre das eventuell auch was für mich? Oder ist das nur unrealistische Zukunftsmusik? Das lässt sich für einen Laien natürlich schwer beurteilen. In solcherlei Fällen empfiehlt es sich daher, in aller Ruhe abzuwarten. Wenn sich Meldungen zu dem Thema häufen, ist mit hoher Wahrscheinlichkeit etwas dran, wenn nicht, ist man wohl einer Ente aufgesessen. Da ich bisher jedoch aus keiner anderen Quelle auch nur ein Sterbenswörtchen über das Einfrieren gehört oder gelesen habe, bin ich mir nahezu hundertprozentig sicher, dass unser Kryoniker fremd in einem Wolkenkuckucksheim lebt. Bevor Andi zum gefühlt fünfzigsten Mal seine Story loswerden kann, ordern wir daher schnell die Rechnung, und dann es heißt Ceaușescu.

PANZERFLAK MIT ZWILLINGSKANONE

ERST AM NÄCHSTEN Morgen dämmert mir, welchem Himmelfahrtskommando ich mich da angeschlossen habe. Eigentlich müsste ich die Fehlentscheidung, denn nichts anderes ist das, stante pede rückgängig machen, die bereits getätigte Zahlung annullieren und Bernd die Unsinnigkeit dieses Vorhabens ruhig und sachlich auseinandersetzen.

Denn wenn ich bei meiner Zusage bliebe, müsste ich zwei nahezu unüberwindbare Hürden erklimmen: Schwester Petra und Mutter, Personen also, die sich beide kein X für ein U vormachen lassen. Ein Zweifrontenkrieg. Ich könnte ja nicht sagen, warum ich nach Breslau fahre, und müsste mir irgendwas ausdenken. Und damit würde ich mich einer schweren Lüge schuldig machen, denn das falsche Spiel mit Pflegekraft und Pflegling fällt sicher nicht mehr unter die Harmlos-Variante «kleine Notflunkerei».

Außerdem plagt mich seit dem Aufwachen ein schmerzhaftes, in Wellen auftretendes Ziehen in der Lendengegend. Als wollte der Körper eine Warnung ausstoßen: «FAHR NICHT, JÜRGEN, BLEIB DAHEIM!» Gott ach Gott.

Bereits halb acht, die Uhr tickt. Wenn ich nicht bald aufstehe, wird Mutter unruhig und riecht den Braten schon, bevor ich überhaupt was gesagt habe. Was soll ich also machen? Gehen oder bleiben? Oder ganz was anderes? Ich grübele und grübele, ein einziges ergebnisloses Hin und Her, und Her und Hin. Wie man es dreht und wendet, jede Medaille hat zwei Seiten. Medaille, Medaille. Mir kommt eine verrückte Idee: Der Münzwurf soll entscheiden. Aber nicht irgendeine Münze. In der alleruntersten Schublade der Nachtkommode habe ich noch ein paar Raritäten aus seligen D-Mark-Zeiten gebunkert. Ich nehme ein vergilbtes Fünf-Mark-Stück, einen sogenannten Heiermann, betaste ihn minutenlang mit schweißnassen Händen, bevor ich ihn, noch im Bett liegend, mit aller Kraft Richtung Decke schleudere. Ähre bedeutet bleiben, Zahl gehen, was sonst. Die Münze a.D. dreht sich scheinbar ewig in der Luft, als ob Welt und Zeit für einen Sekundenbruchteil stehenbleiben. Ängstlich verfolge ich den Flug, bis das Geldstück schließlich unter meinen alten Schülerschreibtisch rollert. In größter Anspannung schäle ich mich aus dem Bett und krieche auf allen vieren unter das Möbel. Das Ergebnis könnte eindeutiger nicht ausfallen: ZAHL. Da gibt es nichts zu drehen und zu deuteln, die Entscheidung ist gefallen. Jetzt gilt es, unverzüglich die entsprechenden Vorkehrungen zu treffen. Als Erstes gehe ich zu Mutter.

«Bernd hat gerade angerufen. Irgendwas ist da passiert.»

«Was soll denn passiert sein? Außerdem hat das Telefon doch gar nicht geklingelt.»

«Er hat auf dem Handy angerufen. Das macht er nur, wenn was Schlimmes ist.»

«Ach Quatsch.»

Ihr Misstrauen ist geweckt.

«Er hat nur gesagt, dass er auf den Arzt wartet und nicht weitersprechen kann und sich nachher noch mal meldet.»

«Ach Quatsch.»

«Das wird man ja sehen. Ich muss jetzt los, Besorgungen machen.»

Hastig streife ich meine Jacke über und stratze los, so bin ich erst mal aus dem Schussfeld. Die Idee, von Schwester Petra schon seit langem angemahnte Einkäufe zu erledigen, ist gar nicht so schlecht. Dann wäre nicht nur dieser Punkt endlich abgehakt, sondern in einem Aufwasch auch die Schwester gnädig gestimmt.

In der Kassenschlange beim *Drogerie- und Hygienemarkt Kolkowsky* werde ich gleich von mehreren Unterleib-Schmerzattacken heimgesucht, die mich vor den Augen der anderen Kunden zusammenzucken lassen. Langsam wird's beunruhigend.

Als ich um kurz nach zwölf vor den Augen von Petra, die bereits das Mittagessen vorbereitet, Rohrfrei, moderne neue Untersetzer, Jodsalz, Geschirrhandtücher, und noch einiges mehr auspacke, kann sie ihre anerkennenden Blicke nicht verbergen.

«Aha. Endlich. Geht doch, Jürgen. Hut ab! Und Hut wieder auf! Soll ich Ihnen beim Einräumen helfen?»

«Nein danke, das schaffe ich schon. Aber was anderes: Alarmierende Nachrichten von meinem Freund Bernd. Er ist aus dem Rollstuhl gefallen und dabei so unglücklich gestürzt, dass er eine Gehirnerschütterung erlitten hat, und außerdem ist wohl noch die rechte Hand angebrochen. Ich muss mich über die Feiertage um ihn kümmern.»

BUUUUUM. Die Bombe schlägt ein. Ihr ohnehin schmaler Mund wird zu einem hauchdünnen Strich, und die Stirnadern schwellen dick an:

«WIE KANN MAN DENN AUS DEM ROLLSTUHL FALLEN?»

«Zufall. Jedenfalls muss ich ihn über Ostern betreuen.»

«Sie wollen Ihre Mutter allen Ernstes über Nacht alleine lassen?»

«Bernd wohnt doch nur ein paar Straßen weiter, und ich bin rund um die Uhr per Handy erreichbar. Außerdem ist noch nie etwas passiert. Und morgen ist doch sowieso Schwester Geli dran, dann haben Sie gar nichts damit zu tun.»

«Nur weil ich keinen Dienst habe, heißt das nicht, dass ich auch die Verantwortung abgebe. Ausgerechnet dann, wenn man am wenigsten damit rechnet, passiert oft was.»

Auf genau diese Reaktion war ich innerlich vorbereitet, und ich weiß entsprechend zu reagieren. Die Taktik lautet den Spieß umdrehen und in die Gegenoffensive treten:

«So, Schwester Petra, jetzt mal Folgendes: Ich erledige hier treu und brav seit Jahren meine Pflichten, war noch nie krank und habe situationsbedingt kaum Privatleben.»

«Ja, das weiß ich und habe Ihnen Ihre Leistung auch immer hoch angerechnet, aber ...»

«Augenblick. Und jetzt tritt ein einziges Mal ein Notfall ein, der mich zwingt, kurzzeitig einen anderen Schwerpunkt zu setzen. Ich rücke ja nicht auf Vergnügungsurlaub aus, sondern bin nur ausnahmsweise dort, wo ich dringender gebraucht werde. Ich würde mich ja auch lieber um Mutter zu kümmern. Bernd wird mich die Feiertage nämlich hundert Pro von einer Ecke in die nächste scheuchen. Und jetzt entschuldigen Sie mich bitte.»

Um weitere Diskussionen im Keim zu ersticken, hetze ich in Mutters Zimmer und rattere die Story dort noch mal in Kurzform runter:

«Bernd ist in seinen eigenen vier Wänden schwer verunglückt. Vielleicht wird er nie wieder der Alte. Ich muss sofort rüber, mich kümmern. Kann sein, dass ich erst Montag wieder da bin. Den Rest erklärt dir die Schwester, bei Fragen kannst du mich auch anrufen.»

Und zack, bin ich draußen.

12.45, langsam wird es höchste Eisenbahn. Ich greife meine für solche Fälle schon seit Jahren stets akkurat gepackte Reisetasche. Da gehe ich ohne Not nie dran, nur die gebunkerten Reisemedikamente prüfe ich regelmäßig auf ihr Verfallsdatum und ersetze sie gegebenenfalls. Ich bin schon halb aus der Wohnung, als es klingelt und vor der Tür die Nachbarstochter mit geschultertem Schulranzen steht.

«Guten Tag. Ich kann meinen Schlüssel nicht finden, und meine Mutti ist noch nicht da. Kann ich so lange bei Ihnen warten?»

«Ach so, ja, du wohnst doch oben im Dritten. Wie heißt du eigentlich?»

«Chayenne.»

«Aha. Du kannst deinen Ranzen ja hier irgendwo abstellen. Du kommst sicher gerade aus der Schule.»

«Ja. Costas hat mir in der großen Pause den Arm umgedreht.»

«Das ist ja nicht so schön. Aber besser als mit Jürgen Bartsch im Luftschutzkeller»

«Wieso? Ich hab Durst.»

«Hier ist gerade Nierentee fertig. Hör mal, ich muss eigentlich ...»

«Äh, bäh, kotzwürg! Haben Sie auch Kakao?»

«Weiß nicht. Ich guck mal.»

So ein Mist. Obwohl mir die Zeit zwischen den Fingern

zerrinnt, mache ich mich auf die Suche nach der braunen Köstlichkeit, während ich das Gespräch mit dem Kind in ruhigem Ton fortsetze:

«Was arbeitet deine Mutti eigentlich?»

«Keine Ahnung. Und was ist mit Ihrer Mutter? Warum liegt die immer im Bett?»

«Ach, eine komplizierte Geschichte. Meine Mutter hat verschiedene Befunde.»

«Das ist ja total ätzend. Meine Mutter kommt später mal ins Pflegeheim, wenn sie anfängt zu nerven.»

«Du weißt nicht, was du da redest.»

12.50. Ich muss los, komme, was wolle.

«Ich hab jetzt auch keine Zeit mehr. Vielleicht macht dir die Schwester was zu trinken.»

Als ich beim Busbahnhof eintreffe, wirft Bernd einen demonstrativen Blick auf die Uhr. Doch ich lasse mich zur Abwechslung nicht einschüchtern.

«Jaja, du kannst froh sein, dass ich überhaupt gekommen bin. Ich konnte mich nur mit äußerster Mühe loseisen.»

«Wieso, wo ist denn *nun* schon wieder das Problem? War doch alles abgemacht.»

Jetzt reicht es, denke ich. Und wie Bernd überhaupt aussieht! Extra für den Polen-Trip hat er sich ein neues Outfit gezogen: Mütze, Funktionsweste, Rucksack, alles komplett von der Firma Jack Wolfskin, einem Ausstatter, der sich auf *Outdoor-Mode* spezialisiert hat. Auch schon wieder Quatsch, denn wir werden unter Garantie nicht viel mehr sehen als das Innere von Reisebus und Hotel. Ich selbst trage neutrale Klamottage in Curry-Eierschale. Hose, Jacke, Pulli, sogar Strümpfe, gut geschnitten und Ton in Ton. Diese Kombination hat den Vorteil, dass sie die ganze Erscheinung optisch streckt. Immer wieder erstaunlich, was passend gewählte Mode bewirkt: In der Breite kaschiert, an Länge gewonnen. Man will schließlich mit dem Wesen punkten *und* mit der äußeren Schale. Bernd stichelt, ich würde wie ein Rentner aussehen. Auch bei dieser Gehässigkeit lautet die Devise: «Zum einen Ohr rein, zum anderen aber ganz schnell wieder raus.»

Als ich nicht reagiere, behauptet er mit Leidensmiene, unter Zahnschmerzen zu leiden, wenn er nicht schon im Rollstuhl säße, würde er wahrscheinlich das Gleichgewicht verlieren.

Also genau das, was ich mir als Ausrede ausgedacht habe!

Dabei habe zur Abwechslung mal *ich* einen Grund zu jammern! Denn die Schmerzattacken sind nicht etwa abgeklungen, sondern noch stechender und andauernder als am Morgen.

Punkt 14 Uhr hält ein Fiat Ducato Neunsitzer vor uns, mit Herrn Schindelmeister hinterm Steuer und Ludmilla auf dem Beifahrersitz. Gleichzeitig treten aus dem Dunkel einer Unterführung zwei Gestalten, die aussehen, als wären auch sie Klienten der Firma Eurolove. Der eine misst höchstens einen Meter siebzig und trägt eine für den geringen Wuchs zu große Tropfenbrille mit auffälligen Metallbügeln, außerdem leidet er unter kreisrundem Haarausfall (Tonsur), nach dem Motto: «Wer sich in der Jugend viel bürstet, braucht sich im Alter nicht mehr zu kämmen.» Der andere wirkt seltsam zeitlupenhaft und träge und hat eine schlechte, irgendwie zur Seite gebogene Haltung. Es folgen Begrüßungsgemurmel, Handschlag ohne Augenkontakt, argwöhnisches Beäugen, wer wohl bei der Damenwelt am längeren Hebel bzw. Drücker sitzen wird. Der Kleine stellt sich als Hubert, genannt Hubi, vor, der andere hört auf den Namen Stefan, Spitzname Kombi, wegen seines Nachnamens, der Kombächer lautet. Hubi und Kombi, wie dämlich das klingt! Ich stelle mir vor, wie sie im Nachtleben unterwegs sind und als witziges Doppelpack bei der Damenwelt landen wollen. Spätestens bei der Namensvorstellung dürften die Frauen aber schreiend das Weite suchen, schätze ich. Ganz arme Willis, die es unter Garantie überall auf der Welt schwer haben, egal, ob hier oder in Polen, Liebesnomaden, wie sie im Buche stehen. Ludmilla zählt uns Wartende ab und vergleicht das mit ihren Unterlagen. Offenbar fehlt noch einer. Also heißt es geduldig in der Kälte ausharren und auf den Herrn Nachzügler warten. Wasser auf Bernds Mühlen, der aber nicht den zu erwartenden Tobsuchtsanfall abzieht, sondern Ludmilla anstarrt, obwohl die wieder in sachliche Berufskleidung gehüllt ist, Typ «graue Maus». Es ist wirklich zu peinlich, und mir platzt die Hutschnur.

«Was starrst du die denn so an?»

«Jetzt komm mal runter, ich guck doch ganz normal.»

«Normal, normal, von wegen. Du hast gestarrt.»

«Ich krieg gleich schon wieder Bock.»

«Jetzt spinnst du wohl total. Ludmilla ist die Assistentin von Herrn Schindelmeister. Glaubst du im Ernst, dass du bei der landen kannst? Träum weiter, Junge.»

«Aber du, oder was? Wünsche ebenfalls angenehme Träume.»

Eine Viertelstunde später trudelt endlich auch der Nachkömmling ein, ein stämmiger Endvierziger mit Stiernacken, ein richtiger Acer, die ganze Körpersprache signalisiert: *Gleich wird's unangenehm.*

«Gott zum Gruß, die Herren. Leichtes Delay, wegen Motorschaden. Kann passieren. Ich bin Horst, Freunde nennen mich Knüppel.»

«Wie, Krüppel? Seltsamer Spitzname.»

Hubi scheint einen Clown gefrühstückt zu haben. Aber sich mit diesem unangenehmen Zeitgenossen gleich anzulegen, scheint mir keine gute Idee zu sein. Bevor es zu weiteren Wortgefechten kommt, reißt Herr Schindelmeister das Ruder rum:

«Meine Herren, ich darf doch sehr bitten. Einsteigen, es ist höchste Eisenbahn.»

Herr Schindelmeister und Ludmilla sitzen vorne, wobei der Gebietsleiter fährt, während Ludmilla mit Sichtung des Kartenmaterials bzw. der Navigation zugange ist. Bernd und ich eine Reihe dahinter. Herr Schindelmeister hat vorausschauend einen regulären Sitz herausmontiert, sodass Bernd im Stuhle bequem Platz findet. Der Rest der Truppe verteilt sich auf die hinteren Plätze. Als der Bus auf die A1 biegt, regt sich bei Bernd sofort Protest:

«Das ist die falsche Autobahn! Wir müssen Richtung Berlin.»

Doch es gibt scheinbar nichts, worauf Schindelmeister keine Antwort hätte:

«Wir machen 'nen kleinen Schlenker über Dortmund, und holen da noch jemand ab.»

«DORTMUND? Da sind wir ja ewig unterwegs. So hatten wir aber nicht gewettet!»

Schindelmeister konzentriert sich schweigend auf den fließenden Verkehr. Bernd ist noch nicht fertig.

«Wie, das ist jetzt okay, oder wie seh ich das?»

Kein Kommentar.

«ICH DREH GLEICH DURCH!»

Knüppel hat sich Kopfhörer in die Ohren gesteckt und hält die Augen geschlossen, auch das seltsame Duo Hubi und Kombi döst vor sich hin. Bernd bleibt nichts übrig, als irgendwann klein beizugeben.

Auf Höhe Bremen schlage ich vor, Quartett zu spielen, um die aufkeimende Langeweile zu ersticken. Bernd nickt mürrisch.

«Ja, von mir aus. Was ist mit der Bewaffnung, zählt die auch?»

«Ja. Natürlich.»

«Und was ist das Beste?»

«Das Schlechteste ist ein MG, und das Beste ist ja wohl 'n Raketenmehrfachwerfer.»

«Und Panzerflak mit Zwillingskanone?»

«Ist nicht so gut.»

«Ach. Und wer bestimmt das?»

Feixende Antwort:

«Ich, wer sonst.»

«Nee, da müssen wir uns schon drüber einigen.»

«Ja, ja, lass erst mal anfangen.»

«Verlierer fängt an. Du kommst raus.»

«Reichweite 500 km.»

«483 km. Hier.»

Bernd schiebt mir unwillig die Karte rüber.

«Geschwindigkeit 100 km.»

«72 km.»

Das gleiche Spielchen.

«552 kW/740 PS.»

«600 PS.»

Auch diese Karte wechselt den Besitzer.

«Läuft ja ganz gut, weiter geht's: Reichweite 500 km.»

«Hab ich auch.»

«Dann Länge 9,7 Meter.»

«Eigentlich wäre ich jetzt ja mal dran mit Ansagen!»

«Wieso?»

«Wir können ja machen, wenn wir das Gleiche haben, kommt der Zweite dran.»

«Nee, das haben wir noch nie so gespielt.»

«Dann eben ab jetzt.»

«Nur weil ich auch mal gewinn. 932 kW/1250 PS.»

«Das mit den Kilowatt musst du nicht immer mitsagen.»

«Was hast du denn?»

«240 PS. Komm ich in diesem Leben vielleicht auch noch mal dran?»

«Wieso, war doch schon ganz dicht. 155 mm Geschoss, 1 Flak MG.»

«Panzerflak mit 4 Bodenluftraketen. Gib her!»

«Nee, ich bin besser.»

«Nein.»

Es reicht! Ich pfeffere die Karten auf die Sitzablage.

«Jetzt hab ich keine Lust mehr. Immer gewinnst du, und wenn ausnahmsweise mal ich Glück habe, dann kannst du das nicht ab.»

Schweigen im Walde.

«Das kannst du ruhig mal zugeben.»

«Ich geb gar nichts zu.»

Wortlos passieren wir Osnabrück, Münster usw., bis wir nach einer gefühlten Ewigkeit Dortmund erreichen, wo der Bus einen abgelegenen Parkplatz im Niemandsland ansteuert. Herr Schindelmeister empfängt den neuen Kandidaten mit einem seiner üblichen Sprüche.

«Hallo, ready for love? Check in!»

Der Nachrücker ist mittelgroß bis klein, kompakt gebaut, mit rauem Arbeitergesicht, wie man es vom Ruhrpott her kennt. Ich schätze ihn auf höchstens dreißig, womit er der Jüngste im Bunde sein dürfte. Er spricht einen nur schwer verständlichen Dialekt und quatscht ungefragt auf uns ein:

«Guten Tag, die Herren. Ihr seid also meine schärfsten Konkurrenten? Ich bin Dennis. Zwar seh ich nicht so aus, aber ich bin Sitzriese. Wenn ich sitze, bin ich riesig.»

Was soll man auf so einen Spinnkrams entgegnen? Am besten gar nichts. Dennis zwängt sich neben den schnarchenden, sabbernden und schnorchelnden Knüppel, der sich ordentlich breit gemacht hat. Ich verstehe nicht, wie man am helllichten Tage so lange pennen kann, was ebenso für das seltsame Duo gilt, das aneinandergeschmiegt wie Kätzchen im Reich der Träume weilt. Schön sieht das nicht aus. So geht die Fahrt weiter, und jetzt endlich Richtung Sehnsucht, Richtung Osten. Bis Breslau sind es bummelig achthundert Kilometer, wie ich nach einem Blick auf die Karte überschlage. Ob wir das mit dieser Eiergurke jemals schaffen?

Die Schmerzattacken haben an Dauer und Intensität zugenommen; statt nur alle zehn kommen die Einschläge jetzt alle vier bis fünf Minuten. Wie ich so den Rest der Fahrt, geschweige denn das anstehende Abenteuer überstehen soll, ist mir schleierhaft. Eine schwer fassbare Unruhe ergreift mich. Mit einem lauten Röcheln erwacht Knüppel und beugt sich über die Lehne:

«Sag mal, Jürgen, bist du eigentlich schon busschwul?»

«Was? Was soll ich sein?»

«Wenn du nur lange genug mit Typen in einem Bus sitzt, wirst du automatisch schwul.»

«Ach Quatsch.»

Obwohl ich es natürlich nicht zugebe, weiß ich ganz genau, was er meint. Wahrscheinlich hat er sogar recht.

«Okay. Dann mal 'ne offene Frage an dich: Bist du schon mal Opfer eines Beischlafdiebstahls geworden?»

«Nein. Was ist das?»

«Du hast 'ne geile Alte kennengelernt und zu dir nach Hause abgeschleppt. Und als du dann wach geworden bist, ist die Alte weg, aber dein Geld auch.»

«Nein, ist mir in dieser Form noch nicht passiert.»

«Okay. Weiter: Hättest du Bock auf ein Doppelleben? Drei Familien, alle zehn Tage Wechsel, nur einmal im Jahr zwei Wochen Verschnaufpause.»

«Nein, natürlich nicht. Was ist denn das für eine seltsame Frage?»

«Dann nicht. Nächste Frage, diesmal an Bernd: Würdest du dich für fünf Millionen Euro einer Geschlechtsumwandlung unterziehen?»

«Was heißt das?»

«Hormonbehandlung. Dir wachsen Brüste, untenrum wird alles entfernt. Hohe Stimme, das ganze Programm.»

«An deiner Stelle würd ich's machen», mische ich mich ungefragt ein. Da bin ich bei Bernd aber am Richtigen.

«Ach so, weil bei mir sowieso alles egal ist, oder was?

Von wegen. Ich würde das selbst für eine Milliarde nicht machen.»

Dieses Frage-Antwort-Spielchen geht weiter, bis es dunkel wird. Bei einem Tankaufenthalt decken sich Knüppel sowie das seltsame Duo mit Alkohol ein, den sie wahrscheinlich brauchen, um gleich weiterschlafen zu können. Mit Schnapsfahne nach Breslau! Dabei hat Ludmilla uns doch extra eingeschärft, dass polnische Frauen keinen Alkohol mögen. Apropos Ludmilla: Sie hat jetzt das Steuer übernommen und pflügt den Neunsitzer mit ruhiger Hand durch die schier endlose Dunkelheit. Ich bewundere das zähe Persönchen.

Vom sanften Rattern von Verkehr und Gegenverkehr fallen irgendwann auch mir die Augen zu. Ich habe einen seltsamen Traum: Ich renne, in dunkle Abendgarderobe und weißen Schal gewandet, durch die Breslauer Bahnhofshalle. Am anderen Ende der Halle erspähe ich meine Auserwählte, Justyna. Seltsamerweise weiß ich im Traum, wie sie aussieht. Sie trägt ein bodenlanges Kleid und wartet schon auf mich. Ich nehme sie bei der Hand, und wir rennen gemeinsam Richtung Gleisanlagen. Wir sind jetzt schon verliebt ineinander, aber dann bricht der schöne Traum unvermittelt ab, und ich erwache von Bernds Schnarchen. Auch hinter mir ein einziges Röcheln und Rasseln. Das hält doch kein Mensch aus. Ich stehe auf und beuge mich nach vorne zu Ludmilla.

«Ich hätte mal eine Frage. Wie lange brauchen wir noch?»

«Das hängt von der Verkehrslage ab. Etwa sechs Stunden.»

Obwohl die Antwort denkbar ungenau ist, gebe ich mich damit zufrieden. Ludmilla kann man einfach nicht lange böse sein. Anstatt zu meinem Platz zurückzukehren, bleibe ich reglos hinter der Fahrerin stehen. Das scheint der jedoch gar nicht zu schmecken:

«Ich kann es nicht ab, wenn jemand so direkt hinter mir steht. Nun setzen Sie sich schon.»

Ich tu so, als hätte ich sie gar nicht gehört, und zwänge mich zwischen sie und den schlafenden Schindelmeister:

«Der Pessimist beklagt den Riss in der Hose, der Optimist freut sich über den Luftzug.»

«Wie bitte?» Sie kuckt kurz irritiert zu mir rüber.

«Mein Motto. Ich versuche das Leben möglichst positiv zu sehen.»

«Bleibt einem ja auch manchmal nichts anderes übrig ...»

«Genau. Erst wer loslässt, hat beide Hände frei.»

«Aha.»

«Ja.»

«Wohnen Sie eigentlich mit Herrn Würmer zusammen?»

«Nein, zurzeit habe ich noch meine bettlägerige Mutter bei mir. Bis vor zwei Jahren hat auch mein älterer Bruder Peter bei uns gewohnt. Der ist dann aber ins Fichtelgebirge gegangen. Und Sie? Haben Sie zum Beispiel ein Hobby?»

«Ich fahr gern Motorrad.»

«Bestimmt mit Ihrem Mann.»

«Zum Motorradfahren brauche ich keinen Mann.»

«Das ist richtig.»

«Allerdings.»

«Das sehe ich auch so.»

«Lieber lange nichts als Langeweile.»

«Nicht schlecht!»

Ludmilla taut langsam auf.

«Sitzt Ihr Freund eigentlich schon immer im Rollstuhl?»

«Seit immer nicht. Ungefähr 15 Jahre vielleicht. Müsste ich mal genau nachrechnen.»

«Autounfall?»

«Nein, ganz was anderes. Eine Infektion. Ein Schwamm, der sich in Bernds Organismus über Jahre häuslich eingerichtet und unbemerkt sein Vernichtungswerk vollbracht hat. Am Ende führte das zur Lähmung, und er landete im Stuhle.»

Plötzlich hinter uns ein leises, aber verräterisches Geräusch: Bernd! Er muss unbemerkt angerollert sein und hat alles mitangehört.

«So, das ist ja interessant, was der Herr da aus dem Nähkästchen zu plaudern weiß.»

Wutschnaubend lässt er den Stuhl zurückrollen. Ludmilla zuckt mit den Achseln und schert auf einen Parkplatz rechts aus. Die Arme muss dringend eine Mütze Schlaf nehmen. Zeit, um an meinen Platz zurückzukehren. Ich setze mich stumm neben Bernd. Nachdem wir eine Weile schweigend, aber hellwach dagesessen haben, eröffnet er den Disput:

«Hätte ich niemals gedacht von dir, dass du dich hinter meinem Rücken an Ludmilla ranmachst. Und auch noch auf meine Kosten. Ich frag mich, wem du sonst noch alles von meiner Krankheit erzählt hast.»

Ich habe jetzt wirklich ein schlechtes Gewissen.

«Tut mir leid. Ich konnte nicht schlafen. Und dann ist mir das eben so rausgerutscht. Ich will doch gar nichts von der.»

Bernd schnaubt verächtlich auf.

«Von wegen. Du wolltest sie klarmachen.»

«Niemals.»

«Kameradenschwein nennt sich so was beim Militär. Und jetzt Ende der Debatte, jetzt wird geschlafen. Aber das hat ein Nachspiel.»

DER WANDERHODE

NACHDEM ICH irgendwann vor Erschöpfung eingenickt bin, reißt mich eine erneute Schmerzattacke aus dem Schlaf. Hinterm Steuer sitzt jetzt wieder der Bereichsleiter, die Morgendämmerung sickert ins Innere des Busses. Also weiter, endlos weiter, auf der Bundesstraße 4. Wie lange sind wir eigentlich schon unterwegs? Raum und Zeit lösen sich langsam auf.

Eine unangenehme, strenge Dunstglocke liegt in der Luft. Kein Wunder, wenn eine Männerhorde so viele Stunden bei geschlossenen Fenstern und auf engstem Raum ohne Waschgelegenheit ausdünstet. Die arme Ludmilla. Wie es wohl früher war, im Krieg oder bei Expeditionen ins ewige Eis, wo sich die Teilnehmer manchmal jahrelang nicht waschen konnten? Unvorstellbar. Mein Wunsch nach einem Bad ist größer als der nach Essen und Trinken. Die Maßstäbe verschieben sich. Langsam erwachen auch die anderen Willis, denen die Strapazen mittlerweile deutlich anzusehen sind. Die Fahrt hat sich zu einem Horrortrip entwickelt.

Immer weiter und weiter und weiter: Wir passieren Dresden. Die sächsische Landeshauptstadt wurde im Krieg durch Bomben bis auf die Grundmauern zerstört. Trotzdem blieb ein kleiner, aber feiner Teil erhalten. Ob ich es in diesem Leben wohl mal dorthin schaffe? München. Frankfurt. Stuttgart: Auch diese Städte kenne ich nur vom Hörensagen. Mehr blinde Flecken auf der Landkarte als erkundetes Terrain. Oder das benachbarte Ausland, Beispiel Wien, einst Hauptstadt eines Kaiserreichs. In Berlin war ich auch nur einmal, als Kind, damals konnte man noch mit dem Flugzeug von Hamburg nach Berlin, heute wird die kurze Strecke gar nicht mehr angeboten, glaube ich. Das ganze Leben besteht aus nichts als Versäumnissen. Traurig.

Werden die Straßenverhältnisse eigentlich immer schlechter, oder bilde ich mir das nur ein? Bei jedem Schlagloch durchzucken mich je nach Tiefe der Unebenheit Schmerzensstrahlen. So werde ich sicherlich nicht bis Breslau durchhalten. Außerdem müsste ich dort die Behandlung selbst bezahlen, denn eine europäische Krankenkarte kann ich nicht vorweisen. Ich muss mich also noch unbedingt vor Grenzübertritt behandeln lassen. Fieberhaft suche ich nach einer Lösung. Samstag bleiben nur Krankenhaus oder Notfallambulanz. Aber ob es so was hier in der Pampa überhaupt gibt? Ich schaue auf die Landkarte. Die letzte Ansiedlung vor der Grenze ist *Bautzen* im Länderdreieck Tschechei-Deutschland-Polen.

Wie die Fahrgemeinschaft auf einen Nothalt wohl reagiert, wo die Nerven sowieso schon blank liegen? Sicher mit Unverständnis und absoluter Ablehnung. Aber das ist doch auch nicht meine Schuld, es hätte jeden aus der bunt zusammengewürfelten Truppe treffen können. Ich bin sicher der Allerletzte, der den Laden aufhalten oder sich eine

Extrawurst braten will. Eine überzeugende Begründung muss her, eine, die im übertragenen Sinne den Fuß vom Gas nimmt.

Ludmilla kurbelt jetzt die Scheibe runter und streckt demonstrativ den Kopf an die frische Luft, obwohl es draußen alles andere als gemütlich ist. Anscheinend will sie der Pavianherde hier drinnen zu verstehen geben, dass man es als Frau kaum noch aushalten kann. Ich rätsle, wer von der Truppe der allerschlimmste Stinker ist. Vielleicht das seltsame Duo, das simultan ausdünstet? Wie können erwachsene Männer nach so kurzer Zeit schon so zum Gotterbarmen müffeln?

Wir passieren das Ortschild von Bautzen. Jetzt wollen wir doch mal sehen, was dieses Städtchen außer Senf und schwedischen Gardinen noch zu bieten hat. Ärztliche Versorgung zum Beispiel. Die Schmerzen sind kaum noch auszuhalten, sie kommen nicht mehr in einzelnen Schüben, sondern als nahezu ununterbrochene Fließbeschwerden. Ich habe während der letzten 26 Stunden den Schmerz von der Pike auf kennengelernt: wellenförmige Ausbreitung, langsames Abebben, unvermitteltes Wiederanschwellen und Überschneidung verschiedener Schmerzzonen. Der Schmerz kann fließen, rasseln, pochen, ziehen, brennen und reißen. Eine Lektion der ganz besonderen Art.

Die B4 führt ziemlich nah am Ortskern vorbei. Wenn es irgendwo ein Krankenhaus gibt, so meine Hoffnung, wird das schon ausgeschildert sein. Nach etwa zehn Minuten kreuzen wir die B96, die den Ort von oben kommend teilt. An der Kreuzung springt die Ampel im letzten Moment auf Rot, was für weiteren Unmut im Inneren sorgt, die Ampelphasen hier scheinen auch wirklich übermäßig lang. Vor Schmerzen ruckele ich in meinem Sitz hin und her. Meine Augen schweifen über die nähere Umgebung: Anwaltskanzlei Draguhl & Huhn. Uhrmacher Gänslein. Selbsthilfegruppe «Geduld bringt Rosen». Schnellreinigung Norbert Fröschle. Dann, das Wunder: ÄRZTLICHE NOTFALLPRAXIS DR. THOMSEN UND DR. BAUCH. Ich schreie, so laut ich kann, «DA, DA!» und fuchtele wild mit Armen und Händen. In den Gesichtern der Mitreisenden Fragezeichen. Egal, nicht nachlassen:

«DA, DA!» Meine Stimme überschlägt sich. Will ich auf eine drohende Gefahr hinweisen?

«Was ist denn, ist da was?», ruft Herr Schindelmeister sichtlich nervös. Statt zu antworten, gebärde ich mich weiter wie ein Irrer: «DA, DA!»

«Was heißt das? Sagen Sie doch endlich, was los ist!»

«HILFE!»

In der langsam aufkeimenden Panik öffnet Ludmilla reflexartig die Tür. Genau das wollte ich! Blitzschnell schlüpfe aus dem Fahrzeug und deute auf das Praxisschild:

«ICH HABE SCHON SEIT STUNDEN FURCHTBARE SCHMERZEN. ES TUT MIR LEID, ABER ICH HALTE ES NICHT MEHR AUS, ICH MUSS DA JETZT HIN.»

Was Schindelmeister antwortet, hätte ich mir schon denken können.

«Aber Herr Dose, wir sind doch gleich in Breslau, bis dahin schaffen Sie es doch sicher. Wir haben für alle Fälle auch eine Bordapotheke.»

Von wegen Bordapotheke! Das riecht nach Aspirin, Heftpflaster, und Feierabend.

«NEIN, DAS HILFT SCHON LANGE NICHT MEHR. ES IST

WAHRSCHEINLICH DER BLINDDARM. BEI EINEM DURCHBRUCH KANN MAN DRAUFGEHEN.»

Man sieht regelrecht, wie es in Schindelmeister rattert. Er sieht wohl schon die Schlagzeilen vor sich, von wegen unterlassener Hilfeleistung: «LIEBESTOLLER PFÖRTNER STIRBT BEI POLENTRIP, WEIL DIE PARTNERVERMITTLUNG GELD VERDIENEN WOLLTE.» Dann kann er Eurolove dichtmachen, dann landet er auf der Straße. Schindelmeister hat sich gefangen.

«Meine Herren, aus versicherungstechnischen Gründen sind wir gezwungen, einen Stopp einzulegen. Ich bitte um Verständnis. Wir werden die Fahrt sobald wie möglich fortsetzen.»

Ich überreiche der Sprechstundenkraft meine Versichertenkarte und erläutere knapp und präzise meine Beschwerden. Daraufhin platziert sie mich im Wartezimmer, wo ich auf vier weitere Patienten treffe. Blitzschnell überschlage ich: Bei einer anzunehmenden Behandlungsdauer von durchschnittlich zehn Minuten müsste ich in ca. einer Dreiviertelstunde an der Reihe sein. Bis dahin heißt es noch mal Zähne zusammenbeißen. Unauffällig beobachte ich meine Leidensgenossen: links eine Mutter mit ihrem vielleicht achtjährigen Filius, mir gegenüber der obligatorische Wartezimmer-Opi, der hier wahrscheinlich den ganzen Tag sitzt und chronisch vor sich hin hustet. Dann eine verhärmte Frau auf Krücken, sie hat eine griesgrämige Leichenbittermiene aufgesetzt, und ein Mann, der einen auffallend nervösen Eindruck macht. Wie ein Bankräuber, der bei einem Überfall einen Steckschuss erlitten und sich mit letzter Kraft zum Arzt geschleppt hat, um dort den

Fremdkörper unter vorgehaltener Waffe herausoperieren zu lassen.

Nach fünfzehn Minuten hat sich immer noch nichts getan. Wenn das so weitergeht, fährt der Bus ohne mich weiter. Jetzt nur die Ruhe bewahren! Augen schließen, tief ein- und ausatmen. Ich muss versuchen, mich auf etwas ganz anderes zu konzentrieren. Um mich abzulenken, denke ich oft an die gigantischen Dimensionen des Weltalls, und alles rückt wieder auf ein normales Maß zurecht. Beginnen wir also von vorne: Mutter Erde. Der Erdball umfasst, einmal umrundet, 40000 Kilometer. Schon nicht ganz ohne. Nächste Stufe: der Mond. Bis dorthin sind es 380000 Kilometer, also gut das Zehnfache. Die Luft auf dem Mond ist so dünn, dass der Mensch nur mit Sauerstoffgeräten bequem leben kann. Ein Meter Erdschritt sind auf dem Mond sieben Meter, d.h., was hier ein Tippelschritt ist, wird dort zu einem mächtigen Sieben-Meter-Sprung. Auf dem Mond zählt alles mal sieben, weshalb der Mensch auf dem Mond auch siebenmal so alt wird. Weiter: die Sonne. Die Sonne ist unvorstellbar heiß und alt. Ein Mensch oder Tier kann es da schon lange nicht mehr aushalten. Um zur Sonne zu gelangen, bräuchte man bei konstant Tempo 90 bis zum sagenumwobenen Sankt-Nimmerleins-Tag, der bekanntlich ein Phantasieprodukt ist. Wo wir gerade so schön dabei sind, kommen wir zum nächsten Planetensystem. Auch hier: Sonne, Mond, Sterne, Planeten, das ganze Programm. Da man diese Reihe unbegrenzt fortsetzen könnte, begnügen wir uns mit einer Vorschau auf das nächstgrößere Element, die Milchstraße. Die Milchstraße ist unermesslich groß und wiegt Abermillionen Tonnen. Dagegen ich: ausgewachsener Achtzig-Kilo-Mann mit seinen überschaubaren Problemen. Beispiel: Was soll ich heute essen? Nächste und letzte Stufe, wir kommen langsam ans Eingemachte: der Kosmos. Der gesamte Kosmos beinhaltet so viele Milchstraßen, dass man die Zahl nicht mehr aufschreiben kann, weil sie zu viele Nullen hat. Und: Er dehnt sich immer weiter aus, und zwar mit der höchsten messbaren Geschwindigkeit, der Lichtgeschwindigkeit. So wächst das All noch mal um das Doppelte und Dreifache seiner Ursprungsgröße. Punkt. Über all dies denke ich jedenfalls nach, wenn ich mal wieder unschlüssig vor irgendeiner problematischen Situation stehe. Und während sich der Kosmos allein in diesem Moment immer weiter ausdehnt, schrumpfen meine Sorgen und Nöte zu dem winzig kleinen Pünktchen zusammen, aus dem das Universum einmal bestanden hat.

In diese Grübeleien fällt der nächste Patientenaufruf. Obwohl der Opi protestiert, von wegen, er würde schon viel länger warten, ist das Mutter-Kind-Gespann an der Reihe. Ich gehe zum Fenster. Von hier aus kann man die gesamte Gegend einsehen. Der nächste Schock: Vom Bus ist weit und breit nichts zu sehen! Hat Schindelmeister nur umgeparkt, oder wurde die Reise ohne mich fortgesetzt? Ich höre schon die verlogene Begründung des Bereichsleiters: «Herr Dose hatte womöglich eine ansteckende Krankheit, und meine oberste Aufgabe und Fürsorgepflicht ist es, den Rest der Gruppe zu schützen. Ich war deshalb zur Weiterfahrt verpflichtet.» Vor Gericht würde er damit eventuell sogar durchkommen! Jetzt nur nicht in Panik geraten. Hinsetzen, Augen schließen, tief atmen und weiter an etwas Beruhigendes denken.

Mir fallen die Pawlow'schen Felder ein, die mich auch

schon seit geraumer Zeit beschäftigen. Wie, Pawlow'sche Felder, nie gehört, was soll das denn sein wird der eine oder andere sicher gleich losbölken. Auch dieses Phänomen lässt sich am besten anhand einiger Beispiele erklären. Beispiel Numero eins: Ich komme von der Arbeit. Ein starker Wind bläst. Im Nachbargrundstück wurden von den Gartenzwergen drei Exemplare durch die Böen umgeschmissen, die übrigen lustigen Kameraden dagegen stehen schnurgerade in Reih und Glied, als würde Windstille herrschen. Zufall? Beispiel Numero zwei: im Parkhaus. Mein Kollege Norbert P., der mich in wenigen Minuten ablösen soll, kommt wie immer durch den Haupteingang, der von einem in die Decke eingelassenen schweren Rollgitter gesichert ist. Im Moment, als Norbert diesen neuralgischen Punkt durchquert, löst sich das Gitter, kracht herab und zermalmt P., der Frau und Kinder hinterlässt. Warum ausgerechnet in dieser Sekunde? Warum ausgerechnet Norbert? Zufall? Drittes und letztes Beispiel: Bernd kauft wie jeden Freitag einen gemischten Softgetränkekasten. Wieder zu Hause. Bernd puzzelt herum, bekommt plötzlich Durst. Er greift sich eine x-beliebige Flasche, doch als er den Verschluss aufdreht, explodiert sie, und Bernd kommt mit schweren Schnitten und Eselsohren ins Krankenhaus, wo er mit acht Stichen genäht wird. Warum ausgerechnet heute? Warum ausgerechnet diese Flasche? Warum ausgerechnet Bernd? Auch das ein Zufall?

Eben nicht! Diese Ereignisse sind gerade nicht das Produkt von Zufällen, sondern mit rechnerischer Präzision erkennbare Gesetzmäßigkeiten. Denn die Erde und das gesamte All – wo wir wieder beim Thema wären – werden bestimmt von einer unsichtbaren Kraft, die für alle Vorkommnisse verantwortlich zeichnet. Diese Kraft, das sind die Pawlow'schen Felder, benannt nach dem bulgarischen Kernspintomographen Prof. Dr. Roman Pawlow. Er vertrat die These, dass das ganze Weltall in verschieden große Felder aufgeteilt ist, in denen die Atome in unterschiedlicher Stärke den Gang der Dinge bestimmen. 1952 stieß Professor Pawlow mehr oder weniger zufällig auf diese Felder, wurde aber schon wenig später vom Geheimdienst seines Landes beseitigt, weil die Erkenntnisse den Machthabern natürlich nicht in den Kram passten. Nach Professor Pawlows Tod haben treue Anhänger die wenigen vor der Vernichtung bewahrten Schriften außer Landes geschafft. Nur Monate später hätte er den Gesamtplan aller Felder erstellt, es fehlten sozusagen nur noch Millimeter, aber eben die entscheidenden Millimeter, weshalb keiner seiner Anhänger die Arbeit fortführen konnte. Was wohl geworden wäre, wenn er es geschafft hätte? Vielleicht würde es mich dann gar nicht geben ...

Wie ich so vor mich hin denke, passiert etwas Überraschendes: Der Opa nimmt Hut und Mantel und haut einfach ab. Interessant. Scheint wohl keine Lust mehr auf Wartezimmer zu haben, so schlimm ist es dann wohl doch nicht mit den «Beschwerden». Nachdem die Frau mit den Krücken aufgerufen wurde, bin ich mit dem Räuber in spe allein im Raum. Ich kann mich ja in solche Phantasien reinsteigern wie nichts Gutes. Zum Glück ist die Frau schon nach wenigen Minuten abgefrühstückt, und *ich* werde aufgerufen, wohl, weil ich Notfallpatient bin.

Dr. Bauch ist ein massiger Mann in den frühen Sechzigern, der missmutig hinter seinem Schreibtisch thront. Wahrscheinlich hat er schlechte Laune, weil er Ostern Dienst schieben muss. Ohne von seinen Unterlagen hochzuschauen, eröffnet er das Gespräch:

«Guten Tag. Dr. Bauch mein Name.»

«Guten Tag, Herr Doktor. Und ich heiße Jürgen Dose.»

«Gut, Herr Dose, dann wollen wir gleich in medias res gehen. Was ist im Busch, wo juckt der Hobel?»

«Was?»

«*Wie bitte* heißt das. Welche Beschwerden haben Sie denn zu mir geführt?»

«Herr Doktor, ich weiß gar nicht, wie ich das sagen soll.»

«Nun mal raus mit der Sprache, auch meine Zeit ist begrenzt.»

«Selbstverständlich. Also, seit gestern habe ich so ein furchtbares Ziehen im Lendenbereich, das stündlich schlimmer wird.»

«Ein Ziehen. Soso. Im Unterleib, sagen Sie?»

«Genau. Lende, Bauch, Unterleibsbereich.»

«Tja. Sie wissen, was jetzt kommt?»

«Nein, was denn?»

«Sie müssen sich frei machen. Auch die Unterhose bitte halb herunter.»

Aufgrund von Schmerzen und Nervosität dauert es eine gefühlte Ewigkeit, bis ich mich aus meinen Klamotten geschält habe. Dreiviertelnackt und vor Angst schlotternd, stehe ich vor dem dominanten Allgemeinmediziner, der sich, ohne zu zögern, an die Arbeit macht. Routiniert tastet er zunächst den Bauch Zentimeter für Zentimeter sorgsam ab, dann wandern seine Hände eine Etage tiefer. Er drückt fester. Wie es aussieht, hat er etwas entdeckt.

«Was ist denn, Herr Doktor? Haben Sie was gefunden?»

«Einen Moment.»

«Ja, natürlich.»

Er prokelt an den fraglichen Punkten herum.

«Tja. Hier ist nix. Aber tut es weh, wenn ich *so* mache?»

Er drückt den Daumen tief und mit voller Wucht in eine bestimmte Stelle. So einen Schmerz habe ich in meinem ganzen Leben noch nicht verspürt. Ich schreie laut auf und bin der Ohnmacht nahe. Der Notarzt bleibt ungerührt.

«Das habe ich mir fast schon gedacht. Bitte umdrehen.»

Obwohl ich mir einen zurechtwimmere, setzt er die Untersuchung fort, als wäre nichts gewesen.

«Stellen Sie sich nicht so an. Was erwarten Sie eigentlich? Das alles ein Spaziergang ist? Es gibt Dinge, die zum Leben dazugehören, und dazu zählen nun mal auch Schmerzen. Aber heutzutage darf ja nichts mehr wehtun! Keiner ist mehr bereit, irgendetwas auszuhalten. Dabei sage ich Ihnen: Schmerz kennenlernen heißt, mit einem integralen Bestandteil des Lebens konfrontiert zu werden. Und noch was: WAS SIE HABEN, IST GAR NICHTS! ES GIBT SCHMERZEN, VON DEREN EXISTENZ SIE NOCH NICHT MAL ETWAS AHNEN!»

«Wahrscheinlich haben Sie recht.» So hatte ich das noch gar nicht gesehen.

«Nicht nur wahrscheinlich. Aber jetzt wollen wir mal weitermachen.»

Er tastet und tastet.

«So, ja, aha»

«Haben Sie etwas gefunden? Herr Doktor?»

«Schwester Meike!»

«Ja, Herr Doktor?! Ich komme.»

Schwester Meike betritt ohne meine Einwilligung das Sprechzimmer.

«Meike, nun gucken Sie sich *das* mal an.»

«Oh ... ah ...»

«Wissen Sie, was das ist?»

«Nee, keine Ahnung.»

Langsam reicht's. Ich bin doch kein Versuchskaninchen:

«Also, Herr Doktor, das ist mir jetzt aber nicht so angenehm.»

«Stellen Sie sich nicht schon wieder so an! Sie können sich dann auch wieder anziehen.»

Unter den Blicken von Schwester und Arzt zwänge ich mich in meine Kleidung. Von Rechts wegen müsste man sich bei der Ärztekammer beschweren.

«Herr Doktor, was hab ich denn nun?»

«Sie haben etwas, was sehr selten vorkommt, einen sogenannten Wanderhoden. Der Hode verlässt seine Behausung und wandert im Lendenbereich umher, um das einmal ganz einfach und für den Laien verständlich auszudrücken. Das verursacht auch diese starken Beschwerden.»

«Ach so.»

«Außerdem hab ich bei der Gelegenheit noch eine ganze Reihe anderer Störungen diagnostiziert.»

«Was für andere Störungen denn?»

«Schwester Meike!»

Die Schwester nimmt einen Block zur Hand und schreibt auf, was der Arzt ihr diktiert:

«Meike, hier der Gesamtbefund für Herrn Dose: Gesichtsarophie, dadurch Entwicklung zum Pneumatiker mit Dauertremor. Abdomen, leichte Grünbäuchigkeit, progressive Breitenforderung im Unterleib, Neigung zum

Wundsitzen, Harnstottern, Verdacht auf Apostelwahn. Verminderte Kausalaffekte, temporär wahrscheinlich Mundklemme erforderlich, Sauermann'scher Konflikt. Therapie: Einmalgabe Borax, Sackhypertropin forte 50 mg, Milzspülungen. Und machen Sie bitte eine Überweisung für den Urologen fertig.»

«Wird sofort erledigt.» Geschäftig verlässt die Schwester den Raum.

«Von den Pillen nehmen Sie morgens und abends nach den Mahlzeiten jeweils eine, dann wird ein Enzym ausgeschüttet, eine Art Lockstoff, und der Hode kehrt dahin zurück, wo er hingehört.»

«Sind Sie sicher, Herr Doktor?»

«WAS HEISST HIER SICHER?! HAB ICH LÖCHER IN DEN HÄNDEN? BIN ICH JESUS?»

«Natürlich nicht. Entschuldigung.»

«Wegen der übrigen Befunde suchen Sie so schnell wie möglich einen Facharzt auf.»

«Und wenn sich in der Zwischenzeit ...»

«AUF WIEDERSEHEN, HERR DOSE. Noch ein kleiner Tipp für die Feiertage: Nur tote Fische schwimmen *mit* dem Strom, wenn Sie wissen, was ich meine. In diesem Sinne gute Besserung.»

«Auf Wiedersehen, Herr Doktor, und vielen Dank.»

Als absolutes Häuflein Elend verlasse ich das Sprechzimmer. Schwester Meike reicht mir ein Arztmuster Sackhypertrophin forte 50 mg und eine fachärztliche Überweisung.

«Danke, Schwester. Auf Wiedersehen.»

Sie schaut grußlos an mir vorbei, noch nicht einmal eine gute Besserung wünscht sie mir.

BRESLAU

NACH KURZER SUCHE entdecke ich den Bus. Gott sei Dank! Die Stimmung an Bord ist allerdings auf 180. Eisiges Schweigen lastet über der Fahrgastzelle, die Luft ist zum Schneiden. Wenn Blicke töten könnten. Niemand fragt, wie es mir geht oder mit welcher Diagnose mich der Arzt konfrontiert hat. Auch Bernd scheint sich in die Front der Ablehnung eingereiht zu haben. Er tuschelt mit Knüppel und schaut, als ich den Neunsitzer betrete, krampfhaft in die andere Richtung. Für mich ist das nicht mehr und nicht weniger als Verrat. Gerade Bernd sollte doch wissen, welch zuverlässiger Kantonist ich im Regelfall bin! Aber jetzt werde ich wohl für den Rest der Fahrt, vielleicht sogar darüber hinaus, wie ein Verbrecher, Aussätziger, Quarantänekranker behandelt werden. Dabei hat der unfreiwillige Bautzener Halt nur eine gute Stunde gedauert, für die Schwere meiner Erkrankung ist das ja wohl eine angemessene Zeit, weniger Hartgesottene hätten sich in einem Krankenhaus tagelang von Kopf bis Fuß durchchecken lassen, und abends mit Beleuchtung.

Vielleicht hat sich die Truppe auch abgesprochen, nach dem Motto «Den dummen Dose machen wir jetzt richtig fertig, dass der am Ende nicht mehr weiß, ob er Männlein oder Weiblein ist!». Und sich mit dieser *Zwei-Fliegen-auf-einen-Streich-Taktik* auch noch einen lästigen Konkurrenten vom Hals schaffen wollen. Ich könnte mir vorstellen, dass Bernd, um den Rest der Crew anzustacheln, aus dem Nähkästchen geplaudert, intime Details aus meinem Privatleben preisgegeben und dabei vorsätzlich alles verdreht hat. Dass ich zum Beispiel ein Muttersöhnchen bin, das noch am Rockzipfel hängt, und bekocht und gebadet werde wie ein Kleinkind. Wenn ich jetzt aber versuchen würde, die Dinge geradezurücken, würde das nach faulen Ausreden klingen. Wer sich entschuldigt, klagt sich an, kennt man ja.

Der schlechten Stimmung ist mit Argumenten nicht beizukommen. Die Devise muss folglich lauten: «Aussitzen und darauf warten, dass sich der Mantel des Vergessens ausbreitet und von alleine wieder bessere Zeiten anbrechen.» Es ist nämlich oft so, dass die Menschen nach einiger Zeit gar nicht mehr wissen, weshalb sie unbegründet schlechter Stimmung sind, und es ihnen auf Dauer zu anstrengend wird. Dann heißt es: *«Keep on Smiling, such dir die schönsten Dinge aus und mach das Beste dir daraus.»*

Ich öffne die Medikamentenpackung mit vernehmlichem Knistern, drücke unter Ploppgeräuschen eine Filmtablette Sackhypertrophin forte 50 mg heraus und studiere laut raschelnd den Beipackzettel, damit auch der Taubste aufwacht. Dann nehme ich einen Riesenschluck Wasser und würge die Tablette unter lautem «Huh, äh, bäh» herunter. Keine Reaktion von meinen lieben Mitreisenden.

Am Grenzübergang werden wir problemlos durchgewinkt. Wahrscheinlich kennen sich Schindelmeister und die Grenzbeamten schon ewig, und mit den Jahren und mit Hunderten von Transporten liebeshungriger Willis hat sich fast so etwas wie eine Freundschaft oder gute Bekanntschaft zwischen ihnen entwickelt. Wahrscheinlich steckt er ihnen ab und zu eine Flasche Slibowitz zu oder Westgebäck. Ich stelle mir vor, wie er konspirativ grinsend jede Woche eine neue Fuhre nach Breslau karrt und die Grenzer innerlich schon schmunzeln, wenn sich die alte Eierscheese nähert.

Schon ungewohnt und seltsam, wenn von einem Augenblick zum nächsten sämtliche Straßenschilder, Wegweiser, aber auch Plakate und Werbebanner in einer fremden Sprache auf einen einprasseln. Die Stadt Breslau ist nach erster Inaugenscheinnahme ganz anders, als ich es mir vorgestellt habe, gepflegt und sauber, die Menschen wirken sogar besser und modischer gekleidet als die armen Willis hier im Bus. Ich stelle mir vor, dass Jack Wolfskin hierzulande ein noch größerer Dauerbrenner ist, wegen der im Schnitt niedrigeren Temperaturen.

Dann fällt mit etwas auf, und ungeheure Erleichterung durchströmt mich. Meine Beschwerden sind so gut wie abgeklungen! Als wären sie nie dagewesen! Und das nach weniger als einer Stunde! Wie eine Wunderheilung *à la* Herr Owusu, ich fühle mich wie neugeboren. Die Ladys können kommen!

Endlich erreichen wir unser Ziel, das in der Altstadt gelegene Drei-Sterne-Haus *Hotel Śląsk*, das ebenfalls einen guten Eindruck macht, zumindest von außen. Als Bernds Räder auf dem Rollsplitt des Hotelaufgangs durchdrehen und er nicht vom Fleck kommt, will ich ihm in seiner Hilflosigkeit zur Seite springen, aber er winkt mit weit ausholenden Armruderbewegungen ab und lässt sich lieber vom beflissen heraneilenden Knüppel helfen. Alles klar! Ludmilla erledigt an der Rezeption sämtlichen Papierkrams in perfektem Polnisch, während Schindelmeister die Gelegenheit nutzt, um eine seiner berüchtigten Reden zu schwingen.

«So, die Herren, alle mal herhören. Erst mal herzlich willkommen in der historischen Breslauer Innenstadt. Na, hab ich zu viel versprochen?»

Unkritisch wie Stimmvieh applaudiert die Gruppe. Erstaunlich, wie schnell Menschen erlittene Strapazen gleich wieder vergessen haben.

«In einer halben Stunde findet im Tagungsraum eine Einführungsveranstaltung statt, damit ihr wisst, was auf euch zukommt, und euch auch ordentlich benehmt, haha.»

Zustimmendes, glucksendes Gelächter in der gesamten Truppe.

«Ich kann Ihnen nur dringend empfehlen, daran teilzunehmen, denn ihr wollt ja sicher gut vorbereitet sein. Die Einzeldates beginnen ab 18 Uhr hier im Hotel. Ab 21 Uhr steigt dann die große Singleparty, ebenfalls in den Räumen des Hotels. Ich möchte euch bis dahin noch eine kleine Geschichte mit auf dem Weg geben.»

Oje, das klingt nach Kindergottesdienst. Schindelmeister macht eine Kunstpause und redet dann mit sonorer Stimme weiter.

«Ein Bär lebte viele Jahre im Zirkus. Die Zeit zwischen den Auftritten verbrachte er in einem engen Gitterkäfig. In diesem Käfig schritt er immer zehn Schritte vor, bis zu den Gitterstäben, dann drehte er sich um und lief zehn Schritte in die andere Richtung. Eines Tages, dem Zirkus ging es wirtschaftlich nicht gut, wurde er freigelassen. Der Raubtierdompteur fuhr mit ihm an den Waldrand und öffnete die Käfigtür. Der Bär stapfte los, fünf Schritte, sechs, sieben, acht, neun, zehn, drehte um und lief wieder zehn Schritte zurück. Er hatte sich so sehr daran gewöhnt, nur genau zehn Schritte in eine Richtung zu laufen, dass er es gar nicht mehr anders konnte. Was will ich damit sagen?»

Stille.

«Glaube daran, dass du ein Potenzial besitzt, das nur darauf wartet, entfaltet und zur Größe entwickelt zu werden. Denn jeder Mensch, wirklich jeder, ist als Gewinner geboren. Man darf sich nur nicht selbst zum Loser machen. Und jetzt Abmarsch nach oben. Habt ihr euch geeinigt, wer sich mit wem das Zimmer teilt?»

Knüppel tut sich mit Dennis zusammen, und über das seltsame Duo braucht man ja wohl kein weiteres Wort zu verlieren. Jetzt muss Bernd mit mir vorliebnehmen, ob er will oder nicht! Auf dem Weg zum Fahrstuhl: Schweigen. Im Fahrstuhl: Schweigen. Auf dem Weg vom Fahrstuhl zum Zimmer: Schweigen.

Das Zimmer ist einfach, aber zweckmäßig eingerichtet, nicht unbedingt eine Wohlfühloase, aber kein Mensch konnte schließlich mit einem Saunatempel oder Luxusressort rechnen. Bernd schläft an der Türseite, weil er keine langen Fluchtwege haben darf. Sofortige Meckerei wegen der fehlenden Minibar. «Scheißladen hier, nix zum Saufen.» Dabei würde Bernd aufgrund der gesalzenen Preise nie auch nur einen winzigen Schluck trinken. Sein Standardspruch lautet: Minibar – MAXIPREISE! Er ist Querulant aus Prinzip und nicht aus der Not heraus. Immerhin verfügt das Zimmer über einen Balkon mit Aussicht auf eine malerische Gasse. Kaum haben wir ausgepackt, wummert es auch schon an der Tür. Knüppel!

«Wollen wir bald mal in die Stadt, was fressen?»

Elegante Ausdrucksweise. Er spricht nur Bernd an, mein Typ ist wohl nach wie vor nicht gefragt.

«Logisch. Ich bin voll ausgehungert.»

«Bingo-Bongo. Ich hab ein paar Infos aus dem Netz gesaugt. Gleich um die Ecke gibt es einen Griechen, sogar einen deutschen, also einen deutschen Griechen. Hier: *Taverna Stavros, Ihr deutscher Grieche in Breslau.* Klingt doch sympathisch. In dem Kaff ein Grieche, ich glaub's ja wohl nicht.»

«Echt? Sagenhaft. Dann lass am besten gleich los, sonst wird das zu eng hinten raus.»

«Wir müssen aber erst noch zu dem Gelaber von Schindelmeister.»

«Besser is.»

Im Tagungsraum hat Herr Schindelmeister eine moderne Powerpoint-Präsentation vorbereitet und wartet ungeduldig darauf, dass die Willis sich endlich hinsetzen und ihre Privatgespräche einstellen. Motto: «Ruhe im Saal – der Kaiser muss mal.»

«Damit unser kleiner Ausflug für alle Beteiligten auch zum Erfolg führt, ein paar wichtige Informationen über polnische Frauen und deren Mentalität. Das übernimmt unsere Frau Ludmilla. Die ist nämlich nicht nur Dolmetscherin, sondern, genauer gesagt, äh, Wissenschaftlerin. Wie heißt das gleich noch mal?»

«Slawistin.»

«Sag ich ja. Und sie ist eine Frau, also doppelt qualifiziert.»

Ludmilla hält einen Stapel Karteikarten in der Hand zur gelegentlichen Orientierung, spricht aber frei. Den Vortrag hat sie wohl schon öfter halten müssen.

«Bei polnischen Frauen stehen traditionell Ehe und Familie an erster Stelle. Nicht zu vergessen ...»

Aber da fährt Herr Schindelmeister ihr schon in die Parade.

«Welche Art von Mann bevorzugt die polnische Frau? Sie müssen nicht das Aussehen eines Tom Cruise besitzen; entscheidend ist Ihr Charisma und Ihre persönliche Art. Auch müssen Sie nicht von jugendlichem Antlitz sein. Eine gestandene Persönlichkeit, ein Mann mit Lebenserfahrung, ein Mann, der Wärme und Zuneigung ausstrahlt, das ist, was polnische Frauen suchen.»

Ludmilla, das sieht man, gefällt überhaupt nicht, was ihr Chef da an Binsenweisheiten und dummen Sprüchen raushaut. Aber bevor sie protestieren kann, kommt ein riesengroßer, knochiger Lulatsch von einem Kellner angeschoben und serviert eine Ladung Bier und Wodka. Das kann ja heiter werden. Die Männer stürzen sich wie besessen auf den Alkohol, da kann Ludmilla predigen, was sie will.

«Achten Sie bitte darauf, nur mäßig Alkohol zu ...»

Schon wieder fällt ihr Schindelmeister ins Wort.

«Sie meint, nicht gleich am Anfang völlig besoffen. Aber andererseits lieben polnische Frauen echte Männer. Trinkfest und arbeitsscheu, haha. Prost!»

Die entfesselte Meute reißt wie auf Befehl die Gläser nach oben.

«Prost!»

Die arme Ludmilla hält ihre längst verlorene Stellung unbeirrt weiter.

«In jedem Fall sollten Sie eher auf Zurückhaltung und Höflichkeit setzen, als ...»

Schindelmeister unterbricht sie zum dritten Mal rüde. Aber nicht nur das: Er packt die zierliche Assistentin an den Schultern und schiebt sie zu ihrem Platz, damit sie sich hinsetzt und endlich den Sabbel hält.

«So, vielen Dank, Ludmilla, wir haben erst mal genug gehört. Wir wollen uns aber die gute Stimmung nicht vermiesen lassen. Bevor es ernst wird, noch ein paar einfache, aber unglaublich wirksame Regeln. Die wichtigste: Habt keine Angst davor, hundert Prozent ihr selbst zu sein. Spielt die Hauptrolle in eurem eigenen Actionfilm. Denkt an euren USP. Wisst ihr, was das ist?»

Schweigen im Walde.

«Das ist, englisch, eure *Unique Selling Proposition*, euer Alleinstellungsmerkmal. Der Punkt, an dem ihr einmalig und unersetzbar seid. Ihr habt nichts zu verlieren, ihr könnt nur gewinnen. Seid also mutig. 99 Prozent der Kerle haben die Hosen voll. Bist du der Mister ein Prozent, wirst du Abenteuer erleben, die sonst nur für Filmstars reserviert sind. Express yourself! Rede mit Traumfrauen wie mit allen anderen Frauen auch. No risk, no fun. Halte dich mit Komplimenten zurück! Lass die Frauen immer etwas im Unklaren. Ihr wisst doch: Frauen sind zwar misstrauisch wie nichts, aber sie sind auch neugierig. Und die Katze spielt auch mit der Maus, oder nicht?»

Schindelmeister lässt eine kleine Pause, um zu sehen, wie seine Worte ankommen. Ich stelle mir vor, wie er seinen Text schon tausendmal runtergeleiert hat. Dann hechelt er weiter und wechselt dabei schon wieder vom ‹ihr› zum ‹Sie›:

«Zweitens: Stellen Sie Rapport zu der Frau her, indem Sie sich ihrer Atmung, Sprache und Körperhaltung angleichen, um auf eine gemeinsame Welle zu kommen. Die sogenannten Spiegelneuronen werden dafür sorgen, dass Sie sich besser in Ihr Gegenüber hineinversetzen können. Beugen Sie sich beim Sprechen vor, das wirkt, als hätten Sie etwas Interessantes zu sagen. Stellt euch die Frau splitterfasernackt vor, während sie euch was vorplaudert. Und fragt eine Frau stets nach ihrer *weiblichen Meinung*. Das ist das Zauberwort, der Türöffner zu ihrem Herzen. Und noch was: Ein Gespräch ist weder ein Verhör noch ein Monolog oder ein Hörspiel. Beherzigen Sie die IKEA-Regel: interessant, konkret, ehrlich, authentisch. Verstanden?»

Von wegen verstanden. Wahrscheinlich hat er sich diese «Regel» gerade ausgedacht. Er glaubt wohl, dass er den armen Willis hier alles erzählen kann. Womit er vermutlich sogar recht hat.

«Nerven Sie die Frau nicht. Frauen sind es gewohnt, dass Männer an ihnen kleben und nicht nachlassen, auf sie einzuquatschen, bis sie weich werden. Das turnt Frauen unglaublich ab. Machen Sie es genau anders herum. Schenken Sie anderen Mädels in ihrer Umgebung Aufmerksamkeit. Stellen Sie sich vor, Ihr Mädel ist ein HB 8, also ein Hot Babe 8, was auf der Skala von eins bis zehn ziemlich gut ist. Wenn Sie die nun erobern wollen, suchen Sie sich ein Bauernopfer, ein HB 5 oder 6. Flirten Sie mit der, denn das macht Sie für Ihre eigentliche Zielperson, das HB 8, nur umso interessanter. Diese Hin-und-weg-Taktik der hundert Nadelstiche wirkt Wunder.»

Laber, laber.

«Achten Sie auch unbedingt darauf, welche Signale die Frau aussendet. Sexuell willige Frauen nehmen oft die Cowboyhaltung ein: Beine gespreizt, Gewicht auf einen Fuß verlagert, vorgeschobene Hüften, auf die die Hände gestützt sind. Wenn sie aufstehen, verlagern sie ihr Gewicht auf ein Bein, um auf diese Weise kurviger zu wirken.»

Dass sich so viele Regeln auf einmal kein Mensch merken kann, scheint ihn nicht zu interessieren.

«Benutzen Sie heiße, mit Emotionen aufgeladene Sprache: Worte wie Glut, weich, seidig, genießen, Schenkel, intensiv, erregt, berühren, lieben, sinnlich, feucht, Lippen, Lust, lebendig, beben, lecken, brennen, lutschen, spreizen, nass, Liebe, Emotionen. Denn der wichtigste Punkt sind Emotionen, nichts beeinflusst Menschen so sehr. Okay?»

Schweigen im Walde. Schindelmeister holt ein letztes Mal aus:

«Zum Schluss noch was ganz Wichtiges. Viele unserer polnischen Frauen sprechen kein oder nur wenig Deutsch und auch Englisch nicht immer perfekt. Umso wichtiger ist die *Körpersprache.* Auch hier gibt es ein paar wichtige Tricks: Versuchen Sie stets, fünf Zentimeter höher zu sitzen oder zu stehen, als es Ihrer Körpergröße entspricht. Blicken Sie geradeaus und nicht auf Ihre Füße. Treten Sie mit den Zehen zuerst auf. Halten Sie den Kopf erhoben, bei leicht gestrecktem Hals, und blicken Sie immer nach vorn. Drücken Sie die Schultern nach hinten und die Brust nach vorn. Indem Sie Ihren Brustbereich präsentieren, laden Sie die Frau ein, zu Ihnen zu kommen. Sie ziehen sie ‹in Ihre Brust hinein› wie mit einer Angelschnur. Achten Sie auf Ihre Position im Raum. Bereiche, die Sie meiden sollen:

irgendwo an den vier Wänden eines Raumes, wo Sie gewissermaßen mit der Tapete verschmelzen. Stehen Sie nicht in den Ecken. Viele Leute haben Scheu, auf einen Eckensteher zuzugehen. Dann, oft unterschätzt: richtig Treppen steigen. Ist nämlich gar nicht so einfach. Bringen Sie sich vor dem ersten Schritt in die richtige Position, um nicht aus dem Gleichgewicht zu kommen. Versuchen Sie die Entfernung zwischen den einzelnen Stufen abzuschätzen, damit Sie auf geschmeidige Weise steigen können. Wenn Sie mit einem Kumpel unterwegs sind, achten Sie unbedingt auf die Sitzordnung. Schlechte Sitzordnung: Mann-Mädchen-Mädchen-Mann. Besser: Mädchen-Mann-Mädchen-Mann oder Mädchen-Mann-Mann-Mädchen.»

So. Endlich fertig.

Knüppel und Bernd schieben Richtung Grieche ab, während sich der Rest der Meute auf ihre Zimmer verzieht. Unauffällig schlendere ich in kurzem Abstand hinter dem Rollstuhlfahrer und seiner neuen Begleitung her.

Die *Taverna Stavros* ist so, wie man es von griechischen Lokalen in Deutschland und wahrscheinlich überall auf der Welt her kennt. Ich bin überrascht, dass bis ins Detail praktisch kein Unterschied besteht. Wir sind gerade über die Schwelle getreten, da eilt uns der augenscheinliche Wirt freudestrahlend entgegen, um uns überschwänglich per Handschlag zu begrüßen, als würden wir uns schon seit vielen Jahren kennen.

«Deutsch, meine Freunde?»

«Ja.»

«Sehr gut. Mein Name ist Dimitri. Wie geht euch das?»

«Danke. gut, und selber?»

«Mir geht das immer gut. Wo wollt ihr euch hinsetzen? Sucht euch was aus!»

«Da, am Fenster.»

«Am Fenster, selbstverständlich. Ich bring euch gleich die Karte.»

Noch während wir uns setzen, räumt Dimitri wie von Geisterhand den Tisch ab. Wir sind noch nicht einmal vollständig aus unseren Jacken geschlüpft, da kommt er schon mit Ouzo, Brot und Karte herbeigeeilt. Trotz der Gastfreundlichkeit bleibt Knüppel der grobschlächtige Muffelkopf, als den wir ihn kennengelernt haben:

«Ich brauch keine Karte. Gyros, überbacken mit Metaxa-Soße, und ein zusätzlicher Souvlakispieß. Zu trinken ein großes Urquell und noch einen Ouzo. Aber einen doppelten.»

«Selbstverständlich.»

Auch Bernd weiß bereits, was er will:

«Für mich Samosteller. Und einen halben Liter Mavrodaphne.»

Wenn das *so* ist, weiß ich auch schon:

«Eine Moussaka ohne Knoblauch. Und eine frische Spezi.»

Dimitri behält alles im Kopf und zieht ab. Ich eröffne das Gespräch an Bernds Adresse, als ob nie etwas gewesen wäre:

«Samosteller hat doch mindestens ein Kilo Fleisch.»

«Wer hat dich denn gefragt? Gönn mir doch wenigstens *eine* einzige Mahlzeit am Tag.»

«Und morgen ist dein Gesicht wieder ganz verpickelt.»

«Das lass mal meine Sorge sein. Außerdem macht schlechte Haut jung, wie du ja immer zu sagen pflegst.»

Ich beiße auf Granit. In diese angespannte Situation herein bringt Dimitri die Getränke und stellt zusätzlich einen handgepflückten Blumenstrauß auf den Tisch. Bernds Kommentar:

«Blumen bringen Traurigkeit ins Leben.»

Dimitri versteht nicht, was ihm der Rollstuhlfahrer mit diesen böhmischen Dörfern sagen will.

«Essen kommt gleich. Jamas.»

«Jamas.»

Beim deutschen Griechen kann man auch mal Deutsch sprechen, finde ich:

«Prost.»

«Du kannst auch ruhig Jamas sagen, da freut er sich drüber», sagt Bernd, der Höflichkeitsspezialist.

«Das ist dem doch egal. Will jemand meinen Ouzo?»

Sofort ist Knüppel hellwach.

«Gib her das Ding.»

Sagt's, und kippt das Glas in einem Zug runter. Er macht sich auf der Bank so breit, dass mir nur noch eine kleine Ecke bleibt. Bereits nach wenigen Minuten serviert Dimitri das Essen, flott wie in einem Schnellrestaurant.

«So, lasst euch das schmecken, Männer.»

Bernd schlingt die Mahlzeit in Rekordtempo runter und spricht daher wie immer kein Wort. Knüppel hingegen legt immer wieder mal ein Päuschen ein, um ungefragt einen Schnack nach dem anderen abzusondern:

«Ein niedriger Teller verliert die Suppe, ein tiefer versenkt den Braten.» Nächster Bissen. «Ich mag Tiere sehr gern – am liebsten mit einer leckeren Soße.» Noch eine Gabel. «Weihnachten gab's bei uns immer aufs Maul.» Schluck Bier. «Wenn es jetzt auch noch mit den Weibern klappt, bin ich glücklich wie 'ne Schwuchtel im U-Boot.»

Nachdem Bernd aufgegessen hat, lehnt er sich im Stuhle zurück und rülpst vernehmlich.

«Herrlich. Leergewichst und vollgefressen. Sag mal, was läuft denn da jetzt eigentlich mit Ludmilla?»

«Was soll denn da laufen? Nichts natürlich.»

«Irgendwas ist faul im Staate Dänemark.»

«Spinner. Ich hab deiner Meinung nach doch sowieso keine Chance.»

«Das hab ich nur gesagt, um dich aus der Reserve zu locken. Ich kenn dich jetzt schon lange genug. Irgendwas heckst du aus.»

Knüppel unterbricht mit einer wichtigen Nachricht:

«Ich muss gerade an meine letzte OP denken.»

«Was kommt denn nun?»

«Die haben mir den Brustkorb aufgemacht.»

«Bitte nicht!»

«Lass ihn doch erzählen!»

«Die Schilddrüse war ja fast schon bis zum Herzen gewachsen. Und dann hat Dr. Kerner hinterher zu mir gesagt, da hätte 'ne ganze Fußballmannschaft von satt werden können mit Gulasch.»

«Mann, ist das eklig! Und das beim Essen!»

Anstatt Knüppel zur Räson zu rufen, haut Bernd in dieselbe Kerbe:

«Ich hab vorhin 'ne Wurst gemacht, so groß wie von einem Hund.»

Vergebliche Liebesmüh. Um das unwürdige Spielchen zu beenden, dränge ich zum Aufbruch:

«Der Countdown läuft. Wenn wir die Dates nicht verpassen wollen, müssen wir langsam zurück ins Hotel.»

«O Gott, o Gott.» Bernd wird kreidebleich.

«Was ist denn nun schon wieder?»

«Mir fällt gerade was ein.»

«Was denn?»

«Ich hab mein Gastgeschenk zu Hause vergessen!»

«Ja und? Das ist doch nicht so wichtig. Als ob es darauf ankäme.»

«Nix! Schindelmeister hat uns doch eingebläut, wie wichtig das ist. Pass auf, ich besorg noch schnell irgendwas. Komm, Knüppel, lass sofort los.»

Aha, Zufallsbekanntschaft Knüppel *muss* mit, mein Typ hingegen ist offenbar wieder mal nicht gefragt. Na dann, kein Problem, die frische Luft wird mir guttun. Zurück im Śląsk, hole ich *mein* Gastgeschenk hervor: ein handgemaltes Porträt von Karol Wojtyła, dem legendären polnischen Papst. Damit kann man wenig bis gar nichts falsch machen, denn nahezu 100 Prozent aller Polen, egal, ob Männlein oder Weiblein, verehren den toten Papst als eine Mischung aus Popstar und Heiligem. Jetzt noch schnell die Zähne geputzt und ein frisches Hemd übergestreift. Auf dem Weg zum *Meet & Greet* fängt mich Herr Schindelmeister ab:

«Herr Dose, kann ich Sie mal kurz sprechen?»

«Ja?»

«Ich habe leider gemischte Nachrichten. Ihr Einzeldate mit Justyna musste wegen eines Krankheitsfalles in der Familie abgesagt werden beziehungsweise verschiebt sich auf morgen. Tut mir leid.»

«Was? Das gibt's doch nicht. Was ist das denn für'n Nepp? Und morgen heißt es übermorgen. Schönen Dank auch!»

«Keine Angst, das wird schon. Wissen Sie was? Als kleine

Entschädigung können Sie auf Kosten von Eurolove heute Abend trinken, was und so viel Sie wollen.»

«Leider gehöre ich zu den wenigen Menschen auf Gottes weitem Erdenrund, die keinen Alkohol konsumieren.»

«Dann weiß ich auch nicht.»

«Krankheitsfall in der Familie! Da lachen ja die Hühner, und noch nicht mal die. Am Ende bin ich wieder mal der Einzige, der mit leeren Händen dasteht.»

Ich lasse den betreten schauenden Gebietsleiter stehen und stapfe wutentbrannt davon. Er ruft mir noch etwas Unverständliches hinterher, aber ich lasse mich weder durch erneutes Freibier noch sonst was erweichen. Nun läuft mir auch noch Ludmilla nach:

«Jetzt geben Sie der Sache doch noch 'ne Chance. Sie wollen doch nicht so kurz vor dem Ziel alles hinschmeißen?»

«Welches Ziel? Ich hab keins mehr. Paris, Athen, auf Wiedersehen.»

«Sie tun ja gerade so, als ob das total sicher gewesen wäre, dass Sie und Justyna ...»

«Am Ende bleibt alles so, wie es ist, und ich geh ungeöffnet zurück, wenn Sie wissen, was ich meine!»

Schindelmeister eilt hinzu, aber nur, um wieder mal die arme Ludmilla zu maßregeln.

«Es geht gleich los. Nun machen Sie schon. Als ob's nicht genug zu tun gäbe.»

«Ich komm ja.»

«Das will ich auch hoffen. Ich dachte, ich hätte mich klar ausgedrückt!»

Dann schwenkt er auf mich:

«Wo ist denn Ihr Kollege? Wir beginnen jetzt mit den Einzeltreffen.»

«Keine Ahnung.» Einzeltreffen, der hat vielleicht Nerven.

Wieder herrscht er Ludmilla an.

«Kümmern Sie sich darum!»

Sie nickt beflissen, und Schindelmeister zieht unwirsch von dannen.

Plötzlich sieht Ludmilla mich an, als hätte bei ihr der Geistesblitz eingeschlagen.

«Herr Würmer ist verhindert? Das wäre doch *die* Gelegenheit!»

«Für mich? Wie meinen Sie das?»

«Wenn Herr Würmer schon was vorhat, dann müssen *Sie* eben einspringen.»

Der Groschen fällt. Eine wirklich unglaubliche Idee! Statt Justyna also Dominika. Soll ich zum Lügenbaron werden? Zum Don Juan, der von einer Blüte zur anderen fliegt?

Ich mische mich unauffällig unter die Gruppe. Mittlerweile sind auch die polnischen Frauen dazugestoßen, Augenpralinen, so weit das Auge reicht. Bernds Kandidatin Dominika ist im Getümmel unschwer auszumachen, eine Sexbombe mit sagenhaften Rundungen. Im allgemeinen Gewühle heftet mir Ludmilla eine Namenskarte mit der Aufschrift *Würmer, Bernd* an. Jetzt ist endgültig alles zu spät. Herr Schindelmeister übernimmt das Kommando:

«So, meine Herren, ich darf Sie nun bitten, Ihre Herzdamen zu begrüßen. Danach können Sie sich in Ruhe beschnuppern. Das kann im Foyer sein oder ganz entspannt auf dem Zimmer, oder aber Sie unternehmen einen kleinen Spaziergang. Allerspätestens um 21 Uhr sind Sie bitte wieder hier zur großen Singleparty. Ich wünsche euch jetzt Eins-a-Quality-Time mit unseren Girls.»

Ich gehe entschlossen auf Dominika zu und begrüße sie mit festem Händedruck.

«Hello, I am Bernd.»

Freundlich erwidert sie die Begrüßung:

«Nice to meet you. Dominika.»

Der perfekte Moment für das Gastgeschenk. Sie öffnet es stante pede, und Zeichen von Freude huschen über ihr rundes Gesicht. Mit einer lässigen Handbewegung fordere ich sie auf, mich aufs Zimmer zu begleiten. Sie nickt und folgt ohne Argwohn.

DOMINIKA

IM ZIMMER ANGEKOMMEN, helfe ich der hübschen Polin zuallererst aus ihrem Mantel, einem Fell-Imitat, das auch in jedem modernen deutschen Bekleidungsgeschäft angeboten werden könnte. Ich bedeute ihr, auf dem bereitstehenden Sofa Platz zu nehmen, während ich, ganz Gastgeber, mich mit dem einzigen Sessel begnüge.

Zum Glück hat Bernd für genau diesen Anlass eine Flasche Sekt mitgebracht. Statt Gläsern hole ich uns zwanglos zwei Zahnputzbecher aus dem Bad, was ein Lächeln auf Dominikas Lippen zaubert und die Atmosphäre weiter entspannt.

«Not macht erfinderisch.»

«Oh, really?»

«Do you want a glass of Champagne?»

«Okkayyy?!»

Ich schenke ein. Während der Schaumwein in die Becher perlt, schaut sich Dominika suchend um, bevor sie mit der Sprache herausrückt:

«Is this a smokers room?»

Ich glaube nicht, möchte ihr aber den Nikotingenuss auch nicht untersagen:

«Why not.»

Kein Aschenbecher? Kein Problem! Eine zweckentfremdete Obstschüssel tut es auch. Dominika bietet mir eine Zigarette an. Obwohl Nichtraucher, nehme ich ihr Angebot aus Geselligkeit an.

«Na zdrowie.»

«Prost.»

Sie hat einen ordentlichen Zug am Leibe, und kaum dass man sich's versieht, ist die Flasche ausgegluckert. Schwere blaue Rauchschwaden hängen in der Luft, als ob wir hier schon einige Tage und vor allem Nächte durchziehen würden. Zum Glück steht noch eine allerdings kostenpflichtige Flasche Rotwein auf dem Tisch. Weiter holpert die Konversation in englischer Sprache. Mühsam höre ich heraus, dass sie als Komplettkraft in einem Kaufhaus arbeitet und ihren Hund, einen Borderline-Collie, über alles liebt. Aufgrund der Alkoholwirkung gestaltet sich die Unterhaltung zunehmend schwieriger, aber gleichzeitig auch leichter. Ich greife nach meinem Wörterbuch:

«Proszę zawołać lekarza!»

Was so viel bedeutet wie: *Holen Sie bitte einen Arzt!* Dominika lacht sich scheckig und leert den nächsten Becher schweren Rotweins in einem beherzten Zug. Sie blättert ihrerseits im Wörterbuch und deutet auf eine andere Stelle:

«Mogę poprosić o menu?»

Ich hätte gern die Speisekarte! Nur gut, dass ich aufgrund der Turbulenzen meinen Reiseproviant nicht angerührt habe und nun Brötchen anbieten kann, wahlweise mit Gouda und mit frischem Kochschinken belegt. Sie wählt die Käsevariation. Nach ein paar Bissen hält sie mir die Semmel hin, von der ich abbeiße.

«Schmeckt gut. So, jetzt rauch ich auch noch eine.»

Ich deute auf die Zigarettenschachtel, sie reicht mir eine Kippe. Wie es aussieht, verstehen sich hier zwei blind. Sie ascht mittlerweile in die Sektflasche. Es geht zwar die Hälfte daneben, aber das stört keinen großen Geist. Da ich nicht hinterherhängen will, schenke auch ich meinen Becher randvoll. Nachdem wir uns noch ein paarmal aus dem Wörterbuch vorgelesen haben, verschwimmen die Buchstaben vor meinen Augen.

Übelkeit steigt in mir auf. Gott ach Gott, hoffentlich muss ich mich nicht übergeben! Für mich gibt es nichts Abscheulicheres, als wenn einem schlecht und immer schlechter wird und sich die Malaise schließlich im Brechen entlädt. Dann kniet man als ärmster aller armen Willis über der Klobrille und hofft, der Krug möge doch bitte schön an einem vorübergehen, doch mit jeder Minute, die in dieser würdelosen Haltung verstreicht, erlahmt die Gegenwehr, und am Ende des Dramas bäumt sich der Körper in einer gewaltigen Eruption auf, und alle Lebenskraft entweicht zusammen mit dem Erbrochenen.

«Sorry, Bernd, just a second.»

Auch die schönste Frau muss mal auf Klo. Endlich. Ich nutze die Gelegenheit, um Wasser zu trinken und eine Magen-Darm-Tablette einzuschmeißen, von denen ich stets eine Notfall-Ration bei mir führe. Nun heißt es beten und auf die Wirkung hoffen.

Natürlich muss mir niemand mit erhobenem Zeigefinger predigen, dass ich im Zweifelsfall gegen einen tückischen Darmvirus machtlos bin, aber man kann schon einiges tun, um Übelkeit und Erbrechen vorzubeugen. Regel Numero uno: keinen Alkohol, außer vielleicht mal ein Bier. In meinen Teenagerjahren bin ich mit der Christlichen

Gemeinde insgesamt dreimal auf die Jugendfreizeit nach Bolmsö (Schweden) gefahren. Die Älteren machten sich regelmäßig einen Spaß daraus, mir Schnaps einzuflößen. Sie amüsierten sich wie Bolle, wenn ich zunächst singend, später dann brechend durch das Sechs-Mann-Zelt torkelte und am Ende besinnungslos liegen blieb. Seit dieser Zeit bin ich von harten Spirituosen mehr als gründlich kuriert! Eine zweite Regel besteht in sorgfältiger Speisenauswahl, z.B. kein Fisch, Hack oder Ei. Ich werfe Lebensmittel auch grundsätzlich zwei Tage vor dem Verfallsdatum weg und gehe nie auswärts essen, Ausnahme: Kamin 21. Wer weiß, welche Ratten, Schlangen und Hunde der jeweilige Koch uns arglosen Gästen aus Tücke vorsetzt! Ich sehe ihn direkt vor mir, wie er uns durch ein Guckloch in der Küche beobachtet und sich die schwieligen Hände vor diebischem Vergnügen reibt. Drittens: den Magen-Darm-Trakt belastende Aufregungen vermeiden! Dazu zählen Streit, Hetze, Lärm, aber auch optische Überreizung.

Diesen Gedanken hänge ich nach, bis nach einer schier endlosen Weile Dominika vom stillen Örtchen zurückkehrt. Und nun? Soll ich das Spielchen weiter ausreizen? Noch kann ich mit einem blauen Auge davonkommen. Schweren Herzens entschließe ich mich, ihr reinen Wein einzuschenken.

«Dominika, what I have to say is, that sorry, I'm just a friend from Bernd. Mr. Würmer the representation, you know? Maybe he is coming in the next minutes.»

«What? I can't understand. I think, you are a little bit drunk!»

Debatte beendet, und weiter geht's mit fröhlichem Deutsch-Polnisch-Englisch-Kauderwelsch.

Gerade als die Stimmung ihren Höhepunkt erreicht, wummert und hämmert es plötzlich an der Tür. Man braucht kein Prophet zu sein, um zu ahnen, wer das ist. Ich öffne, und dann passiert etwas Unglaubliches:

BERND ERHEBT SICH MIT SEINEN EIN METER ZWEIUNDNEUNZIG KÖRPERGRÖSSE AUS DEM STUHLE.

Als wäre nichts selbstverständlicher, eilt er entschlossenen Schritts zur Balkontür und reißt sie sperrangelweit auf.

«Habt ihr euch die Zeit gut vertrieben?»

«Who is this man?»

«BERND. WAS IST DAS? WAS SOLL DAS? DU KANNST LAUFEN?»

Ich bin so sprachlos, dass mir nichts Gescheiteres einfällt. Statt zu antworten, deutet er auf das aufgebahrte Foto von Papst Johannes Paul II.

«Was ist das denn?»

«Der Papst.»

«Das seh ich selbst. Und was soll das?»

«Mein Gastgeschenk. Jetzt lenk nicht ab. Du kannst gehen? Seit wann?»

«DEIN WAS? DEIN GASTGESCHENK?»

Ich nicke wie gelähmt.

«*Dein* Gastgeschenk! Für *mein* Date?!»

Er schreit die arme Dominika an:

«I AM YOUR REAL DATE!»

In höchster Erregung pfeffert der Riese *sein* Geschenk voll Karacho in die Ecke. Wahrscheinlich denkt Dominika, es mit zwei frisch aus dem Irrenhaus Ausgebrochenen zu tun zu haben, denn sie verlässt fluchtartig den Raum. Da nützt es auch nichts, dass Bernd hinter ihr herruft:

«Dominika, wait. Stay ...»

Doch die schöne Polin lässt sich nicht erweichen. Bernd dreht völlig am Rad:

«DU VERDAMMTER HEUCHLER! DAS HÄTTE ICH NIE IM LEBEN VON DIR GEDACHT, NIE IM LEBEN! ABER EINMAL KAMERADENSCHWEIN, IMMER KAMERADENSCHWEIN.»

Das lasse ich nicht auf mir sitzen:

«HEUCHLER? WENN ICH EIN HEUCHLER SEIN SOLL, WAS BIST DU DANN?»

Mir schießen vor Wut, Enttäuschung und Trunkenheit die Tränen in die Augen. Doch Bernd wendet sich ab und erklärt in gestelztem Behördendeutsch:

«Folgendes, Herr Dose: Ich kündige Ihnen hiermit mit sofortiger Wirkung die Freundschaft und darf Sie bitten, unverzüglich das Zimmer zu verlassen.»

«Wieso denn ich?»

«Zehn, neun, acht ...»

«Was soll das?»

«Sieben, sechs, fünf ...»

«Bernd!»

«Vier, drei, zwei ...»

Jetzt platzt auch mir der Kragen:

«ICH WILL DIR MAL WAS SAGEN: AUF DIESER REISE HAST DU MIR DEIN WAHRES GESICHT GEZEIGT. ICH HAB ALLES GEZAHLT, UND WER WEISS, WAS ZU HAUSE INZWISCHEN LOS IST. ABER DAS INTERESSIERT DICH NICHT, WEIL DU NUR AN DICH DENKST UND IMMER NUR DEINEN EIGENEN VORTEIL IM SINN HAST. JETZT WEISS ICH ENDLICH, MIT WEM ICH ES DIE GANZEN JAHRE ZU TUN HATTE: MIT EINEM MONSTER. JAWOHL, DAS BIST DU, EIN MONSTER!»

«Und eins. Wenn ich dann bitten darf.»

So viel Gemeinheit raubt mir den Atem. Außerdem gibt der Klügere bekanntlich nach. Ich raffe meine Habseligkeiten zusammen, und weg bin ich. Während ich auf den Fahrstuhl warte, kommt Bernd mir hinterhergeeiert. Wie es scheint, hat der überraschend Wiederauferstandene nun doch eingesehen, dass *er* den viel schlimmeren Vertrauensmissbrauch begangen hat.

«Warte doch mal kurz.»

«Worauf soll ich denn warten? Wie skrupellos kann man sein? Wie lange eigentlich ...?»

«Seit drei Jahren. Hör mal. Das war so, die haben ein neues Mittel entdeckt, und die Lähmung ist dann Schritt für Schritt weggegangen. Am Anfang konnte ich es selbst gar nicht glauben. Ich wollte es dir sowieso längst sagen.»

«Von wegen. Ich glaub dir kein Wort.» Jetzt drehe ich mich ganz zu Bernd um und gucke ihn wütend an. «Aber eins musst du mir noch verraten: Wieso fährst du für teures Geld als Rollstuhlfahrer nach Polen, um eine Frau kennenzulernen, wenn du gehen kannst? Ach, ist ja auch egal. Du bist faul wie die Sünde und hast die Nummer nur durchgezogen, um dir Vorteile zu erschleichen. Und einen Freifahrtschein, dass du dich benehmen kannst wie die Axt im Walde. *Alle* hast du angelogen, selbst deinen besten Freund und sogar deinen Arbeitgeber. Aber jetzt drehen wir den Spieß zur Abwechslung mal um: Ich kündige *Ihnen* nämlich. Und zwar nicht nur die Freundschaft. Sie haben eine Woche Zeit, Ihre Schulden bei mir zu begleichen, eventuelle Schadensersatzansprüche behalte ich mir vor.»

Das saß. Damit hat er nicht gerechnet. Da habe ich ihn auf dem falschen Fuß erwischt. Bevor sich die Fahrstuhltür hinter mir auf Nimmerwiedersehen zuzieht, kämpft Bernd sein letztes Gefecht:

«Von wegen. Ich wünsche Ihnen eine recht, recht gute Reise. Und ein schönes Leben noch. BIS NIE!»

Doch da höre ich eigentlich schon nicht mehr zu.

Unten ist die Single-Party in vollem Gange, aus dem Saal dröhnen die wummernden Bässe. Mechanisch bewegen sich meine Lippen zum Neunziger-Jahre-Gassenhauer der Formation *Venga Boys*:

«Boom, Boom, Boom, Boom! I want you in my room. Let's spend the night together from now until forever.»

Ich gehe zur Rezeption, wo ein älterer, zerrupfter Pförtner die Stellung hält.

«Good evening. I am the guest from room 23. Mr. Dose. My friend, Mr. Würmer, is ill, I don't want to disturb, can I have another room? A single room?»

Die Antwort in gebrochenem Deutsch:

«Nix frei gerade. Ganze Stadt voll. Messe.»

«Ach, Mensch, das gibt's doch gar nicht.»

Ausgerechnet in dieser Situation klingelt mein Handy. Ein Blick aufs Display: SCHWESTER PETRA! Das hat unter Garantie nichts Gutes zu bedeuten.

«Dose. Ja, Schwester? Gibt's was Neues?»

«WAS ES NEUES GIBT? Das ist wirklich ein starkes Stück. Als Allererstes hätte ich gerne mal gewusst, wo in Gottes Namen Sie stecken!»

«Ich bin in der Nähe der deutschen Grenze gelandet, in Polen. Aber das ist gar nicht so weit, wie es aussieht.»

«Aha, wusste ich doch, dass Sie mich angelogen haben. Aber das klären wir, wenn Sie wieder da sind. Und jetzt hören Sie mir mal gut zu: Schwester Angela hat sich mit schwerer Lungenentzündung krankgemeldet, das heißt, dass Sie jetzt unter allen Umständen und so schnell wie möglich kommen müssen.»

«Aber was heißt das denn?»

«WIE, *WAS HEISST DAS DENN*? Hab ich mich nicht klar genug ausgedrückt?»

«Doch.»

«Das hat Konsequenzen. Das sag ich Ihnen.»

«Ich melde mich, wenn ich ...?»

Doch die resolute Pflegekraft hat bereits aufgelegt.

Das war's wohl endgültig. Der Portier schaut mich fragend an.

«Ich brauche doch kein Zimmer mehr. Wissen Sie, wann der nächste Zug nach Hamburg geht?»

«Hamburg?»

Ein böhmisches Dorf für den braven Mann. Er verschwindet im STAFF ONLY, um den Fahrplan einzusehen.

«Gibt Nachtzug. Über Poznań und Berlin Ost.»

«Poznan? Nachtzug? DDR? Hmm. Na dann.»

Was bleibt mir übrig. Vielleicht gar nicht schlecht, so ein Nachtzug, dann hat man's schneller hinter sich.

«Wann geht die Verbindung denn?»

«Null Uhr dreißig, in ein Stunde. Bahnhof gleich um Eck, mit Fuß fünf Minut.»

«Ach so, dann habe ich ja noch ein bisschen Zeit.»

Also hinsetzen und warten. Ich kann den Blick nicht vom Portier abwenden. An irgendjemanden erinnert mich diese seltsam zerquetschte Visage mit den vorstehenden Glubschaugen. Aber an wen? Ich grüble und grüble, bis endlich der Groschen fällt: Er ist meinem ehemaligen

Nachbarn Herrn Schrahn wie aus dem Gesicht geschnitten!

Herr Schrahn hat ungelogen die wohl seltsamste Geschichte erlebt, von der ich je gehört habe, und wenn ich nicht aus sicherer Quelle wüsste, dass sie stimmt, würde ich sie ganz bestimmt nicht glauben: Er war als Friseur im *Jesus-Center* angestellt, verlor aber seinen sicher geglaubten Job, als das Center von einem Tag auf den nächsten unter dubiosen Umständen seine Pforten schloss. In seinem erlernten Beruf fand und fand und fand er keine neue Anstellung. Es war wie verhext. Da er Frau und zwei halbwüchsige, immer hungrige Söhne durchbringen musste, bewarb er sich in seiner Not auf eine geheimnisvolle Chiffreanzeige, aus der nichts weiter hervorging, als dass es sich um eine leichte Tätigkeit im Ausland handelte. Schwammiger ging es kaum.

Schon wenige Tage später traf eine Antwort ein. Der Absender war aus Brunei, dem unermesslich reichen, winzigen Ölstaat. Doch als Herr Schrahn las, um was es gehen sollte, traf ihn der Schlag: Was hierzulande kaum einer weiß, ist, dass die Brunesen – «Bruneier» wird es ja wohl nicht heißen! – für ihr Leben gerne in geselliger Runde Straßenschach spielen. Den ganzen Tag schieben sie draußen an der frischen Luft die mannsgroßen Figuren hin und her, als gäbe es kein Morgen. So weit, so gut. Jetzt aber zum «Stellenangebot»: Herr Schrahn sollte nebst Familie für monatlich 8000 Petrodollars als lebende Schachfigur anheuern! Für dieses verlockende Entgelt sollte sich die ganze Familie Schrahn, als die jeweiligen Figuren verkleidet, von morgens bis abends übers Brett jagen lassen. Wenn man so reich ist wie die Brunesen, kommt man anscheinend auf die absonderlichsten Ideen. Vielleicht macht es den Herren Öl-Milliardären auch Spaß, am Hungertuch nagende Europäer zu demütigen, wahrscheinlich sogar. Herr Schrahn lehnte zunächst auch entrüstet ab. Als ihm viele Wochen später jedoch wieder mal ein sicher geglaubter Arbeitsplatz vor der Nase weggeschnappt wurde, war er weichgekocht und zog samt Familie und Sack und Pack nach Brunei. Seine Frau wurde Läufer, er selbst Turm. Anstrengende Positionen, die in einem fort bewegt wurden. Die Söhne waren Bauern und freuten sich vor allem darüber, nicht zur Schule zu müssen. Der Arbeitstag währte von zehn bis neunzehn Uhr. Richtig Spaß bereitete Herrn Schrahn dabei nur die Rochade. Alle zwei Stunden durften sie fünfzehn Minuten Pause einlegen, in der allerdings Stillschweigen herrschen musste, da Unterhaltungen die Brunesen vom Spiel ablenken.

Auf ihrem Brett im Stadtteil Satwa waren Menschen aus aller Herren Länder versammelt, so dass sich die Schrahns bald vorkamen wie in der Fremdenlegion. Sie freundeten sich mit einem dänischen Ehepaar an, mit dem sie nach Feierabend Spaziergänge o.Ä. unternahmen. Einmal haben sie sogar den Sultan selbst gesehen, wie er sich auf einer fahrbaren, etwa zweihundert Meter langen Schneepiste rodelnderweise mit seinen Gespielinnen vergnügte. Und das bei sechzig Grad im Schatten!

Nachdem der auf ein Jahr befristete Vertrag ausgelaufen war, wollte Herr Schrahn unbedingt zurück in die Heimat, aber seine Frau hatte hinter seinem Rücken mit einem Schweizer Läufer angebändelt und klammheimlich beschlossen, ihren Mann zu verlassen, um im Wüstenstaat endgültig Wurzeln zu schlagen. So blieben Herrn Schrahn am Ende nur ein paar tausend Dollar Lehrgeld und ein Haufen schlechter Erfahrungen.

Mitternacht, *time to say goodbye.* Ob der hilfsbereite Portier wohl eine ähnliche Leidensgeschichte hat? Ich verabschiede mich mit einem warmen Händedruck. Man sieht sich immer zweimal im Leben.

«Alles Gute, und haben Sie recht, recht vielen Dank.»

«Kein Problem. Aus Hotel raus, links und immer geradeaus.»

Ich nehme meine Siebensachen und mache mich auf den Weg durch die stockfinstere Nacht. Mittlerweile bin ich *bei lebendigem Leibe ausgenüchtert* und friere bei Temperaturen von geschätzt minus 5 Grad wie ein Rohrspatz auf dem Flug in die ewige Kälte. Nach zehn Minuten erreiche ich den Breslauer Bahnhof. Das Hauptgebäude ist versperrt, und so bleibt mir nichts weiter übrig, als auf dem menschenleeren, von eisigen, an den Nerven zerrenden Ostwinden durchwehten Bahnsteig auf die Ankunft des Zuges zu warten. Es kommt mir in diesem endlosen Moment vor, als würde mein Leben zu Staub zerrinnen. Selbst das Wenige, was ich hatte, ist wahrscheinlich weg. Als ob das noch nicht genug wäre, löst sich aus der Finsternis eine schemenhafte Gestalt und hält auf mich zu. Je näher diese Gestalt kommt, desto mehr nimmt sie die Form und das Aussehen von Mutter an, Mutter vor zwanzig, dreißig Jahren, Größe, Gang, alles.

«Mutti?»

Keine Antwort.

«Mutti, bist du es? Wie kommst du denn hierher? Willst du mich abholen?»

Doch das unheimliche Wesen rührt sich nicht von der Stelle, sondern schaut mich reglos an. Habe ich Fieber? Halluzinationen? Oder bin ich einfach nur übernächtigt?

«Jürgen, sind Sie es?», sagt die Gestalt, und ich erkenne die Stimme.

«Ach Gott ... Ludmilla! Was machen Sie denn hier?»

«Wonach sieht es denn aus? Ich habe bei Eurolove gekündigt. Und zwar fristlos. Jetzt nehm ich den Nachtzug.»

Selten habe ich mich mehr über etwas gefreut.

«Guck mal einer an. Ich auch. Vielleicht können wir ja zusammen fahren?», rutscht es mir im Überschwang der Gefühle heraus.

«Das tun wir doch schon.»

ONKEL JOHNNY

DA SCHLAG DOCH einer lang hin! Ludmilla ist den Klauen Schindelmeisters entronnen und muss sich nun wie ich mutterseelenalleine durch die polnische Pampa zurück in Richtung heimatliche Gefilde durchschlagen. Heißt: Wir bilden für geschätzt dreizehn, vierzehn Stunden eine Schicksalsgemeinschaft, Stunden, an die man sich sein ganzes Leben erinnern wird, so viel steht jetzt schon fest. Inzwischen bin ich durchgefroren bis auf die Knochen, ich habe mich vielleicht noch nie im Leben so darauf gefreut, endlich bequem im warmen Abteil zu sitzen und die kaputten Füße lang auszustrecken. Während wir weiter auf den Nachtzug warten, frage ich mich nebenbei, mit welchen Unverschämtheiten, Entgleisungen und Beleidigungen Herr Schindelmeister die nicht gerade zimperliche Dolmetscherin in die Flucht geschlagen hat. Vielleicht kann ich ihr auf der Fahrt mit ein wenig Geschick die Lösung des Rätsels entlocken.

Dann endlich die erlösenden Geräusche eines sich nähernden Zuges. Es ist aber nicht etwa das pfeilschnelle Surren eines Hochgeschwindigkeits-ICE, sondern das charakteristische Mahlen und Puckern eines im modernen Europa eigentlich längst ausgemusterten D-(Durchgangs-)

Zuges. Ein Geräusch, das ich seit frühester Kindheit nicht mehr vernommen habe.

Als der Schienenderwisch einfährt, sehe ich schon unzählige Bauerngesichter, die sich an den verschmutzten Abteilfenstern die Nasen platt drücken. Das Innere des hoffnungslos überfüllten Zuges ist schwarz vor Menschen! Von wegen gemütliche Überlandfahrt mit ausgestreckten Extremitäten. Das kann ich mir aber gründlich von der Backe putzen!

Als sich die Türen öffnen, verlieren eingekeilte Menschen das Gleichgewicht und können sich gerade so einem Sturz auf den Bahnsteig entgegenstemmen. Bilder, wie man sie aus dem Feierabendverkehr im japanischen Tokio kennt. Fehlen nur noch die uniformierten Stopfer, die die Menschen zurück in die krachvollen Abteile pressen.

Mit letzter Kraft und unter hasserfüllten Blicken quetschen wir uns in Wagen neun. Jeder neue Fahrgast ist einer zu viel! Wie Vieh stehen wir in drangvoller Enge und umwabert von furchtbaren Gerüchen, bis Ludmilla Gelegenheit findet, einen ebenfalls auf dem letzten Loch pfeifenden Schaffner anzusprechen. Nachdem sie ihre Konversation beendet haben, reicht sie die Informationen in deutscher Sprache an mich weiter: In Lodsch und Krakau sind Verbindungen ausgefallen, sodass die betroffenen Reisenden auf diesen Zug ausweichen mussten. Die einzige Möglichkeit, die Fahrt unter halbwegs menschenwürdigen Umständen zu überstehen, so gibt Ludmilla den Schaffner weiter wieder, ist der Speisewagen. Gesagt, getan. Wir brauchen eine halbe Stunde, um uns, drängelnd und schubsend, Ellenbogen voran, in das nur zwei Waggons entfernte Speiseabteil durchzuschlagen. Doch auch das ist zum Bersten voll. Schon wollen wir mit hängenden Köpfen weiterzuckeln, als das Wunder geschieht: Eine ältere Frau läuft grün an und verlässt direkt vor uns überstürzt ihren Platz. Wahrscheinlich Durchfallattacke o.Ä. Ihr Sitznachbar schnellt ebenfalls hoch und läuft pflichtschuldig hinter ihr her.

EINMAL IM LEBEN ZUR RECHTEN ZEIT AM RECHTEN ORT!

Erst jetzt, wo wir langsam, aber sicher zur Ruhe kommen, bemerke ich, wie abgespannt Ludmilla aussieht. Die kräftezehrende Reise hat ihr alles abverlangt, sie braucht dringend eine Stärkung. Aber nicht nur sie! Ein unauffälliger Kassensturz ergibt knapp neunzig Euro, letzte Reserve, das sollte doch für einen kleinen Snack reichen.

«Darf ich mir erlauben, dich zu einem Imbiss einzuladen?»

«Warum nicht. Vor allem brauch ich was zu trinken.»

Doch schon droht das nächste Ungemach in Form eines Schaffners, der sich erzlangsam, aber unaufhaltsam durch das Abteil vorarbeitet: FAHRKARTENKONTROLLE! Ach du Schreck! Ich hatte doch gar keine Gelegenheit, einen Fahrschein zu lösen! Jetzt heißt es zittern. Wieder übernimmt Ludmilla die Verhandlungen, als der Beamte bei uns angekommen ist. Nach einem hitzigen Schlagabtausch übersetzt sie:

«Der Schaffner meint, dass der Zug sogar *noch* voller wird. Er bietet uns ein Schlafwagenabteil an, allerdings im *De-luxe*-Bereich. Da sind wohl welche nicht gekommen, die fest gebucht hatten.»

«*De luxe*? Ach du Schreck! Das ist doch bestimmt sündhaft teuer.»

«Tja, wie man's nimmt. Vierhundert Euro. Aber das ist mir die Sache ausnahmsweise wert.»

«Mir auch. Aber so viel Geld hab ich nicht mehr. Nottingham.»

«Macht nix. Ich leg es aus, und du gibst mir deinen Anteil zu Hause zurück.»

Das ist natürlich eine peinliche Situation, sich von einer Frau aushalten zu lassen, aber was bleibt mir übrig? Unter dem Geleitschutz des Schaffners, der ein einträgliches Zusatzgeschäft wittert, landen wir schließlich in einem der beiden *De-luxe*-Abteile, mit Dusche, Klo, Waschbecken und allem möglichen, aber auch unmöglichen Schickimicki. Die paar Quadratmeter, denn mehr sind es auch in der De-luxe-Version nicht, kommen mir jetzt vor wie das Paradies auf Erden. Wie die Landser im Zweiten Weltkrieg sich wohlgefühlt haben, als sie sich nach Monaten Kampf, Hunger und Kälte endlich mal wieder waschen und sattessen konnten? Ludmilla bestellt Bier und zwei Portionen Nudeln mit Soße, die auch prompt geliefert werden. De luxe eben. Das haben wir uns aber auch verdient, nach dem Motto: «Heute wird gelebt.» Außerdem kommt es auf die paar Penunzen jetzt auch nicht mehr an.

Mit dem Bauch voller Nudeln sind wir in unserem abgeriegelten Privatrefugium vollkommen unabhängig vom Kommen und Gehen im restlichen Teil des Zuges. Ein herrlich-wohliges Gefühl ist das, wie Sonntagmorgen unter einer körperwarmen Decke, wenn draußen eisige Graupelschauer gegen die Scheibe prasseln, man aber noch ewig liegen bleiben darf. Langsam umfängt mich Müdigkeit.

Nachdem die ersten Biere ihre Wirkung getan haben, löst sich Ludmillas Zunge, und sie packt aus über Herrn Schindelmeister und die illegalen Eurolove-Machenschaften. Die «geniale» Geschäftsidee dieses sauberen Herrn ist, armen Willis unter Vorspiegelung falscher Tatsachen die letzten Kröten aus der Tasche zu ziehen. Die meisten Frauen, die angeboten werden, gibt es nämlich gar nicht! Zum Beispiel Justyna. Dominika dagegen wurde für einen Appel und ein Ei engagiert, um den liebestollen Willis das schönste Schmierentheater vorzuspielen. Wenn der Willi sich dann Hals über Kopf verliebt hat, taucht sie ab, wie sie gekommen ist, und dann heißt es: *«Die Dame hat es sich leider anders überlegt.»* Aber die üppige Provision gibt's selbstverständlich nicht zurück! Ludmilla meint, sie will den Laden mit Hilfe ihrer Insider-Informationen bei nächster Gelegenheit auffliegen lassen, ihr fehlen nur noch ein paar wenige Details. Ich biete mich als Zeuge an.

Nach zwei weiteren Bieren schlägt ihre kampfeslustige Stimmung plötzlich um. So etwas geschieht meiner Beobachtung nach unter Alkoholeinfluss nicht gerade selten. Als ob dem Trinker von einem Moment zum anderen die Luft rausgeht und der Alkohol ihn regelrecht umpolt. Übermannt von Traurigkeit, berichtet sie nun mit versteinerter Miene aus ihrem Leben, in dem sie nach eigener Einschätzung weitaus mehr Pech als Glück gehabt hat. Motto: «Alle anderen ja, ich nein.» Da können wir uns die Hand reichen, denke ich, behalte es aber für mich.

Ihre Ausbildung zur Slawistin hatte sich bald schon als brotlose Kunst erwiesen, mit der sie nie auch nur ein Bein auf die Erde kriegte, und die anderen Jobs, die sie zwangsläufig annehmen musste, um Geld zu verdienen, waren ebenfalls Reinfälle. Der allerschlimmste Albtraum ereignete sich kurz vor ihrem Einstieg bei Eurolove:

Sie war zu der Zeit mit einem gewissen Herrn Wonglotz verlobt, einem ausgelernten Schlachter. Ihre gemeinsame Geschäftsidee bestand darin, sich mit einer kleinen Metzgerei auf dem Lande selbständig zu machen. Die Aufgabenteilung sah vor, dass Ludmilla die Kundschaft bedienen sollte, während ihr Verlobter hinten schlachtete. Allerdings liefen die Geschäfte nur mäßig, und Herr Wonglotz wurde zusehends muffliger. Eines Abends nun, Ludmilla freute sich nach der Arbeit schon auf ein schönes, heißes Bad, lag statt des Quietsche-Entchens ein toter Fuchs in der Badewanne. Es hatte sich eine große Blutlache gebildet, die langsam im Abfluss versickerte. Entsetzt stellte sie ihren Verlobten zur Rede, der jedoch nur seelenruhig an seiner Bierflasche rumnuckelte und lediglich zu Protokoll gab, dass er den überfahrenen Fuchs auf der Landstraße gefunden hätte und jetzt ausstopfen wollte, weil das eine schöne Stange Geld einbringen würde. Der Kadaver müsste in Ruhe ausbluten, und das ginge nun mal nirgends besser als in der Wanne. Um des lieben Friedens willen protestierte Ludmilla nicht weiter, in der Hoffnung, dass es ein einmaliger Spuk bleiben würde. Da hatte sie sich aber geschnitten, denn Herr Wonglotz brachte jetzt mehrmals die Woche tote Tiere mit nach Hause. Statt wie bisher an den Wochenenden Ausflüge zu unternehmen oder eine Sauna zu besuchen, fuhren sie abgelegene Landstraßen mit möglichst vielen Wildwechseln ab. Für Herrn Wonglotzens Zwecke eigneten sich äußerlich unversehrte Tiere mit einfachem Genickbruch am besten. An einem durchschnittlichen Samstagnachmittag sammelten sie so bis zu einem halben Dutzend Wildschäden ein, die anschließend in die Wanne verbracht wurden, wo sie vierundzwanzig Stunden ausbluteten. Ludmilla konnte sich während dieser Zeit nicht waschen. Danach hängte Herr Wonglotz die Tiere zum endgültigen Trocknen ins Wohnzimmer, wo er sie auch konservierte und für den Verkauf herrichtete. Er eignete sich erstaunliche Fertigkeiten als Präparator an, setzte den Tieren frische Glasaugen ein, glättete das Fell vermittels der *sauren Weißgerbung* und stellte auf diese Weise ihr natürliches Aussehen wieder her. Irgendwann gab es in der gesamten Wohnung kein Plätzchen mehr, wo Ludmilla nicht von rundherum aus Totenaugen angestarrt worden wäre. Im Schlafzimmer, dem einzigen noch verbliebenen Privatraum, hing von einem Tag auf den anderen direkt über dem Bett ein riesiger Eberkopf. Die gesamte Wohnung war mittlerweile bedeckt mit ekligem, feuchtem Glibber, und es roch Tag und Nacht stechend nach Blut und Tod. Als ob das noch nicht genug gewesen wäre, baute Herr Wonglotz in seinem Fanatismus den Kadavern Batterien ein und ließ sie per Fernbedienung wie Modellautos durch die Wohnung wandern. Er machte sich einen richtigen Spaß daraus, die arme Ludmilla in allen möglichen, vor allem aber unmöglichen Situationen zu Tode zu erschrecken. Schließlich bekam sie Angst um ihr nacktes Leben. In einer Nacht-und-Nebel-Aktion packte sie ihre Siebensachen und zog zu den Eltern, wo sie sich regelrecht einigelte, denn es stand zu befürchten, dass Herr Wonglotz nach ihr suchen würde. Aber dem schien ihr Weggang ganz recht zu sein, jedenfalls hörte sie kein Sterbenswörtchen mehr von ihm.

Einige Monate später war in der Lokalzeitung zu lesen, der *Schlachter Maik W.* habe sein Haus mitsamt Schlachterei und Aberhunderten von ausgestopften Tieren in Brand gesetzt, woraufhin er, als gemeingefährlich eingestuft, in die geschlossene Abteilung verbracht worden sei. Kurz darauf fing sie bei Eurolove an, der Rest ist Geschichte. Vom Regen in die Traufe.

Ludmillas atemlos vorgetragene Erzählung hat sie gänzlich erschöpft. Da ich mir nicht sicher bin, ob irgendwelche dummen Kommentare meinerseits erwünscht sind, halte ich den Sabbel. Außerdem erklärt sich die Geschichte von selbst, und es braucht keinen dummen August, der seinen mittelscharfen Senf dazugibt.

Ludmilla, wieder nüchtern, öffnet die nächste Flasche Bier, und nach ein paar Minuten absoluter, nur vom gleichmäßigen Rattern des Zuges untermalter Stille erkundigt sie sich, ganz allgemein gehalten, nach meinem Lebensweg und Werdegang. Endlich Gelegenheit, auszupacken, angefangen bei Adam und Eva: der alte Vater, die abgebrochene Ausbildung bei Getränke-Wolff, die Nierenbeckenzündung, der zahme, aber bissige Waschbär. So lande ich schließlich beim Generalthema *Mutter*. Am Ende meiner Ausführungen schüttelt Ludmilla heftig den Kopf.

«Jürgen, du musst da raus. Stell dir vor, dich gäbe es nicht, dann würde es ja auch gehen. Der Staat und seine Einrichtungen sind dafür da, sich um alte, kranke Menschen wie deine Mutter zu kümmern.»

«Aber das ist gar nicht so einfach. Mutter hat trotz des angegriffenen Gesundheitszustands immer noch großen Einfluss auf mich. Da kann ich nicht mal eben mir nix, dir nix ab durch die Mitte und sie skrupellos ihrem Schicksal überlassen.»

«Und genau da liegt der Denkfehler: Es ist eben nicht skrupellos, wenn ein Mann weit in den Vierzigern endlich sein eigenes Leben leben will. Wenn deine Mutter es gut mit dir meinen würde, hätte sie dich längst gehen lassen. Oder dich sogar rausgeschmissen und verlangt, dass du flügge wirst.»

«Meinst du?»

«Allerdings meine ich das.» Sie schaut mich jetzt ganz seltsam an. «Du musst deine Kräfte zusammennehmen und den Befreiungsschlag wagen. Und ich helfe dir dabei.»

Ich kann es kaum glauben.

«Du? Wirklich? Aber wie?»

«Ich hab schon eine Idee. Aber das erzähle ich dir morgen, ich bin todmüde. Lass uns jetzt schlafen.»

«Wer schläft denn wo?»

«Such dir was aus.»

«Nix. Ich sag nur *Ladies first, James Last.*»

«Also gut, dann gehe ich nach oben.»

Damit verschwindet Ludmilla, bewaffnet mit Kulturbeutel, Richtung sanitäre Einrichtung. Das kann dauern. Gelegenheit, sich in aller Ruhe umzuschauen. Das De-luxe-Abteil besteht im Wesentlichen aus zwei übereinander angeordneten Ausklappbetten, von denen sich das obere über einen kleinen Tritt erreichen lässt.

Ich lausche dem heimatlichen Gefilden entgegenstampfenden Zug, begleitet vom monotonen Summen einer elektrischen Zahnbürste. Dann schlüpfe ich unter die Decke. Ob ich wohl lauthals schnarche? Oder im Schlaf dummes Zeug quatsche? Die elektrische Zahnbürste verstummt. Ein letztes Mundspülen, dann löscht meine Abteilgefährtin das Licht und krabbelt im Schutz der Dunkelheit in ihr Bett. Trotz der späten Stunde bin ich mit einem Mal aufgedreht und hellwach.

«Jürgen?»

«Ja?»

«Du kannst doch auch nicht schlafen, das merke ich. Magst du mir nicht eine Gutenachtgeschichte erzählen?»

«Aus dem Kopf?» Ich bin ein bisschen verdattert.

«Ja, sicher. Es sei denn, du hast ein Märchenbuch dabei.»

«Nein. Ich kenne aber nicht so viele Geschichten auswendig.»

«Meine Güte, du bist aber auch immer umständlich. Irgendeine wird dir doch wohl einfallen.»

«Egal welche?»

«Egal welche.»

Jetzt ist guter Rat teuer.

«Da fällt mir nur die Geschichte von Onkel Johnny ein. Willst du die hören?»

«Weiß *ich* doch nicht. Fang einfach mal an. Wenn's mir nicht gefällt, melde ich mich schon.»

«Gut.» Jetzt erst mal tief Luft holen! «Also, Onkel Johnny kam uns in meiner Kinderzeit jede Woche besuchen, meist am späten Sonntagnachmittag. Er schenkte mir immer etwas Geld, zwanzig oder fünfzig Pfennig, manchmal sogar ein Markstück. ‹Aber nicht im Puff verjubeln›, dröhnte der Koloss und lachte wie ein Berserker, bis der ganze Kleinwagen vibrierte und aus allen Nähten platzte. Denn Onkel Johnny war ein Schrank von einem Mann. Seine Beine waren lang und dick wie Straßenlaternen. ‹Die Stelzen sind der Stamm, aus dem alles wächst›, sagte er immer. *Alles* an Onkel Johnny war riesig. Seine Hände sahen aus wie Schüsseln, und die Füße hatten die Größe von Baggerschaufeln. So kam es mir als Kind jedenfalls vor. Wenn er beim Lachen seinen Mund weit aufriss, sah ich, das sich immer mindestens ein Pfund Speisereste zwischen seinen mächtigen Hauern verfangen hatte. Er sagte dann augenzwinkernd: ‹Geh, Junge, als Mann musst du immer deine Speisekammer mit dir führen.› Das leuchtete mir ein, und auch ich versuchte, möglichst viele Reste im Mund zu halten. Onkel Johnny war von solch übermenschlicher Präsenz, dass sogar Tiere in Habachtstellung gingen. Wenn im Spätsommer die Wespenplage in vollem Gange war, blieb der Gigant ruhig wie ein Hinkelstein auf seinem Platz sitzen, denn niemals hätte ein niederes Insekt es gewagt, den mächtigen Mann zu stechen. Manchmal schnellte unvermittelt seine Pranke durch die Luft, und wenn er sie wieder öffnete, waren darin ein halbes Dutzend zerquetschter Hornissen, manchmal auch ein kleinerer Vogel. Ich verehrte ihn zutiefst und hätte alles darum gegeben, so zu sein wie er.»

Die Erinnerung überkommt mich nun wie ein Brausebad.

«Onkel Johnny war schon über sechzig und hatte die ganzen Jahrzehnte wie ein Einsiedlerkrebs in einem winzigen Dörfchen jwd als Sattler verbracht.

Doch plötzlich nahm sein Leben eine unerwartete Wendung. Seine Cousine Anni war nach dem Tod ihres Mannes das Stadtleben leid, und da sie sich mit Vetter Johnny immer gut verstanden hatte, schlug Anni vor, sie könne doch zu ihm aufs Land ziehen. Derartig überrumpelt, willigte Johnny ein, und bereits wenige Wochen später zog Anni mit Sack und Pack in seine Wohnung. Die beiden älteren Herrschaften verstanden sich von Anfang an hervorragend. Von morgens bis abends plauderten sie wie die Waldspatzen, und am Wochenende unternahmen sie ausgedehnte Spazierfahrten im Kadettauto.

Dann passierte das gänzlich Unerwartete: Onkel Johnny verliebte sich unsterblich in Anni. Zum ersten Mal in seinem Leben. Er konnte nicht mehr richtig essen, schlief schlecht und lachte auch nicht mehr so laut, aus Angst, die geliebte Person zu erschrecken. Er schälte Kartoffeln, goss Blumen, feudelte, um Anni so viel Arbeit wie möglich abzunehmen. Schließlich hielt er es nicht mehr aus, und er machte ihr eine Liebeserklärung. Auch Anni empfand große Zuneigung für den zwei Meter zwei großen Sattlermeister und tätschelte als Zeichen des Einverständnisses sanft seine Pranken.»

Hier muss ich schlucken.

«Es hätte alles so schön werden können. Doch nach kurzer Zeit veränderte sich Johnny: Er, der stets vor Gesundheit gestrotzt hatte, erkrankte ständig ohne ersichtlichen Grund, verlor zwanzig Kilo an Gewicht und wurde von einer großen inneren Unruhe ergriffen.

Die Liebe war zu stark für ihn. Sie hatte ihn regelrecht überwältigt und aus seiner soliden Onkel-Johnny-Verankerung gerissen. Anni beobachtete die Entwicklung mit großer Sorge. Hilflos musste sie Johnny bei den verzweifelten Versuchen zusehen, seiner Gefühle Herr zu werden. Der einst so stolze Mann war gleichsam auf einer Eisscholle ins Meer hinausgetrieben, und nichts und niemand konnte ihn von dort zurückholen.

An einem eisigen Januartag verschwand er und wurde

nur durch Zufall zwei Wochen später gefunden. Es folgte eine lange Bettlägrigkeit. Nach seiner Genesung wurde er in ein Pflegeheim verbracht, wo er bis zu seinem Tod blieb.

Anni besuchte ihn, sooft sie konnte. Sie saß an seinem Bett, und die beiden Alten weinten zusammen. Johnny schaute Anni dabei unentwegt und stumm an. Sie streichelte seine Hand, küsste ihn auf die Stirn und sang ihm Lieder vor.

Die Liebe war zu spät gekommen, um ihnen noch Glück zu bringen.»

Ein abrupter Schluss und beileibe kein klassisches Happy End. Von der oberen Bettstatt dringt kein Mucks. Vielleicht ist meine Abteilnachbarin längst eingeschlafen. Kein Wunder, denn wie ich mit monotoner Stimme ohne Höhen und Tiefen den Text runtergerattert habe, muss man ja wegnickern vor Langeweile.

«Jürgen, das ist ja entsetzlich traurig. Stimmt die Geschichte denn?»

«Meines Wissens ja.»

«Armer Johnny.»

«Ja.»

«Gib mal deine Hand.»

«Was?»

«Mensch, Jürgen.»

Ich reiche meine Flosse nach oben, und so liegen wir Hand in Hand wie ein Liebespaar. Nach ein paar Minuten fängt sie leise an zu schnarchen. Obwohl mir langsam der Arm weh tut, halte ich so lange durch, wie ich kann.

Am frühen Morgen werden wir von einer dröhnend lauten, metallisch scheppernden Zugansage geweckt:

«In wenigen Minuten erreichen wir Hamburg-Harburg. Es werden alle Anschlusszüge erreicht. Wir bedanken uns bei allen Fahrgästen, die hier aussteigen, für ihre Reise mit der Deutschen Bahn.»

Oje, jetzt ist aber Eile geboten. Ich raffe hastig meine Siebensachen zusammen, nach dem Motto: «Rein in die Kartoffeln, raus aus die Kartoffeln.» Und schon sitzt mir die nächste Ansage im Nacken:

«Bitte einsteigen, der Zug fährt jetzt weiter bis Hamburg Hauptbahnhof.»

Ich werfe einen letzten Blick in Ludmillas liebes, verschlafenes Gesicht. Jetzt bleibt mir noch nicht mal Zeit, mich angemessen von ihr zu verabschieden.

«So ein Mist. Darf ich dich demnächst anrufen?»

«Ja klar.»

Es ertönt das nervtötende Piepgeräusch, das dem Schließen der Türen vorangeht. Im wirklich allerletzten Moment springe ich, die Jacke notdürftig übergestreift, auf den regennassen Bahnsteig. Ich bleibe vor dem Abteilfenster des sich langsam wieder in Bewegung setzenden Zuges stehen und winke Ludmilla zum Abschied zu. Sie malt mit dem Zeigefinger etwas in den Schmutz der Scheibe, Telefonnummer und/oder Adresse, schätze ich mal. Obwohl ich mit den Augen krampfhaft zu folgen versuche, kann ich nichts Zusammenhängendes erkennen. Der Zug wird schneller, Ludmilla erwidert das Winken, wobei sie traurig mit den Achseln zuckt. Das war's dann wohl. Ich werde sie nie wiedersehen.

DEHYDRATION

ABER MEINE DÜSTEREN Gedanken werden gleich von einer neuen Fuhre noch düsterer Gedanken verdrängt: Was in Herrgotts Namen, wenn daheim während meiner Abwesenheit tatsächlich etwas Schlimmes passiert sein sollte? Wenn Mutter, wie Schwester Petra behauptet, noch weniger als sonst getrunken hat, kann es schneller abwärtsgehen, als man denkt. Ich hoffe, dass sich die Schwester getäuscht hat mit ihrem anklagenden *«Gerade wenn man am wenigsten damit rechnet, passiert am meisten»*. Von Ängsten geplagt, nehme ich die Beine in die Hand. Der Weg, den ich auch im Stockfinsteren mit verbundenen Augen finden würde, führt mich vorbei an allzu vertrauten Plätzen: die Mitte der siebziger Jahre des vorherigen Jahrhunderts erbaute achtgeschossige Hochhaussiedlung. Die kunterbunten Ansammlungen unterschiedlichster Mehrfamilien-, Einzel-, Doppel- und Reihenhäuser. Der winzige Kinderspielplatz an der Meininger Straße. Das verrottete Einkaufszentrum, wo jetzt statt modernem Supermarkt, Bankfiliale, Bücherhalle und der Reinigung Malzahn Dönerbuden, Euro-Läden, diverse Aufback-Bäcker und ein Geiz-Friseur ihr Schattendasein fristen. Gehetzt von dunklen Vorahnungen, verfalle ich vom Schritttempo zunächst in einen gemäßigten Trab, schließlich in den Dauerlauf. Schweißüberströmt, mit hängender Zunge und aus den Höhlen tretenden Augen erreiche ich unser Miethaus: drei Stockwerke, Satteldach, neun Parteien. Mein Ziel ist wie immer der zweite Stock.

Der Aufzug ist mal wieder defekt, ich nehme die Treppe. Bei jedem einzelnen Schritt auf den gekachelten Stufen werden meine Beine schwerer. Auf den allerletzten der vierzig Stufen fühlen sie sich an wie Blei, sodass ich mich kurz vor Erreichen der Wohnungstür hinsetzen muss, um noch einmal durchzuschnaufen, mich ein letztes Mal zu sammeln. Während sich mein Atem beruhigt, fällt mir auf, dass im Treppenhaus nicht der klitzekleinste Mucks zu hören ist. Ich schaue mich um. Leere Getränkebecher, Zigarettenschachteln und Papierschnipsel liegen überall auf dem Boden herum. Traurig. Der teilverklinkerte Nachkriegsbau kommt mir plötzlich vor wie ein Geisterhaus, in dem ein kreuzgefährliches Virus sämtliche Bewohner im Schlaf getötet hat. Auch aus unserer Wohnung dringt kein Laut, man spürt förmlich die Grabesruhe durch die geschlossene Tür. Kein plärrendes Radio, kein brodelnder Wasserkocher, keine hektisch herumwuselnde, von Mutters schrillen Kommandos angetriebene Schwester. Noch nie habe ich eine Schimpftirade so herbeigesehnt! Während der Schlüssel weich wie Butter ins Schloss gleitet, rufe ich leise «Mutti, Mutti», um mir selber Mut zu machen. Die erlösende Antwort bleibt aus. Nachdem ich die Tür mit vernehmlichem Geräusch hinter mir zugezogen habe, rufe ich demonstrativ fröhlich pfeifend «DA BIN ICH WIEDER» in die Totenstille hinein. Nichts! Ich stürze in Mutters Zimmer, und

IHR BETT IST LEER! LEER! LEER!

Wie ich so reglos und mit hängenden Armen dastehe, springen mir, vielleicht zum allerersten Mal überhaupt, die ungeheuren Dimensionen der Schlafstatt ins Auge. Hier würde auch ein zwei Meter fünfzig großer, einhundertneunzig Kilo schwerer Mann bequem Platz finden. Die Stimmung ist ganz und gar unnatürlich, wie in einem Horrorfilm: Das menschenleere Spezialbett brummt vor sich hin, sämtliche Schnabeltassen sind ausgetrunken, ein Blumenstrauß welkt in einer bräunlichen Wasserlake und lässt Bernds Satz *Blumen bringen Traurigkeit ins Leben* nur allzu wahr werden.

Ich bemühe mich, so weit überhaupt möglich, einen kühlen Kopf zu bewahren und beginne die Wohnung zu durchsuchen: nach einem Zettel, einer Nachricht über den Verbleib des Pfleglings. Vergeblich, es findet sich nicht der klitzekleinste Hinweis.

Anruf bei Stadtkäfer: Keiner hebt ab.

Anruf bei Schwester Petra: Telefon abgestellt.

Anruf bei Schwester Inge: Teilnehmer nicht erreichbar.

Im Örtlichen (Telefonbuch) klamüsere ich die Adressen umliegender Krankenhäuser heraus, dann mache ich mich, geplagt von Schwindelanfällen und Magenkrämpfen, auf den Weg. Erste Station ist das *Krankenhaus Mariahilf.* Nüchterne Auskunft der Pforte: KEINE PATIENTIN DOSE EINGELIEFERT. Weiter ins *Allgemeine Krankenhaus*: KEINE PATIENTIN DOSE EINGELIEFERT. Letzte Hoffnung *Evangelisches Krankenhaus Hubertus.* Erneut trage ich mein Anliegen beim Pförtner bzw. der Infokraft vor, die den Namen mit einer Computerliste kürzlich eingelieferter Patienten abgleicht.

«Heißt Ihre Mutter mit Vornamen Margret?»

JA, JA UND NOCHMALS JA!

«Liegt auf der Notfallstation. Dritter Stock, Zimmer 334.»

Notfallstation. Ich spare mir den Fahrstuhl und sprinte mit letzter Kraft das Treppenhaus hinauf. Im Dritten (Stock) renne ich fast eine uralte Krankenschwester um, die kurz vor ihrer Pensionierung stehen dürfte. Und die wird ausgerechnet bei den NOTFÄLLEN eingesetzt! «Trotzdem höflich bleiben», lautet die Devise.

«Entschuldigen Sie vielmals die Störung. Wo finde ich denn Zimmer 334?»

«Links, und am Ende des Flures rechts, zweite Tür. Wer sind Sie?»

«Ich bin der Sohn von Frau Dose.»

«Ach je, Sie Armer.»

«Was soll das heißen?»

«Ihre Mutter war ja völlig dehydriert. So was passiert leider ständig. Die Leute hören von sich aus auf zu trinken. Aber wir tun wirklich alles, damit sie durchkommt.»

Durchkommt? Ich blicke sie stumm an und laufe dann los.

Die 334 ist Gott sei Dank ein Einzelzimmer, Mutter wird also jede erdenkliche Pflege erhalten. Aber es steht nicht gut um sie. Die Augen halb geschlossen, auch auf persönliche Ansprache reagiert sie nur mit kaum hörbarem Gurgeln. Ob sie überhaupt etwas mitbekommt? Mehr als ihre Hand zu halten bleibt mir nicht. Vielleicht erkennt sie meine Stimme. Ich reiße mich zusammen und beginne eine improvisierte Ansprache.

«Mutti, was machst du denn für Sachen? Einfach nichts trinken. Ich verstehe natürlich, dass der Tee eklig schmeckt. Aber nützt ja nix. Vielleicht können wir mal eine andere

Sorte ausprobieren. Wäre ja gelacht, bei den Hunderten und Zigtausenden Sorten Tee wird es doch wohl eine geben, die dir schmeckt! Ich spreche gleich mal mit den Schwestern. Und wenn du dann nach Hause kommst, wartet etwas, auf das du dich freuen kannst. Ganz sicher sogar.»

Ich schweige und lausche. Keine Reaktion.

Die Uraltschwester schaut zur Tür herein und sagt, ich solle jetzt besser gehen, weil ich momentan sowieso nichts ausrichten könne. Ein Dialog, wie man ihn mitsprechen könnte, weil man ihn schon unzählige Male in Filmen gehört hat, in denen man nicht mitspielen möchte.

Statt mit dem Bus trete ich den Rückweg auf Schusters Rappen an, um bei frischer Luft klare Gedanken zu fassen. Etwa auf halber Strecke überfällt mich eine Heißhungerattacke. Obwohl mich das schlechte Gewissen plagt, besorge ich beim asiatischen Schnellimbiss um die Ecke einen Napf mit Reis und scharfem Gemüse zum Mitnehmen. Nervennahrung.

Kaum in meinen vier Wänden angekommen und den Napf geleert, fällt mir die Decke auf den Kopf. Die Wohnung kommt mir noch dunkler und vollgestellter vor als sonst, und die Wände scheinen immer näher zu rücken. Zur Ablenkung erst mal Fernsehen. In einem der dritten Programme bringen sie einen Bericht über die Galapagosinseln. Obwohl ich mich an kein einziges Detail erinnern kann, kommt es mir vor, als hätte ich ihn schon unzählige Male gesehen. Mir ist schon öfter aufgefallen, dass einem Tier- und Pflanzenwelt-Reportagen zunächst interessant und lehrreich vorkommen, aber kaum schaltet man aus, ist alles vergessen, wie *automatisch gelöscht.* Auf Bibel TV läuft «Gott sei Dank». Doch auch das bringt weder Trost noch Ablenkung. Auf dem Weg zur Toilette taumele ich, von einer Ohnmachtsattacke angefallen. In diesem Zustand kann ich morgen unmöglich zur Arbeit, außerdem muss ich ja Mutter im Krankenhaus besuchen. Ich werde meinen aufgetürmten Resturlaub nehmen, komme, was wolle, und setze gleich einen entsprechenden Brief auf. Wenn sie mich entlassen deswegen, ist mir das mittlerweile auch schon egal.

Nachdem alles erledigt ist, schweifen meine Gedanken mal hier-, mal dorthin, bis sie bei Ludmilla hängenbleiben. Als sie im De-luxe-Abteil meine Hand gegriffen hat, wäre ich fast ohnmächtig geworden vor Entzücken; das ist das Wunderbarste, was ich seit langem erlebt habe. Und viel habe ich in der Richtung nicht gerade auf der Uhr.

Das erste Mal richtig verliebt war ich in Sonja Haase, und das gleich über lange Zeit, ohne dass irgendwas passiert wäre. Nie hätte ich mich getraut, in die Offensive zu gehen, denn von der zu erwartenden Zurückweisung hätte ich mich nur schwer oder nie erholt. Nachdem ich mindestens drei Jahre still und heimlich für sie geschwärmt hatte, schien die Geschichte doch noch eine überraschende Wende zu nehmen. Sonja forderte mich nämlich auf einer Klassenfete zum Tanz auf! Zum Engtanz, sie mich! Muss man sich mal vorstellen, kann sich kein Mensch vorstellen. Das Stück hat sich seitdem bei mir eingebrannt: *Words* von F.R.David (bürgerlich Robert Fitoussi), eine Schnulze erster Kajüte. F.R.David war ein ziemlicher Lackaffe und ist ebenso schnell wieder in Versenkung verschwunden, wie er aufgetaucht ist, eine klassische Eintagsfliege wie aus dem Lehrbuch. Der Engtanz sollte Höhe- und zugleich Endpunkt meiner amourösen Verwicklungen mit Sonja sein, und ich ahnte nicht, dass dieser wundervolle Moment für lange Zeit der letzte seiner Art sein würde. Sonja hatte mich nämlich allein auserkoren, weil sie einen dummen August brauchte, mit dem sie zu ihrem Lieblingssong schwofen konnte. Die begehrten Jungen waren alle mit einer anderen im Clinch oder auf Klo oder hatten keine Lust, oder ihnen war der Schmusesong peinlich, was weiß ich. Es muss jedenfalls als reiner Zufall bezeichnet werden, dass es mich traf; wenn ich auch nicht gekonnt hätte, hätte sie wahrscheinlich eines der Mädchen gefragt. Na, immerhin war ich noch vor denen. All das, wovon ich schon lange geträumt hatte, wurde in diesen 3 min 24 sek Wirklichkeit.

Wie sehr ich mir wünschte, dass der Funke überspringt und sie endlich begreift: Ich bin der Richtige für sie! Ich schaute ihr in die Augen, nur hielt sie ihre für die Dauer des Tanzes leider geschlossen. Kaum war das Lied zu Ende, machte sie sich los und ging vor die Tür, eine rauchen. Sie hat mich noch nicht mal gefragt, ob ich mitkomme. Und beim nächsten langsamen Stück lag sie in den Armen von Thomas Janischewsky und hat sich im besten Fall wieder nichts dabei gedacht. *Unseren* Tanz hatte sie wahrscheinlich schon vergessen. Aus den Augen, aus dem Sinn. Wie oft ich an dieses Klassenfest zurückdenken musste!

Ein paar Monate später kam sie dann mit Jörg Vosskuhl zusammen, der eine über uns ging und für den sie schon seit langem geschwärmt hatte. Ein ebenso halbseidener wie unsympathischer Schrauber-Typ, aber gut in Sport und fanatischer Hobbygitarrist. Das war's dann endgültig mit Madame Haase.

Ich habe sie zehn Jahre später bei einem Jahrgangstreffen noch mal wiedergesehen. Viel war nicht mehr von ihr übrig, jedenfalls nicht von der Sonja, die ich in Erinnerung hatte. Sie war ausgesprochen füllig geworden, mit dicken Armen und Beinen, wirkte schwabbelig und irgendwie rötlich-breiig, schlecht zu beschreiben. Außerdem hatte sie sich einen seltsam nöligen Tonfall zugelegt und schien allgemein sehr unzufrieden. Ich habe nebenbei mitbekommen, dass sie mit besagtem Jörg Vosskuhl mittlerweile sogar verheiratet war. Ich schätze, bei dem war der Lack ebenso ab wie von seinen Mopeds. Sie ist an dem Abend als eine der Ersten gegangen, noch nicht mal die Hand hat sie mir zum Abschied gegeben, geschweige denn mich gefragt, wie es mir geht oder was ich so mache. Na ja, besser so, denn man stelle sich vor, sie wäre ebenso entzückend wie früher gewesen, dann wäre ich vielleicht nie darüber hinweggekommen.

SUE BORMANN

NACH SONJA WAR erst mal wieder Schmalhans Küchenmeister, bis Sue Bormann, ebenfalls eine Klassenkameradin, auf den Plan trat. Sue war Austauschschülerin aus Kanada, und bis zu der Klassenreise nach Breisach (Kaiserstuhl) am Ende des Schuljahres war mir der quirlige Lockenkopf nicht großartig aufgefallen, da sie mit ihrer burschikosen Art mehr in die Kategorie Kumpel als in die Kategorie begehrenswerter Schwarm fiel. Von wegen.

Wie auf Klassenreisen üblich, braute sich auch bei uns ein durch allerlei amouröse, erotische und sonstige romantische Liebessehnsüchte aufgeheizter Hexenkessel zusammen, der dann in den letzten Tagen förmlich explodierte: Die Reise, oder das, was von ihr übrig war, versank in einem einzigen Geknutsche, Gegrabbel, Gezüngel und Gefummel. Unser Klassenlehrer Herr Drescher konnte gar nicht so schnell kontrollieren, wie die Halbwüchsigen wieder im Zimmer des jeweils anderen Geschlechts verschwunden waren. Angeblich soll es auch zu richtigem Verkehr gekommen sein, was aber kein Mensch beweisen konnte, und wenig später war es auch schon egal, denn die Reise ging nahtlos in die Sommerferien über, und die Schüler gingen jeder ihrer eigenen Wege.

Obwohl ich fest damit rechnete, wie immer mit leeren Händen nach Hause zurückzukehren, kam es zwischen Sue und mir zu behutsamen Annäherungen. Allerdings blieb es zunächst bei der Harmlos-Variante «Händchen halten & Co. KG». Diese Zurückhaltung sollte sich jedoch auszahlen, denn nach der Klassenreise ging es mit Sue und mir erst richtig los.

Wir trafen uns nachmittags auf dem Spielplatz, bummelten oder unternahmen Spaziergänge, bis sie mich schließlich eines Tages zu sich nach Hause einlud. Sue bewohnte mit ihren gerade mal siebzehn Jahren als einzige Jugendliche weit und breit eine eigene Wohnung, was dem Umstand zu verdanken war, dass ihre deutschstämmige Großmutter, bei der sie während des Austauschjahres gelebt hatte, ein paar Monate davor verstorben war. Glück im Unglück! Denn die praktisch geschnittene Zwei-Zimmer-Mietwohnung sollte sich zu einer ausgesprochenen Liebeslaube entwickeln. Und wie der Zufall es wollte, besuchte Mutter einen dreiwöchigen Lehrgang (wo, habe ich vergessen), auf dem sie die Kunst des Segelfliegens zu erlernen hoffte. Zum ersten Mal im Leben wurde ich nicht rund um die Uhr kontrolliert und musste niemandem Rechenschaft ablegen.

1:0 für die Liebe!

So lebten Sue und ich drei Wochen zusammen wie ein altes Ehepaar! Wir hörten Musik der Band *Supertramp* rauf und runter, und ich habe sogar, angesteckt von meiner besseren Hälfte, mit Zigaretten und Alkohol begonnen. Es war die romantischste Zeit, die man sich überhaupt nur vorstellen kann. Unser Glück wurde lediglich von dem Umstand überschattet, dass sie bald schon die Rückreise nach Kanada würde antreten müssen und wir uns dann nach Adam Riese nie wiedersehen würden. Was für eine Dramatik!

Wir hockten auf ihrer Bude, rauchten wie die Schlote, tranken billigen Wein, hörten Supertramp und schauten fern. Nachts schliefen wir stets zusammen im selben Bett, anfangs wie Brüderchen und Schwesterchen, was den Romantikfaktor aber nur noch mehr hochschaukelte. Ich glaube, dass Sue ebenso verliebt in mich war wie ich in sie. Wie im Märchen. Leider eines mit dem erbarmungslosen Ticken der Sanduhr im Nacken. Je näher ihr Abflug rückte, desto mehr kochten die Gefühle über. Es war eine Mischung aus Liebe, Verzweiflung, Hoffnung, Erotik und Schmerz. Wenige Tage vor dem Abschied kam es schließlich zum Äußersten. Als hätte endlich jemand mein Herz angerührt und es zum Schlagen gebracht.

Nachdem wir uns auf dem Flughafen zum letzten Mal umarmten und sie Richtung Leibesvisitation losstiefelte, hoffte ich bis zuletzt, dass sie durch die Sicherheitsschleuse zurückgezogen würde, weil die Anziehung zwischen uns so stark war. Wie man sich doch täuschen kann!

Es folgten Tage größten Herzschmerzes, bis die Rückkehr der frischgebackenen Segelfliegerin (Mutter) mich zumindest äußerlich wieder zu Räson brachte. Die Ferien gingen vorüber, und es begann der übliche, alles erstickende Trott. Sue und ich schrieben uns fleißig die schönsten Briefe und grübelten fieberhaft über eine Lösung. Doch ein Dreivierteljahr später gestand sie mir, sie hätte einen Neuen kennengelernt, ebenfalls Kanadier. Schrecklich. Sie hat mir noch ein paarmal geschrieben, aus Mitleid, schätze ich, und irgendwann ist der Kontakt eingeschlafen.

Ich denke auch heute noch jeden Tag an Sue. Was wohl aus ihr geworden ist? Manchmal erwäge ich, Nachforschungen ihren Verbleib betreffend anzustellen. Damals lebte sie bei ihren Eltern in Calgary, der viertgrößten Stadt Kanadas, aber die Adresse gibt's wahrscheinlich längst nicht mehr. In solchen Fällen könnte man auch Kai Pflaume einschalten, aber man will sich ja nicht noch zusätzlich zum Affen machen. Außerdem wurde seine Sendung längst eingestellt.

Ich habe mich öfter gefragt, ob ich die Zeit mit Sue rückblickend vielleicht zu sehr durch die rosa Brille sehe, man sagt ja, die Erinnerung hat einen Filter eingebaut, der das Vergangene beschönigt. Doch glaube ich nach wie vor, dass ich keineswegs einer Täuschung erlegen bin, denn solche tiefen Empfindungen speichert man unverfälscht so ab, wie sie waren.

Wie soll ich nur an Ludmillas Kontaktdaten kommen? Ich rufe bei Eurolove an, doch noch nicht mal der Anrufbeantworter geht ran. Jetzt heißt es Zähigkeit beweisen und es stündlich probieren, bis einer abhebt. Ich würde sogar vor Schindelmeister selbst zu Kreuze kriechen, wenn ich so etwas über Ludmilla in Erfahrung bringen könnte. Wenigstens ihren Nachnamen oder den Namen ihres ehemaligen Reisebüros oder eine andere Sachinformation. Solange durch die Stadt zu latschen, bis man sich zufällig über den Weg läuft, ist kein sonderlich aussichtsreiches Unterfangen.

Umgekehrt wäre es für Ludmilla ein Leichtes, *mich* ausfindig zu machen. Sie bräuchte nur den Eurolove-Karteikasten durchforsten, um auf meine Daten zu stoßen. Aber wenn sie bei ihrem Abgang Herrn Schindelmeister stante pede die Büroschlüssel aushändigen musste und entsprechend keinen Zugang mehr zu den Räumlichkeiten hat? Ich darf gar nicht darüber nachdenken.

Ablenkung muss her. Wie lange ist die Wohnung eigentlich nicht mehr renoviert worden? Noch nie. Jetzt, in Mutters Abwesenheit, wäre doch der ideale Zeitpunkt. Wenn sie dann entlassen wird, erstrahlen alle Wände in neuem Glanz, was erheblich zu ihrem Wohlbefinden und entsprechend beschleunigter Genesung beitragen dürfte. Wobei das, bei Lichte besehen, leider nicht so ganz zu erwarten ist, da sich Mutter zeit ihres Lebens stets gegen auch nur kleinste Veränderungen ausgesprochen hat. Ihr Zimmer ähnelt, so gesehen, auch mehr einer Gruft denn einem hellen, freundlichen Schlafgemach. Alles braun in grau in beige, mit gelblichen Tapeten und Gardinen, so, wie sie es eben am liebsten hat. Aber was soll man machen, des Menschen Wille ist sein Himmelreich. Interessant auch: Mutter hat die Wohnung nie in ihrer Gänze zu Gesicht bekommen, nachdem sie sie zum ersten Mal betreten hat bzw. sie auf der Bahre reingetragen wurde. Ihr Zimmer hat sie seit dem Tag ja nicht verlassen. Gelegentlich äußert sie den Wunsch: «Jürgen, ich würde gerne mal sehen, wie die Wohnung aussieht. Hat sich etwas verändert?» Meine Antwort lautet dann stets: «Nein, nichts.» – «Gut so.»

Ihr Zimmer werde ich am besten von der Renovierung ausnehmen.

Mein Sparbuch ist prall gefüllt, ideale Voraussetzung, die Unternehmung anzugehen. Zunächst muss ich mich natürlich auf die Suche nach einem Handwerker begeben, am besten einem Allrounder, der die Wohnung quasi im Alleingang renoviert. Nachdem ich ein gutes Dutzend einschlägiger Inserate abtelefoniert habe, ertönt am anderen Ende der Leitung die Stimme eines Mannes, von dem ich sofort weiß: Der ist es! Das wohltuend sonore Organ gehört Herrn Bongartz, einem freundlichen Witwer in den späten Fünfzigern, der sich zu seiner Frührente noch etwas hinzuverdient.

Wir verabreden uns gleich für den folgenden Morgen und stiefeln zum nächsten Baumarkt, um die nötigen Materialien zu besorgen. Wieder daheim, macht sich der gelernte Klempner unverzüglich an die Durchführung der Arbeiten. Mir bleibt in den folgenden Tagen weiter nichts, als nach Vorgabe des «Bauleiters» Handlangertätigkeiten zu verrichten, Kaffee zu kochen oder eine kleine Mahlzeit zuzubereiten. Allerdings isst Herr Bongartz immer nur ein paar Happen; mittags verzieht er sich in das benachbarte Alstergrilleck, wo er, typisch Handwerker, regelmäßig das fettige Stammessen verdrückt.

Nach Feierabend bleibt mir noch Zeit für einen Krankenbesuch. Mutter ist nach wie vor nicht ansprechbar und döst laut Angaben der Schwestern den lieben langen Tag vor sich hin. Ein paar Nächte soll sie noch zur Beobachtung bleiben, bevor gegebenenfalls über weiterführende Maßnahmen nachgedacht werden muss.

Herr Bongartz erweist sich als Volltreffer, denn bereits am Ende der Woche erstrahlt die Wohnung in neuem Glanz. Das müsste doch selbst Mutter gefallen, denke ich kurz. Aber wahrscheinlich gerade nicht. Nichts ist eben unterschiedlicher als Menschen!

Endlich Post von der Tiefgarage: Mein Urlaubsantrag wurde ohne Murren bewilligt! Aha, geht doch. Kaum lehnt man sich mal aus dem Fenster, werden sie mürbe. Das sollte ich mir für die Zukunft merken. Ich unternehme einen schönen Spaziergang im unweit gelegenen Naturschutzgebiet «Schnaakenmoor» mit Wildgehege und denke an Ludmilla. Wie wir da Hand in Hand im De-luxe-Abteil gelegen haben, war es fast wie mit Sue. Aber wer weiß, vielleicht hat Ludmilla das kaltgelassen, wie damals Sonja Haase. Sonst hätte sie sich doch längst gemeldet.

Nach dem traurigen Ende mit Sue ging ich fest davon aus, dass mir bald der nächste Schwarm über den Weg laufen würde. Pustekuchen. Die Jahre gingen im sprichwörtlichen Sauseschritt vorüber, und in amourösen Angelegenheiten tat sich wenig bis nichts.

Eine Ausnahme war eine Jubiläumsfeierlichkeit, auf der mich eine junge Frau über Stunden so auffällig anstierte, dass ich mir schließlich ein Herz nahm und «den ersten Schritt» wagte. Das sollte sich aber als ausgesprochener Schuss in den Ofen erweisen, aus dem ich am Ende gerade eben noch so mit zwei blauen Augen davongekommen bin: Der Name der jungen Dame lautete Cordula, sie war in Begleitung ihrer Eltern dort, die allerdings eher wie ihre Groß- oder Urgroßeltern aussahen. Cordula war keine Schönheit, aber, wie es zunächst schien, eine freundliche, angenehme Person. Und große Ansprüche durfte ich nicht stellen. Als sie mal austreten war, nahm mich gleich ihr Vater beiseite und sagte mahnend: «Aber nicht nur rumspielen.» Ich wusste überhaupt nicht, was er meinte, und habe ernst genickt. Am Ende des Abends tauschten Cordula und ich Adressen und Telefonnummern aus, und siehe da, zwei Tage später hielt ich einen Brief in Händen. Gleich in diesem ersten Schreiben berichtete sie in Hunderten eng beschriebener Zeilen von mehreren, teils chronischen Krankheiten, die sie mit ihren siebenundzwanzig Jahren bereits in die Frührente gezwungen hätten. Sie wohne noch bei ihren Eltern, welche sich aufopferungsvoll um ihr einziges Kind kümmerten, Hobbys habe sie keine, weil die meisten sich mit ihrer angegriffenen Gesundheit nicht vereinbaren ließen.

Natürlich ehrte mich ihr Vertrauen, aber bei einem solchen ersten Beschnuppern muss doch auch Raum für Unverfängliches, Normales, Heiteres sein. Ich habe meine Antwort dann auch betont nichtssagend verfasst, was sie aber nicht davon abhielt, ihren nächsten Brief *noch* düsterer und klagender zu formulieren. Je kürzer und schleppender meine Reaktionen ausfielen, desto länger und wirrer wurden ihre Zuschriften. Irgendwann habe ich dann gar nicht mehr geantwortet. Cordula feuerte wütend eine Breitseite nach der anderen ab. Als ich weiterhin auf toter Mann machte, wurde ihr Ton immer wüster, am Schluss bestanden ihre Briefe nur noch aus Beleidigungen und Beschimpfungen. Dann kam ein Jahr nix mehr und schließlich ein Päckchen mit meinen Briefen bzw. Schnipseln, denn sie hatte die Briefe zerrissen.

Im Nachhinein glaube ich, dass sie mich als Sprungbrett auserkoren hatte, um von ihren alten Eltern loszukommen. Sie hoffte wahrscheinlich, dass wir bald heiraten und ich dann die Pflege übernehme. Schätzungsweise war sie schon länger auf der Suche nach einem armen Teufel. Vielleicht hat sie ja inzwischen einen dummen, schwachen

August gefunden. Einer, der noch schwächer ist als ich und froh darüber, überhaupt eine abzukriegen, selbst wenn es ein Pflegefall ist. Das muss die Hölle auf Erden sein mit Cordula.

Danach kam es noch mal zu einer Verabredung mit einer Frau, die zu meinem großen Leidwesen im Sande verlief. Sie hieß Jeanette und war die Tochter von Herrn Stein, einem Arbeitskollegen. Nach dem Tod der Mutter holte Jeanette ihren Vater, zu dem sie ein enges Vater-Tochter-Verhältnis pflegte, gelegentlich von der Arbeit ab. So ergaben sich beim Schichtwechsel öfter Plaudereien zwischen uns drei Hübschen, die immer länger ausfielen. Eines schönen Tages beschlossen wir, unser Gespräch in Herrn Steins Stammkneipe *Bei Erich* fortzusetzen. Gesagt, getan. Nachdem Herr Stein vier halbe Liter Bier in Rekordgeschwindigkeit runtergestürzt hatte, wurde er schnell müde und verabschiedete sich. Jeanette und ich aber kamen jetzt erst richtig in Schwung, wir lachten uns über alles und nichts derart scheckig, dass die anderen Gäste und Wirt Erich misstrauisch rüberguckten. Später am Abend lag sogar dieses gewisse Brizzeln in der Luft, es fehlte wirklich nicht viel, und wir hätten uns geküsst. So kam es mir wenigstens vor. Aber ich wollte es am ersten Abend nicht gleich übertreiben, und so habe ich sie, ganz Offizier und Gentleman, brav nach Hause gebracht und mich mit einer herzlichen Umarmung von ihr verabschiedet. Um, so mein Kalkül, den Faden beim nächsten Mal an genau dieser Stelle wieder aufzunehmen. Das sollte sich aber als Wunschdenken hoch drei erweisen, denn bei der nächsten Verabredung, wieder in Erichs Kneipe, war aus unerfindlichen Gründen ein ganzer Sack Sand im Getriebe. Alles, was ich sagte, klang falsch und gequetscht, kein Witz zündete, und ich verlor dauernd den roten Faden. Jeanette wirkte zunehmend lustloser und gequälter, sie mochte sich kaum noch zu einem Schmunzeln hinreißen lassen. Eine Teufelsspirale, aus der es kein Entkommen gab. Wirt Erich, der den ausgelassenen Abend neulich sicher noch in lebhafter Erinnerung hatte, schaute erst mitleidig rüber zu mir und meinen hilflosen Bemühungen, Stimmung in die Bude zu bringen. Je mehr ich mich zum Affen machte, desto schadenfroher wurde er aber, nach dem Motto «Der dumme Dose, was bildet der sich eigentlich ein, glaubt wohl, er könnte hier die geilen Weiber abschleppen». So kam es mir jedenfalls vor. Deprimierend. Jeanette hat die traurige Veranstaltung dann nach drei endlos zähen Kaugummi-Stunden beendet, indem sie einen Handwerkertermin in aller Herrgottsfrühe vorschützte. Zu einer dritten Verabredung ist es trotz aller Bemühungen meinerseits nicht mehr gekommen.

Ich habe oft drüber nachgedacht, was gewesen wäre, hätte ich beim ersten Mal gleich Nägel mit Köpfen gemacht. Ich habe gegrübelt, bis ich schwarz geworden bin, und den zweiten Abend vor meinem geistigen Auge immer wieder vor- und zurückgespult. Wo war der Fehler, der falsche Satz, die dumme Bemerkung, der schiefe Blick? Ich konnte aber beim besten Willen nichts finden. Woran hat es gelegen? Fragen über Fragen über Fragen. Ich bin auf keine Lösung gekommen, weil es wahrscheinlich keine Lösung gibt. Aber dass Jeanette eine zweite Sue geworden wäre, ist sowieso unwahrscheinlich bis ausgeschlossen.

Tja, das war's dann auch schon. Je älter ich werde, desto überzeugter bin ich, dass Sue Bormann die Liebe meines

Lebens war und ist. Mutter hat vor langer Zeit mal gesagt, ihre schönsten Lieben wären die unerfüllten gewesen. Damals wusste ich nicht, was gemeint war. Heute schon.

Wie aufregend das Leben mit Sue war. Meistens war ich vor ihr wach. Gleich wird sie die Augen aufschlagen, dachte ich! Da habe ich doch was, worauf ich mich freuen kann. So etwas wird mir wohl nie wieder passieren.

Bei dem Gedanken an sie krampft sich mein Herz vor unermesslicher Wehmut zusammen, und ich will nur wieder zurück zu einst, zurück zu ihr. Ich sehne mich nach der Sehnsucht und nach dem Schlag der Herzen. Zumindest dieses eine Mal hatte es mich tief getroffen. Die große Liebe zum falschen, weil zu frühen Zeitpunkt. Na ja, denke ich, Glück gehabt, anderen passiert so was vielleicht nie, niemals.

So ernährt man sich dann von der einen Liebe, die für ein ganzes Lebens zu reichen hat, dem Glück, dass bis zum Ende halten muss. Wer weiß, ob das nicht schon die schönste Zeit in meinem Leben war. Kein Mensch kann das genau wissen. Wer hat nicht Sehnsucht nach einem Wunder und weiß doch insgeheim, dass es nicht eintreffen wird. Was man vielleicht hätte werden können, ist man nicht geworden, und nun fließt das Leben dahin, ohne große Liebkosungen oder auch nur freundschaftliche Anteilnahme. Man verschwindet in ein ereignisloses Dasein, und selbst, wenn einem noch mal eine Frau über den Weg laufen sollte, merkt man es nicht, oder es ist zu spät. Alles kann einem passieren, und vor allem nichts. Ach, wäre ich doch gestorben damals.

PARIS, ATHEN, AUF WIEDERSEHEN

ZUM DANK FÜR die hervorragende Arbeit lade ich Herrn Bongartz zum Abendessen in den Kamin 21 ein, und er ist mir, quasi als Gegenleistung, dabei behilflich, veraltete oder kaputte Küchenkleingeräte zu ersetzen. Die Kaffeemaschine z.B. pfeift auf dem letzten Loch, außerdem hat laut Herrn Bongartz heutzutage kein Mensch mehr so eine alte Tröte und dass die überhaupt nicht mehr produziert werden und ich diesbezüglich wohl auf dem Mond lebe. Zu einem neuen Toaster überredet er mich ebenfalls und zu einem Wasseraufschäumer oder wie die Dinger heißen. Nie wieder teures Mineralwasser kaufen, das noch dazu kein Jota besser ist als jenes Nass, das umsonst aus hiesigen Leitungen sprudelt!

Allerdings scheint er in puncto Haushaltsausstattung einen kleinen Spleen zu haben, denn er versucht, mich zur Anschaffung allerlei aus meiner Sicht unnötiger Dinge zu überreden. Welcher Mensch braucht allen Ernstes eine Erdnussschütte? Oder eine Fischpinzette? Auch der Sinn und Zweck eines Apfelteilers oder eines Design-Süßstoffspenders erschließt sich mir weder auf den ersten noch auf den zweiten Blick. Was soll man denn damit anfangen?

Nachdem wir die Neuerrungenschaften mit ausgeleierten Armen nach Hause geschleppt haben, stehen wir bei einer Flasche Bier auf dem Balkon und atmen in langen, tiefen Zügen die gute Frühlingsluft ein. Denn endlich hat ein stabiles Hoch dem Russenwinter endgültig den Garaus gemacht, der Vorfrühling eilt im Sauseschritt durchs ganze Land.

Ich werde zu einem Gespräch mit Mutters behandelndem Arzt, einem Dr. Hartung, gebeten. Der jungenhafte Mediziner setzt ein ernstes Gesicht auf und diskutiert mit mir in aller Ruhe die verschiedenen Möglichkeiten. Variante A wäre die Verbringung in ein Pflegeheim. Er schlägt mehrere Anstalten vor, zeigt Kataloge, und gemeinsam werfen wir auch einen Blick ins Internet. Heimunterbringung, so Dr. Hartung weiter, sei die «Variante Nummer sicher», da die häusliche Versorgung immer schwieriger würde, selbst wenn Mutter Pflegestufe drei bewilligt bekäme. Obwohl ich schockiert sein müsste, ertappe ich mich dabei, wie ich mich mit der Vorstellung anfreunde. Endlich mal wieder die Wohnung für mich allein! Heiß baden, Musik hören, kochen, und das zu jeder Tages- und Nachtzeit. Keine Petra, keine Angela, nie mehr *Appetito Spezial*! Aber Mutter in ihren allerletzten Lebensjahren, wenn nicht gar Lebensmonaten abschieben? Da würde ich sicher bis zum Ende meiner Tage nicht mehr froh. Ich habe nun schon so lange durchgehalten, da werde ich auf den letzten Metern nicht schlappmachen.

Wie es Bernd wohl geht? Es ist jetzt über eine Woche vergangen, dass ich nichts von ihm gehört habe, das gab's noch nie. Nicht dass es mir besonders viel ausmachen würde, aber so eine totale Sendepause ist doch ungewohnt, wenn man sich, oft sogar mehrmals täglich, mit einem vertrauten Menschen ausgetauscht hat, und das über eine halbe Ewigkeit. Natürlich bin ich neugierig, wie es in Polen noch gelaufen ist. Dass Bernie auf Freiersfüßen heimgekehrt ist, kann ich mir partout nicht vorstellen, jetzt, nachdem ich die Wahrheit über Eurolove weiß. Mir kommt der Gedanke, ob man sich nicht, unabhängig davon, wie und ob es mit Bernd und mir weitergeht, mit ihm und den anderen armen Willis zu einer Klagegemeinschaft zusammenschließen und eine Sammelklage gegen Eurolove einrichten sollte.

Wenn er sich nun aber doch allen Widrigkeiten zum Trotz Hals über Kopf verliebt hat und in Polen klebengeblieben ist? Unwahrscheinlich, aber theoretisch möglich. Dann würde er ein letztes Mal nach Deutschland zurückkehren, um die Zelte endgültig abzubrechen. Wohnung kündigen, bei Westsaat in den Sack hauen, alles verkaufen und ab juchhe. Aber was sollte einer wie Bernd in Polen auf Dauer ausrichten? Schäferstündchen rund um die Uhr mag am Anfang ganz schön sein, doch irgendwann kühlt auch die größte Liebe ab, außerdem verdient sich der Lebensunterhalt nicht von allein. Kaltakquise auf Polnisch? Da hieße es büffeln, büffeln und noch mal büffeln, und das bei Bernds Null-Talent für Sprachen. Hat er selbst gesagt.

Von Ludmilla kein Ton, keine Nachricht, kein Anruf, kein nichts. Wie vom Erdboden verschwunden. Aber auch ich denke von Tag zu Tag weniger an sie. Die Erinnerung ist so stark verblasst, dass ich schon nicht mehr genau weiß, wie sie überhaupt aussieht. Ein Konterfei von ihr könnte ich jedenfalls nicht mehr aus dem Stegreif zeichnen. Das vermeintliche Liebesglück entpuppt sich also mehr und mehr als Strohfeuer, getreu dem Motto «Einbildung ist auch 'ne Bildung» bzw. «Der Wunsch ist Vater des Gedankens». Vermutlich hat sich meine angestaute Sehnsucht nur zufällig an ihr entladen; es hätte auch jede andere treffen können.

So gesehen bin ich fast erleichtert. Und falls wir uns doch noch eines Tages unerwartet über den Weg laufen sollten, kann ich ihr mit neutralem Handschlag, Küsschen links und rechts oder einem Smalltalk *à la* «Weißt du noch damals? Da war vielleicht was los» begegnen.

Leises Radiogeplätscher, dazu «Frühstück bis in die Puppen», ungewaschen in den Lieblings-Wohlfühlklamotten, ein Sonntag nach Maß. Außerdem mein letzter Urlaubstag, ab morgen heißt es wieder rabotti, rabotti. Da reißt mich die Wohnungsklingel aus der himmlischen Ruhe. Boten und Zusteller aller Art entfallen sonntags bekanntlich, Herr Owusu kommt heute auch nicht, und sonstigen Besuch erwarte ich keinen. Da heißt es also den Ruhestörer aussitzen: Der- oder diejenige wird schon von allein wieder verschwinden.

Aber es schellt wieder. Hat sich der ungebetene Gast wohl doch nicht in der Tür geirrt. Egal, Nerven bewahren, Kreuzworträtsel aufschlagen und aufs Wesentliche konzentrieren. Anderes Wort für Legende? Keine Ahnung. Legende ... Legende ... Legende. Klingt wie Lebensende. «Lebensende mit drei Buchstaben?» Ehe! Nicht schlecht. Mal irgendwo aufgeschnappt, dann vergessen, jahrelang verschüttet und jetzt wieder hochgekübelt.

Rrriinggg ... Der Terror geht weiter. Rrriinggg ... Langsam

reicht's. Energisch schreite ich zur Tür und öffne. Und wer sitzt da mit schrägem Kopf und sauertöpfischem Pokerface, nach dem Motto «Sei nach außen wie ein Clown, lass dir nicht in die Karten schaun, zeig stets ein lachendes Gesicht, denn Tränen lohnen sich doch nicht»?

Bernd «Bernie» Würmer! Jetzt, wo ich ihn so lange nicht gesehen habe, auch optisch ein echtes Schwergewicht. Wie groß und massig und breit er ist!

«Was ist denn nun kaputt? Wieso sitzt du wieder im Rollstuhl?»

«Weil ich mich dran gewöhnt habe. Und alle anderen auch. Kannst du mir mal bitte verraten, wie ich Westsaat verklickern soll, dass ich die die ganze Zeit angeflunkert habe?»

«Und nicht zu vergessen deinen angeblich besten Freund. Das ist das Ärgste überhaupt.»

«Ja, ja, hast ja recht. Tut mir auch leid. Das kam eben so. Irgendwann hab ich wieder was gespürt in den Beinen, wollte aber erst mal nix sagen. Und dann hab ich den richtigen Zeitpunkt verpasst. Das hat sich irgendwie verselbständigt, und am Ende kommt man aus so 'ner Falle nicht mehr raus. Zu Hause in meinen eigenen vier Wänden kann ich mich ja frei bewegen. Oder im Dunkeln raus und die Beine vertreten.»

«Du bist ja völlig verrückt geworden!»

Bernd hat aus seinen Fehlern offenbar nichts gelernt, er schichtet Scheinargument auf Scheinargument. Wahrscheinlich rechnet er wie üblich mit meiner Langmut. Aber die Zeiten sind endgültig vorbei.

«PARIS, ATHEN, AUF WIEDERSEHEN.»

Mit diesem bewährten Spruch schlage ich ihm die Tür

vor der Nase zu und kehre ruhig und besonnen zu meinem Platz zurück. Das tat gut. Der feine Herr glaubt wohl, es reicht, einfach nur dumm aus der Wäsche zu gucken, und alles ist in Butter. Schief gewickelt, würde ich mal behaupten. Also Zeitung wieder aufgeschlagen, und weiter geht's. Ein interessanter Bericht über das mittelständische Unternehmen *Schnupp-Hydraulik*, das zum 50-jährigen Firmenjubiläum sein bestes Betriebsergebnis erzielen konnte und als Branchenprimus gilt. Ich bin gerade mal eben bei der Hälfte des Artikels, da dringt durch das gekippte Küchenfenster lautes Gefluche. Ich muss nicht lange überlegen, wem die Stimme gehört.

Kann man sich ungeschickter anstellen? Das ist mein erster Gedanke, als ich unten auf der Straße den tobenden Koloss sehe, der sich mitsamt dem Stuhle in einer geborstenen Gehwegplatte verfangen hat und nun mit viel Kraft, aber wenig Geschick versucht, sich aus der misslichen Situation zu befreien. Nachdem ich dem unwürdigen Schauspiel eine Weile kopfschüttelnd zugeschaut habe, siegt am Ende doch die Menschlichkeit, und ich eile nach unten. Ich sehe nicht den verräterischen Exfreund in ihm, sondern einen x-beliebigen hilflosen Rollstuhlfahrer. Einige routinierte Griffe, und der Stuhl ist wieder frei. Bevor ich mich verpiesele, stelle ich ihn aber doch zur Rede:

«Wie hast du das denn nun schon wieder gemacht?»

«Gemacht, gemacht. Nix hab ich gemacht. Der Gehweg ist Schrott. Das musst du aber echt mal dem Hausmeister sagen.»

«Nix muss ich.»

«Dazu bist du sogar verpflichtet. Wenn nämlich wirklich

etwas passiert, bist du schuld, und dann wirst du deines Lebens nicht mehr froh.»

«Ja, genau. Zum Glück hat der feine Herr ja Jura studiert. Wenn du Streit suchst, lass uns das oben erledigen. Hier haben die Wände Ohren.»

Wenig später sitzen wir auf unseren Stammplätzen und schweigen uns an, Stichwort «Nicht aus der Deckung wagen». Aber irgendwann reicht es mir als Älterem und Vernünftigerem, und ich breche das Eis.

«Und, wie ist es noch so gelaufen?»

«Ach! Riesengroße Schweinerei, das Ganze. Völliges Tohuwabohu, am Ende standen alle mit leeren Händen da. Dann hab ich rausgekriegt, dass Schindelmeister Nutten engagiert hat. Das waren ALLES Nutten! Als ich die Bombe platzen lassen wollte, haben mich seine Schergen zusammengeschlagen. Du hast Glück gehabt, dass du den Absprung geschafft hast.»

«Absprung ist gut.»

«Noch mal: Es tut mir leid mit der Lügerei. So was kommt nie wieder vor. Ich schwör!»

«Jaja, ist ja gut. Das mit der Dominika, das war auch nicht der wahre Bienenhonig.»

Plötzlich aus Mutters Zimmer schreckliches Geschepper. Wie es sich anhört, hat sie mal wieder das Geschirr runtergerissen. Gerade mal ein Tag ist seit ihrer Entlassung vergangen, und schon präsentiert sich der Alltag in gewohntem Trott.

«JÜRGEN? KOMMST DU MAL BITTE?»

«Ja, gleich.»

Wie bestellt springt die Wohnungstür auf. Schwester

Petra kommt mit ihrem üblichen Schlachtruf hereingestürmt wie die Kavallerie und eilt gleich weiter in Mutters Zimmer.

«Aber Frau Dose, was haben Sie denn da gemacht?»

«Was soll ich denn gemacht haben? Ich werde mit Essen und Trinken gefoltert.»

Ich kann nicht anders und zwinkere Bernd konspirativ zu.

«Lass mal nach draußen.»

Wir verziehen uns auf den Balkon und starren gedankenverloren auf die Straße. Bernd hat die Eurolove-Aktion scheinbar unbeschädigt weggesteckt. Er schmiedet bereits neue Pläne.

«Ich hab mir überlegt, dass man mal ganz altmodisch eine Kontaktanzeige aufgeben könnte. Das haben wir überhaupt noch nie gemacht. So mit Foto und allem Schickimicki.»

Gleich bin ich Feuer und Flamme. Da stand doch auch einiges in den Büchern drin, die ich gelesen habe.

«Dann muss man aber ein paar Regeln beachten: Wenn du zum Beispiel ein weißes Oberhemd anhast, keinen gelben oder violetten Hintergrund wählen. Blau-grüne Kleidung wirkt grundsätzlich kalt, die Kombinationen Rot-Orange oder Indisch-Türkis hingegen werden vom Auge als warm wahrgenommen. Auch sollte man sein Foto möglichst neutral gestalten, also keine Schnappschüsse von sich mit einem Haustier, beim Essen oder gar mit Schusswaffen.»

«Wer macht denn auch so was?»

«In der Regel wird in Kontaktanzeigen gelogen, dass sich die Balken biegen. Gibt jemand etwa an, Anfang dreißig zu sein, heißt das mindestens Mitte dreißig oder vierzig und noch älter. Ein ‹guter Charakter› bedeutet, dass der oder diejenige hässlich ist. ‹Jugendlich› heißt verantwortungslos. Wer von sich behauptet, ‹mit beiden Beinen im Leben zu stehen›, muss zu Hause alles selber machen. ‹Weiblich› heißt dick und ‹mollig› fett. Wer angibt, ‹Tierliebhaber› zu sein, hat mindestens fünf Katzen, drei Hunde und einen Stall voller Meerschweinchen.»

«Na dann lass doch mal versuchen.»

«Wird schon schiefgehn.»

EPILOG

TRITTSCHALL IM KRIECHKELLER

RÜCKBLICKEND zu meinen schönsten Jugenderlebnissen zählten die Ferienaufenthalte bei Oma Änne in Mehlau auf dem Lande. Bei Wind und Wetter stapfte ich den beschwerlichen Weg vom Bahnhof zu Oma Ännes Haus und freute mich schon auf das leckere Essen, welches sie vorbereitet hatte. Meist gab es Kotelett mit Kartoffeln, Saisongemüse und Schwitze. Ich klingelte, Oma Änne öffnete und schloss mich gleich in ihre fleischigen Arme, während mich unser Kurzhaardackel Bembel an den Beinen leckte und vor Freude Wasser ließ. Nach dem Essen konnte ich dann nach Herzenslust toben und spielen. Anstatt mich aber wie die anderen Kinder draußen an der frischen Luft und im Wald aufzuhalten, machte ich es mir lieber im Kriechkeller gemütlich. Oft saß ich stundenlang bewegungslos dort unten herum und zählte die Schwitzwassertropfen, die von der Decke rannen.

Der Kriechkeller wurde so etwas wie mein geheimes Refugium, in dem ich schalten und walten konnte, wie es mir beliebte, und mich nicht dem Willen anderer zu unterwerfen hatte, wie zu Hause oder in Oma Ännes Stube. Obwohl es dunkel und nasskalt dort unten war, hielt ich das gerne aus. Ich hatte Kerzen, ein Feuerzeug und ein paar persönliche Gegenstände. Manchmal fing ich einige Schuster, Milben und sonstiges Ungeziefer und führte es seinem gerechten Schicksal zu. Hier war ich Herr über Leben und Tod. Oft beobachtete ich Ohrenkneifer, wie sie über den Boden huschten, und bildete mir ein, ihren Trittschall vernehmen zu können, was natürlich vernunftmäßig ausgeschlossen war, doch ich hörte ihn trotzdem, und er verfolgt mich bis heute als unauflösbares Paradoxon: der Trittschall im Kriechkeller.

QUELLEN

S. 204: Venga Boys, *Boom Boom Boom*

S. 180: James Lloyd, *Keep on Smiling* (James Lloyd, Friedel Berlipp, Joe Lordup)

Der Autor hat seinen Helden Jürgen Dose folgende Ratgeber mit Gewinn lesen lassen:

Nina Deißler, *Mission Traumfrau. Gekonnt flirten, verführen und die Richtige finden. Der Ratgeber für Männer*, Humboldt 2014.

Matthias Pöhm, *Ich kann euch alle haben. Der entschlüsselte Verführungscode. Die geheimen Rezepte erfolgreicher Frauenflüsterer*, Pöhm.com 2013.

Maximilian Pütz/Arne Hoffmann, *Das Gesetz der Eroberung. Perfekte Strategien, wie Sie jede Frau verführen*, Heyne 2014.

Dirk W. Eilert, *Der Liebescode. Wie Sie Mimik entschlüsseln und Ihren Traumpartner finden*, Ullstein 2015.

Michel Vincent/Lars Amendt, *Der Verführungscode. So kannst du jede kriegen*, Piper 2014.

Elizabeth C. Clark, *Flirten für Dummies*, Wiley 2014.

Nina Deißler, *Flirt Talk, Wie beginne ich einen Flirt? Wie halte ich das Gespräch in Gang? Wie verführe ich mit Worten? Von der Date-Doktorin Nr. 1*, Humboldt/Schluetersche 2011.

Jürgen Höller, *Sprenge Deine Grenzen. Mit Motivationstraining zum Erfolg*, Econ 2000.

MIX
Papier aus verantwortungsvollen Quellen
FSC® C083411

Das für dieses Buch verwendete Papier ist FSC®-zertifiziert.